Die Phantasie ist die Wirklichkeit

Begegnungen
Tagebuch einer Reise in Tunesien
Seite 7

Rügenlandschaft
Hommage à Caspar David Friedrich
Seite 73

Sieben Tage in Kuks
Noch immer spürbar der Meißelhieb
Seite 97

Ein Krankheitsbericht
Bulgarien-Tagebuch
Seite 179

Labyrinth
Sächsische Schweiz
Seite 221

Die Phantasie ist die Wirklichkeit
Paristagebuch
Seite 259

Kairouan, 1968, Bleistift

Begegnungen

Tagebuch einer Reise in Tunesien

Nachtflug. 20. Januar 1967. Die Maschine Berlin-Algier startet wenige Minuten nach Mitternacht. Reibungslose Abfertigung bei der Zoll- und Paßkontrolle. Kurze Wartezeit hinter der Glasfensterfront neben der Rollbahn. Düsenlärm erfüllt den Raum. Langsam, in einer Wolke Schnee, rollt das Flugzeug auf die Piste.

Start und Aufstieg. Der Flughafen, vom Neonlicht aus dem Dunkel gesägt, versinkt in der Tiefe.

Die Stewardeß verbreitet Munterkeit, die Teil ihrer Ausbildung ist, lächelt und hilft mir, mich im Ungewohnten zurechtzufinden. Der Mond taucht auf, gießt sein Widerlicht über Triebwerk und Tragfläche, daß sie aufglimmen wie Segel auf nachtblauer See.

Fliegen, halb Abenteuer, halb Abstraktion: Man verläßt seinen Standort, landet auf einem anderen Kontinent, ohne die Abfolge des Wechsels wahrzunehmen. Ein Formular wird herumgereicht, das die Route bekanntgibt: Wien 1 Uhr, Zagreb 1.27 Uhr, Dubrovnik 2.03 Uhr, Malta 3.25 Uhr und so fort.

Ich muß meinen Platz wechseln. Ein Kinderschlafkorb wird an die Kabinenwand gehängt. Aber das Kind, ein zweijähriges Mädchen, denkt nicht an schlafen, schaut mich an mit übergroßen Augen. So wie der Geologe Gesteinsschichten liest, so erschließen sich mir, Wachheit der Nacht, die Formationen, Linien und Flächen des Kindergesichts. Ich zeichne den Augenschnitt nach, forme die Stirn, prüfe, wieviel Falten einst auf ihr Platz finden werden – Nase, der lebensdirekte Mund, Lagerplatz des Lachens. Die meisten Passagiere schlafen. Die Köpfe ruhen auf den Schultern, sinken auf die Brust, Speichel rinnt aus Mundwinkeln. Eine Gesellschaft von Geschäftsreisenden, Messebesuchern, Technikern, Gewohnheitsreisenden.

Fliegen: Sehnsucht einst, Wunsch, zum Mythos gesteigert. Traum der Freiheit und der Überwindung der Schwere. Am Horizont blaut der Tag, der halbe Mond flieht mit der schwindenden Nacht.

Flughafen in Algier. Man muß warten lernen. Warten, daß es Tag wird, warten, daß die Berge hinter den Pisten aus dem Frühnebel auftauchen. Regenschleier fallen aus tief dahintreibenden Wolken. Ich wähne mich irgendwo in der Mark: eine Gruppe kümmerlicher Pappeln, eine Weide (ohne Fluß), blattlos, vor aufgebahrten Transformatoren. Zwei Palmen, frisch im Grün, kurzstämmig, die Wedel bersten dicht über der Erde. Sie sind so unangetastet vom Wind und der Sonne, daß sie unwirklich scheinen, Attrappen, Kübelpalmen aus Gewächshäusern, ausgeborgt, um zu beweisen: Hier ist Afrika.

Zwölf Stunden Transitraum liegen vor mir. Eine Glasfront rechts (mit Blick auf den Flughafen), an der Stirnseite Kioske, Tabakwaren, Zeitschriften, zehn Schritte hinter mir die Kaffeebar, links Andenken, Silberschmuck, Gazellengehörn, sehr teuer alles, und dann das Ende der Welt: Kontrollschächte. Paß und Zoll. Für mich unüberwindbare Grenzen.

Die Sonne bricht weiß durch die Wolken, die Landepisten verwandeln sich in Silberintarsien, eingelegt in einen großen grünen Spieltisch. Ein Paar betritt den Raum, jung und selbstsicher. Das Gesicht der Frau leuchtet weiß aus brünettem Haarkranz, neugierig folge ich den Gebärden ihrer milchigen Hände. Um mich drängt sich eine scharfzügige, hart geschnittene Männerwelt, schwarzhaarig, braunhäutig, mit tiefdunklen Augen. Sie alle tragen Bärte auf der Oberlippe, wie einen Orden. Wie lange ist es her, daß diese Männer gekämpft haben, für Algerien, daß sie durch die Berge zogen, verfolgt und verfolgend, der Entbehrung ausgesetzt, dem Hunger, dem Tod? Wie viele Jahre meißelten an diesen schroffen Zügen, dieser Art Männlichkeit? Wie viele Stunden des Muts und der Angst?

Warten. Die Stunden dehnen sich zu endloser Länge. Die Därme revoltieren im Leib. Ich lerne einen Zustand kennen, der mich in die kommenden Wochen einweist: Leben in einem Land, dessen Sprache mir fremd ist. Verständigung mit dem Auge, der Hand; man ist ausgeliefert, abhängig.

Es ist mir gelungen – die Wechselstelle liegt außerhalb des Transitraumes –, einen Dollar in algerische Dinare zu tauschen, beim Tabakmann. Mit zwei hingenäselten Worten: change und argent. (Immerhin kenne ich etwa vierzig französische Vokabeln, ich habe sie mir auf einen Zettel schreiben lassen, und den halte ich in der Hand, wie den Schlüssel zu einem Tor.) Der Gang zur Toilette ist schmal und gefließt, halb Korridor einer chirurgischen Klinik, halb Bunkereingang. Nacheinander öffne ich mehrere Türen, die alle von Schriftblöcken, Losungen überzogen sind. Eingeritzt in den Lack, mit Messerspitzen und Nägeln, geschrieben mit Bleistift und Kugelschreiber, deckt alle Flächen eine trotzige Formel: Vive Ben Bella. Das Volk hat gekämpft, niemand weiß, wo B. B. ist. Also keine der üblichen Zeichnungen, wie ich sie vor Tagen noch in Berlin sah, am Alexanderplatz: ein erigiertes männliches Glied, klar, veristisch in der Lineatur, Beschwörungsbild von altamirischer Präzision.

Die Wolken fächern sich auf, das Blau gewinnt an Tiefe. Sich an gestern erinnern! Winter. Vor meiner Hand blühen halbwelke Rosen, ein Bukett Tausendschönchen in der Rabatte. Lautlos rollt eine Caravelle heran, bleiweißer Vogel, ein Lichtstreifen vor den algerischen Maschinen, auf deren Rümpfen der Text brennt: Air Algérie, französisch, und darüber die poetisch-bildnerische Version des Arabischen, Schleifen, Bänder und Punkte.

Die Berge werden vom zunehmenden Licht ins Relief getrieben, rücken heran, ballen sich zu einer einzigen Kuppe, einem Blankschädel. Schnee auf dem Gipfel. Afrika. Eine Szenerie, die man kennt von anderswoher, von Postkarten (die immer andere bekommen, weil man niemanden hat, der so weit weg wohnt). Das Bild hier ist blasser, zusammengeschrumpft, bescheidener und ganz ohne Anspruch.

Der Transitraum ist ein Magen. Ich liege auf seinem Grunde, unverdaulich. Schübe neuer Nahrung werden durch die Zoll- und Paßröhren gepreßt. Algerische Arbeiter, meist ohne Gepäck, notdürftig bekleidet, hocken dicht beieinander und bilden eine Traube aus Menschenleibern. Moslems, die Handteller gefärbt, bemalt mit Flecken und Punkten in der jodbraunen Farbe der Henna. Aus den Lautsprechern hallt Glockenspiel. Beginn einer Durchsage.

Sanft gleiten die Flugmaschinen heran, steigen auf, nach Marseille, nach Paris und wieder Marseille. Gärung treibt den

Mageninhalt zu den Ausgängen. Die Stunden liegen wie Steine im Weg. Eine Gruppe alter Männer mit weichen, stillen Gesichtern setzt sich neben mich auf die Bank. Über Anzügen europäischen Schnitts tragen sie die heimatliche Djebba. So gleichen sie Pilgern, entlaufenen Mönchen. Ihre Stimmen sind sanft, das Gespräch weht wie ein leichter Wind von Mund zu Mund. Ankömmlinge treten zögernd hinzu, werden begrüßt, aufgenommen mit Zeremonien für längst Vergessene, die Hand wird vom Herzen zum Munde geführt, symbolischer Kuß, Umarmung. Der Alte erhebt sich vor dem Jungen.

Auf dem Vorplatz entledigen sich die Gläubigen der Djebba, schlüpfen aus den Schuhen, betreten, das Haupt nach Mekka gewandt, den reinen Boden der Kutte und versinken in die Tiefe ihres Gebetes. Meditation, Kniefall, Neigen des Kopfes zur alles spendenden Erde, Hingabe also, Unterwerfung unters Gebot. Wenn sie am Ziel ihres Fluges angelangt sind, so werden sie es Allah danken.

In Sekunden löst sich die Maschine vom Boden und pfeilt in den Himmel. Das Land stürzt haltlos in den Abgrund. Das scharfe Zischen der Düsen verstummt, wir sinken zur Erde zurück, neigen den Flügel, verharren, fallen ein in einen großen, atmenden Bogen und gewinnen langsam die Sicherheit des Fluges; gehen auf Kurs.

Algier! Umklammert von den Bergen die Bucht. Verzahnt die Regionen, Erde und Wasser. Verstreut liegen die Häuserkuben der Stadt, schimmernd im Weißgrau bleichender Knochen. Farblos fast, verwaschenes Blau und erdgrün der Berg, in seinen Rumpf verbeißt sich das Meer. Mittelmeer, unblau, graugrün und braun, eine riesige Lache, Negativform der Küste, Wolkenlandschaft, Landschaft aus Licht. Die Sonne bündelt Goldpfeile, die das Auge durchschießen. Verloren in der Weite des Meeres ein von weißen Wundrändern gefaßtes Riff.

Tunis. Es dunkelt. In sinnloser Gerade strebt die Straße zur Stadt, Palmen, kurz und gedrungen ihr Stamm, flaschenförmig. Die Wedel ein Fächer. Unsagbar weiß die Häuser im Neonlicht. Wir biegen ein in die Avenue Habib Bourguiba, eine Schlucht zwischen neobarocken Fassaden. Unter üppigen Balkonen nisten Schatten. Traljengalerien versinnlichen die Geheimnisse blickentzogener Dachgärten. Rankenwerk. Dazwischen die glatte Stereometrie der Jetztzeit. Hinter fahlen Eukalyptusbäumen brandet eine Woge von Blumen. Das brennende Rot der Rose, das keusche Weiß des Jasmins, das Gelb der Mimose. Frauen in totaler Verhüllung huschen von Stand zu Stand. Cafés, Kinos, Bars. Die Bilder rollen ab wie in einem Film. Villen tauchen auf. Weiß, weiß, ineinandergeschachtelte Kuben, verborgen hinter Filigrangittern, ummauert, engräumig, bewacht vom Leibwächter Zypresse. Grünschwarze Signale. Über Mauern quellen duftschwere Mimosenbäume. Das Mondlicht bleicht die Kiefer zum Grau. Palmen.

Ein Morgen in einem anderen Erdteil. Traumbilder, die nicht in meinem Leben wurzeln, durchzogen den Schlaf. Ich stoße die Balkontüren auf, das Auge trinkt Frühlicht, tastet sanfte Hügel hinan, streift über verhangene Fenster, Haus um Haus, findet Ruhe im Gegenüber. Eine schlafwarme Frau öffnet die Türläden und flieht vor dem Licht ins Dunkle des Raums. Zu meinen Füßen schlummern in hellgrünen Laubkissen rotgoldene Orangen.

Ich werde ans Telefon gerufen. Eine junge Araberin ergreift meine Hand und schleift mich zum Apparat. Während ich spreche, betrachte ich sie. Sie lacht zu mir auf ohne Befangenheit, begehrlich und keusch, wo lächeln Mädchen nicht so, lacht, die braunroten Lippen heben sich wie ein Vorhang von der blitzenden Kette der Zähne. Mein Blick gleitet ab vom Gesicht, betastet Schultern, den Leib, die schweren Brüste unter dem Bouclé. Ein Tag hat begonnen –

Die Stadt. Ich muß in die Stadt, nachweisen, daß ich ich bin, Person männlichen Geschlechts, ein Nichts, das durch Stempel zu existieren beginnt. Wo, frage ich mich, kann der Mensch sich in ein Bett legen, eine Mahlzeit bekommen oder auch nur einen Schluck Wasser, ohne die Herablassung des Gesetzes?

Über die Europäisierung der Läden, Kinos und Auslagen behauptet sich auf den Straßen das Arabische, übergeht Chrom und Beton, Jaguar und Fiat. Mit raschen Schritten, wie Flüchtige, hasten Mädchen von Schaufenster zu Schaufenster, ihre Beine wachsen palmenschäftig zur Leibmitte empor, ihre Augen sind Glutpaare, geweitet durch rußige Ummalung. Mit ihnen handelt das Weib, bejaht, verneint, lockt und verbietet. Augengebärden, Augensprache einer Kultur, die den Leib aus dem Blickfeld verbannt. Sinnierend, schwatzend, rauchend belagern Männer die Straßencafés, frönen ihrem Hang zu weibloser Geselligkeit, lassen sich treiben, hoffen auf morgen, auf ein Geschäft, einen günstigen Handel, warten, verdösen die Zeit; denn irgendwie ging es gestern, wird es morgen gehen. Mich treibt es hinein in Seitenstraßen und Gassen. Die Häuser, noch weiß, rücken dichter zusammen, zwischen ihnen klaffen mit Unrat verschüttete Breschen. Die Fassaden werden strenger, fensterlos, das Leben zieht sich zurück ins Innere, wird unsichtbar für den Fremden. Alles wird trauriger, verbrauchter, niedriger. Das Haus schrumpft zusammen auf ein, zwei Stockwerke; immer seltener schwingt sich über die abschirmenden Mauern der biegsame Stamm der Palme, seltener wuchert die Ranke, blüht der Oleanderstrauch. Öde Plätze durchbrechen die Enge der Gassen, sie sind das Revier der nach Abfall gierenden hungrigen Hunde, der sich in wilden Spielen jagenden Kinderhorden. Vor allem aber sind sie die Stätten des Handelns, Anbietens, Feilschens. Märkte durchwandere ich, Märkte, deren Geruch, deren Buntheit mich verfolgt, mich anzieht, meinen Spott reizt, die mir den bitteren Saft des Ekels in den Mund treiben. Ihr Anblick rückt die Vorstellungsgabe ins Phantastische. Durch schulterbreite Gäßchen winde ich mich, die wie ein Labyrinth den Platz durchädern, Gänge, deren Wände von Tausenden von Brusthaltern gebildet werden, Import aus Amerika, getragen, gebraucht und gereinigt, Entwicklungshilfe, durch die ich mich hindurchschäme, bis ich trotziger werde, hinsehe, maßnehme, die dazu passenden Formen rekonstruiere, Alter, Farbe und Festigkeit ergänze, verwerfe, neu suche, von wem und durch wen getragen, geöffnet, Hand und Gesicht hinzutue, als verwerfbare Möglichkeit alles, und ich spüre, daß ich erdrückt werde von der Fülle der auf mich einstürmenden grotesken Bilder.

Die Frauen befühlen die Gewebe, nehmen Maß, begeistern sich für ein Stück, müssen resigniert die Hand sinken lassen, weil der Preis zu hoch ist.

Hineingerissen in ein Leben des Kontrasts, der gleißenden Sonne und des Schattens, der krassen Offenheit und des Versteckspiels überkommener Regeln, die attackiert werden vom Anpassungswillen an Europa, an Amerika, an die Maschine, die Massenproduktion mit all ihren Folgen der Emanzipation; hungrigen Auges verschlinge ich die Bilder, ziehe den Geruch der Ambra, des faulenden Fischs, die Dünste verbrennenden Öls und der Schmiedefeuer durch die Nase, um sie nicht zu vergessen. Die Menschen sind eingeschlossen in eine herbe Geruchshülle, und erst später kann ich sie deuten als den Geruch der ungewaschenen Schafwolle. Ersäuft in fließenden Menschenströmen, werde ich in den Fuchsbau der Souks geschwemmt. Herz der Medina. Endlos biegen und krümmen sich die Gänge, reiht sich Werkstatt an Werkstatt, Laden an Laden, geöffnet für die Hand, überschaubar das Angebot und die Herstellung. Da wird gestümpert von Schuhflickern und kunstvoll die Silberintarsie ins glänzende Kupfer getrieben, da liegen die Reichtümer des Landes, die Dattel, die Orange, die schwarze Olive, die Kichererbse, der Knoblauch, der Tintenfisch, Muscheln, Langusten, Seewölfe, Schwämme, Korallenbäume. Hier, unter den Überwölbungen, hängen schrottreife Fahrräder, Nachttöpfe, Klistiere, Gebetsketten, Dolche, Türkenschwerter, herrliche Schießrohre mit aufgetriebenen Läufen, Waffen von Fürsten und Berberprinzen, von Dieben und Bauern, Orden, Gehänge, Geschmeide, Fußringe, Lappen und Lumpen, Niethosen, Perlonhemden, Socken, Sandalen, Kamelsättel, Autohupen, Strohhüte, Gebetsteppiche, Wasserpfeifen, alte, schöne und verkitschte für den Geschmack der Touristen, dort wird der Hammel geschlachtet, die blauvioletten Därme rutschen aus der aufgebrochenen Bauchdecke, das Blut rinnt in die Gosse. Das Leben loht, flammt, leuchtet und stinkt. Tausendfach brechen sich in den Gewölben, den Nischen, den Werkstattgrotten und Kaffeestuben die Rufe der Händler, werden zerplärrt von den monotonen, schleppenden Gesängen, die aus aber Tausenden Lautsprechern quellen, zerhackt von Hammerschlägen, und nur selten, sehr selten dringt in Momenten krankhafter Stille der Silberschlag, der selbstvergessene Gesang eines Käfigfinken an mein Ohr. Überall hängen die winzigen Drahtbauer mit ihren kaum daumengroßen Gefangenen.

    Mich drängt es ans Licht; ich klettere schmale Holztreppen empor, zwänge mich durch muffige Teppichlager, stehe in einem spärlich beleuchteten Raum. Schwere Balken überspannen das Mauergeviert, auf den Wänden wuchert Malrankenwerk, üppig und endlos, pflanzt sich fort auf den Pfosten, den Seitenbrettern eines gewaltigen Betts. Beybett, groß wie ein Zimmer, in Spiegelwände gefaßt, verborgen dem Licht durch das Baldachinzelt. Karminrot, Gold und das bildergierige Spiegelsilber. Der Bey ist tot und vergessen. Auf dem Grunde der Spiegel dämmern die Bilder; die Töne des Fleischs, die Farben der Locken der Weiber, »die weiß sind wie junge Antilopen, oder bräunlich wie Götterbilder; gleichviel, ob sie nun von den Züchtigen seien oder den ausgelassenen Dirnen«.

Weiter klettere ich, weiter, stehe im Lichte der sinkenden Sonne, geblendet, gefangen von schirmenden Mauern, unter Bögen, auf dem Dachgarten der Frauen, orientalischer Palast. Filigrangitter überwachsen den Raum zwischen den Pfeilern, sind Fortsetzung der Kachelverkleidungen, ihrer Geflechte und Blumensonnen. Vermählung von Farbe, Licht und Raum, genußvoll und spielerisch.

Zu meinen Füßen liegt unter Tonnengewölben die Altstadt. Die Sonne sinkt, vom Turm der Ölbaummoschee hallt der Ruf an die Beter. Allah akbar, Allah akbar, Allah akbar. Bald ist es Nacht.

Erkundungen. Ich wohne in Mutuelleville, einem Villenort mittleren Wohlstandes, hingebaut an die flachen Hügel am Rande der Stadt, seit einem halben Jahrhundert den Franzosen, Indern und Juden vorbehalten und den Ministern. Je höher die Lage, um so größer und aufwendiger das Haus. Ganz oben das Wahrzeichen. Hiltonhotel. Ein Kasten, wie er überall in der Welt stehen könnte, der sich ein Haremsgewand über die Betonhaut zog: Säulen, Bögen, Gitterchen. Nachtklub, Spielsaal und Schwimmbad, die Landestöchter servieren.

Eng an die Flanken des Kolosses schmiegen sich die Ministervillen, Mischmaschbauten aus Bauhaus und Orient; auf römischen Kapitellen schwingen maurische Bögen, neben Betonlamellen verhunzte Haremsgitter, Glasveranden und Industrie-Louis-seize.

Der Hang fällt, wird karg in der Vegetation bis zur völligen Dürre, eine bucklige, schrundige Lehmlandschaft, die zum Krater aufreißt, auf dessen Grund Brackwasser steht und stinkt, Lehmhütten sich aneinander lehnen, um nicht auseinanderzufallen, um nicht Staub und Dreck zu werden, den Menschen hilflos den Launen der Witterung preiszugeben. Hades der Lebenden. Not, bitterste Armut baut sich hier den Schutz vor dem Winde, Wohnwabengeviere aus Lehm und Findlingen, aus Müll, dem Auswurf der Stadt. Der Sack ist Tür geworden, der Kanister Dach. Uringeruch beizt die Luft. Am Brunnen schwatzen die Frauen, Beduinenweiber, eingewickelt in bunte Tücher, rotgelbbraungestreift, behangen mit Silberketten, Ruhelosigkeit in den Augen. Gesichter, alt und zerstriemt, die auseinanderzulaufen drohn, hielte sie nicht ein Netzwerk von Tätowierungen. Linien steigen auf von der Kinnmitte, Stengel und Blattwerk, tragen den Mund, dunkle Blume, erklimmen den Rücken der Nase, überwuchern die Stirn, Blätter, Gerank und Perlenschnur. Unter dem Lid das Schmerzenssignum: die tätowierte Träne. Spärlich rinnt das Wasser, man ist geduldig am Brunnen. Der Strahl trommelt in den Bäuchen der Rommel-Kanister, plätschert hell in die Schlankleiber großer Amphoren. Die Tage scheinen ohne Verzweiflung, man lebt unter der Sonne, unter einem milden Himmel. Wohnung ist auch die Straße, der Schatten des Feigenbaums. Die Rassen vermischen sich, akzeptieren sich an der Grenze äußerster Not. Im Wegstaub sitzen die Männer, untätig, ins Brettspiel vertieft und warten. Worauf? Sie reißen die Länge des Tages in kleine, verdauliche Stücke, in Gebet, Nahrungssuche und Spiel, liegen ermattet vorm Hüttentor, Lumpenbündel, aus denen schlaue, gütige, verworfene Antlitze steigen, Antlitze von Weisen, Räubern, Derwischen und Propheten. Rasch kommt die Nacht über das Land, Kohlefeuer glimmen wie Augen großer Raubkatzen.

Heiser kläffen die Hunde, die Meuten jagen die Hänge hinauf, vielleicht fliehen sie vor den Baggern, die morgen das Dorf, diesen Schandfleck hinter den Villen, niederwalzen werden.

Der Golf und Karthago. Es ist, als hätten die schreienden Steine Karthagos, die Blutströme, die Flüche und Verdammungen, das Gelächter der Toten, die Weindünste und der Weihrauch vertrieben die Stadt, nicht die Schwerter. Zurückgezogen hinter den See, fernab des großen Golfs liegt sie nun hinter dem Faulwasser. Vorsichtig schlug sie, damit der Fluch auf Karthago nicht zu breiten Weg hat, den Damm über den See. Flamingoschwärme beleben das triste Bild, stehen reglos im Morast, ein Feld von rosa Blüten, aus deren Leibern sich die Halsstengel krümmen, Landschaft aus Fragezeichen.

Lichtgrün, glänzend und weit, ohne Grenzen zum Meer liegt vor mir der Golf, sonnt sich im Schoß sanfter Hügel, die höher und höher werden in blauer Ferne, gipfeln im doppelbrüstigen Berg, dem Bou Kornine. Seine Häupter blieben unberührt von der Asche Karthagos, die über die Bucht flog, die aufstieg von den Feueraltären, damals. Wie lange ist das her, daß die erstgeborenen Kinder der Flamme erlagen, zu Ehren Baal Hammonns und Tanits, der Götter? Wie lange ist das her? Dreitausend Jahre? Oder sind es nicht dreimal dreitausend Tage, daß die Asche von mehr Kindern, als je ein blutiger Gott sie forderte, sich auf die weißen, fleckenlosen Betten senkte, unsere Betten? Sind das nur Zeugnisse von Kinderspielen vor meinem Fuß, die Tempel, Thermen, die Urnen der Opfer? Versuche, unbeholfene, gespielt mit dem Lächeln der Unreife? Die Vergangenheit ist Säule geworden, Wort und Bild und Lied. Es gibt wohl kaum ein Stück Erde, abzuschreiten zwischen zwei Mahlzeiten, das so gesättigt von Geschichte wie das westliche Ufer der Bucht. Küste des Lichts, mittelmeerisch geprägt, hellenisch, römisch, spanisch, am nachhaltigsten aber vom Geist des Orients.

Ich wandere durch das Gestern, preisgegeben der Sonne, hingerissen das Auge vom unsagbaren Blau des Himmels, das im Meer ertrinkt. An den Füßen haftet mir die Asche der Toten, das Salz versickerter Tränen und das Salz, das über die Erde gestreut, damit dieses Land unfruchtbar werde: als Fluch auf das von Unrast und Hochmut getriebene Karthago. Aber, Flüche verstummen, andere nahmen das Land, bauten, kämpften, starben. Götter vertrieben die Götter, und das Übel Gewalt erbrach immer neue Blutströme.

Sanft schwingen die flachen Ufer, und ich will Überschau halten über das, was, groß, unsterblich und endgültig gedacht (alle Tätigen glauben so), jetzt begraben liegt unter dem Schutt der Zeit. Ein Gast in der Villa des Scorpianus, stehe ich oben, an der Seite die Schatten. Versammelt euch, Schatten, raunt mir euer Leid zu, eure Freude, die Geheimnisse, die ihr mitnahmt in den Tod. Kommt, kommt, zwar ist es Tag noch, kommt. Und da tauchen sie auf. Folgsam schleppen die noch nicht der Brust entwöhnten Säuglinge an der Last ihrer Stelen, weisen sie vor, die rauchschwarze Sonnenscheibe, die Mondsichel, verrußte lichtlose Steine (sie schweigen, der Zug ist lang, Aschegestalten, entvölkert die Nekropolen, ich werde sie hinschicken zu den Touristen, die haben Eintritt bezahlt), sie kommt, die hohe Frau, umwunden das Haar von meergrüner Kette, in den Händen die Insignien der Gottesmittlerschaft, Taube und Schwein, willkommen Arischatbaal, willkommen, du vergaßest die, die dich ehrten, Scipio Aemilianus! er hebt das Schwert nur und schweigt, und der große Hannibal stelzt auf müden, wundmarschierten Füßen, er läßt sich nicht halten von mir, ist Schatten und schweigt, kommt, kommt, ihr verlaßt mich, Schatten, und sie kommen! Tertullian, strengen Gesichts, hoch, hager der Wuchs, Tinte und Feder am Gürtel, vorweisend das Buch mit den neuen Gesetzen, zeigt hinüber zum Rund der Todesarena, die Luft sättigt sich mit Schwaden verdampfenden Bluts, Klage, Klage tropft von den Mündern, nur Schatten vom Schatten, bleich, wankend, der Leib eine schwärende Wunde, zerrissen vom Prankenschlag, zerfetzt die ungestreichelte Brust vom Fangzahn des Tigers, nehmt euch Zeit, Perpetua, Felicitas. Aber wo bleiben die anderen, Augustus, Karl, Belizar, Barbarossa und du, Sinan Pascha, wo bleibt ihr?

Karthago, lieblich dein Anblick; vielleicht sind in deinen Gärten die Zypressen etwas schwärzer vom Blut, die Rosen ein wenig röter, etwas bleicher der Stein, die Agavenschwerter ein wenig schärfer als anderswo, vielleicht ist das Wasser so rein, so durchsichtig vom Salz der Tränen, das Licht so üppig, damit endlich das Finstere hell wird. Karthago, deine Schönheit hat die durstigen Freier ins Land gebracht! Die Zeit ist nicht stehengeblieben. Über Thermen, Nekropolen, Opferstätten, über Zisternen und Mosaiken wurden paradiesische Gärten gepflanzt, Villen erbaut, weiß und blau bis zum Exzeß. Palmen, Pinien, Feigenbäume, weißgraubraun, faltig an den Gabelungen – sie gleichen den Armen sehr alter Frauen –, und die jetzt dürren Mandelbäume umwachsen die Mauern, schatten Terrassen. Nur selten bricht die rotbraune, nackte Steinküste durch die Decke des Grüns. Und dort, wo der Golf in jäher Brechung endet, in die lange Mittelmeerküste sich einbindet, hat die sanft ansteigende Küste ihren höchsten Punkt erreicht.

In mählicher Steigung windet sich die Straße zu ihr empor. Vor den Laden, einräumig, zur Straße geöffnet, sitzen Männer, den Kopf mit Tüchern umwunden, eingehüllt in die Djebba, die mit Bommeln benähten Kapuzen tief in die Stirn gezogen. Straßen und Gassen zwängen sich zwischen die Häuser, und selten nur kann der Blick eindringen in einen Türspalt, ins Innere, in den Wohnhof, diesen Ort der Ruhe, der Abgeschiedenheit, in dem nur der Gesang des Vogels perlt und das Plätschern maurischer Brunnen zu hören ist. Aus den Fassaden schwingen in sinnlichen Kurven die Fenstergitter, hängen die riesigen Bauer der Haremsnischen. Blau, Sidi-Bou-Said-Blau auf dem Firn der Mauern. Die Türklopfer sind hängende Hände, Zeichen der Abschreckung, abgeschlagene Diebesklauen.

Im maurischen Café schlürfe ich starken, heißen Sud, hocke barfuß wie ein Moslem auf einem der mattenbelegten Sitzwürfel. Der Raum ist düster und sonnengeschützt, durch die Ritzen der Fensterläden drängt sich der lichtblaue Atem der Bucht. Aus dem Radio seufzen Lieder, schwermütig wie flaches, verstepptes Land, endlos, willenlos. Der Platz vor dem Café füllt sich mit Touristen, Straßenkreuzer zwängen sich in die Gassen. Die Hand tastet Säulenrund, den Wuchs der Kapitelle, zeichnet die Linien byzantinischer Laibungen, strenges, wucherndes Flechtwerk aus Stein.

Beim Antiquitätenhändler. Der Raum von den Maßen einer Zelle birgt eine unüberschaubare Fülle von Schätzen und blitzendem Tand. Schillernde römische Gläser, Tränengläser – sie wurden den Toten, wenn die Tränen der Klageweiber den Bauch des Gefäßes gefüllt hatten, neben das Haupt gestellt –, Medaillonteppiche, ein Blumenmeer auf düsterem Indigogrund, Damaszenerklingen, türkische Dolche, punische Dämonenmasken, großäugig, spirallockenumrahmt, Fischamulette, fatimidische Schalen, Krüge aus Kallaline. In der Vitrine schlummert vergessen der Torso eines Widders, frührömische Grabbeigabe, eine jener seltenen römischen Öllampen, ganz Architektur, der Körper ein Becken, aus Voluten schwingt schmal und gespannt die Kurve zum Hals, wunderbar das Profil. Im Mittelfeld das Reliefbild zweier Liebender. Kleinodien gleiten mir durch die Hände.

Der Sonnenball fällt auf die Palmen, erwärmt das fahle grüne Grau der Agaven, deren Blütenstengel phallisch aufschwippen.

Abgeschieden, zweiseitig beschirmt von Hausmauern, frei aber über dem Meer und dem Golf die Grabstätten, Ruheplatz der Winde, die über das Meer kommen und sich einnisten, die Küste zernagen, zerbröckeln, die Tromben aufbrechen. Noch steht der Kopfstein, trägt den Turban, aber die Welle wird ihn verschlingen; Säulen ächzen gegen den Meerwind, das Dach ist zum Sturze geneigt. Grabmal eines fatimidischen Mädchens. Villen blockieren den Weg, Côte d'Azur umgibt mich, Pracht und Glanz. Für mich ist fremd und tot alles, Ghettos hinter Gittern und Stein.

Zum Abendessen bin ich in das exklusive Feinschmeckerlokal »Malouf« eingeladen. Ich habe noch Zeit, schlendere durch die Stadt. Die Schaufensterauslagen strahlen im Neon. Elegante Pariser Damenmoden schmeicheln den Blick, locken die flanierenden Passanten. Kein Geschäft, kein Laden, aus dessen Tiefe nicht das Bild Habib Bourguibas, des Präsidenten, blickt. Drei Standardausführungen zähle ich: das großgebißlachende Nurkopfporträt, klein, auf Pappe gezogen und etwas grünstichig im Druck, für Kioske und Armenwohnungen, beim aufwendigeren (auch für die Räume niederer Beamten) ist ein Stück Anzugbrust dazugegeben, das Lächeln ein wenig knapper, gerahmt mit einer Holzleiste, und als Luxusklasse das große Bildnis: Siebenachtelfigur, angeschnitten vom schweren Schreibtisch, Frack, großes Brustband, sehr viele Orden, das Lachen ist verschwunden, ernst also, grauhaarig, weißbehandschuht und als Hintergrund Bücherregale, der Rahmen prunkvoll, Goldornamentik, für Zimmer hoher Beamter und Luxusgeschäfte. (Bourguiba ist Idol, weil er Tunesien unblutig befreite.)

Im »Malouf« reißt ein Zwerg mit tiefer Verbeugung die Tür vor uns auf. Er ist die makabre Attraktion des Hauses, übernommen aus der Suite des vertriebenen Beys. Ein Hofnarr. Großköpfig, Schnurrbart, der Körper von den Maßen eines Vierjährigen. Er trägt eine prunkhafte Uniform aus rotem und goldenem Tuch, ist geschäftig wie ein Heerführer. Wir belegen einen Tisch in der Nähe der Musiker, die ungezwungen in einer Nische sitzen, so, als spielten sie hier zufällig und nur für sich selbst. Sie flöten, trommeln und klatschen hingegeben, begleiten das Spiel ihrer Instrumente mit kehligem Gesang, auf- und abschwellend, von Klage zu Resignation und Schwermut wechselnd, und bald fängt mich der schleppende Rhythmus ein, treibe ich auf ihm dahin, im Kamelgang, über endlose, gewellte Landschaften.

Der Beyzwerg reicht den Gästen Jasminsträuße, man beriecht sie, steckt sie sich hinter das Ohr. Der rote Wein funkelt im Glas. Ungestört von der Unterhaltung am Tisch – denn ich verstehe kein Wort – kann ich mich ganz dem Mahle hingeben, genieße die sich steigernden Aromen, zerbeiße behutsam, bis ich auf den Kern dringe, das jungfräulich feste, herbe Fruchtfleisch der Olive, nehme das süßliche Fenchelblatt, Tomate, Zwiebel, Kaper und den Artischockenboden, der immer ein wenig nach Trauer schmeckt, nach dem Fäulnisgeruch von Kränzen auf Herbstgräbern, breche den Panzer fingerdicker Krevetten, schlürfe die Muschel aus, bis ein Haufen von Schalen und Panzern sich vor mir häuft. Der fettarme Hammel kommt auf den Tisch, duftend nach den Kräutern der Steppe, nach Knoblauch und Wacholder. Das Dessert: fettes, parfümiertes Gebäck aus Mandel, Honig und Öl. Der Ober, ein Artist, der Beifall einheimst wie ein Tenor, gießt den schwarzen Tee aus Über-Kopf-Höhe mit zischendem Strahl in das Glas.

Lautlos, nacktfüßig, begleitet vom dumpfen Tremolo der Trommel tritt eine Tänzerin auf, eine Statue. Ihr Leib ist braun und weich und voll, ist geboren, um mit der Regung ihrer Glieder, dem Rhythmus, der sie durchbebt, eine verborgene Welt der Lust in unsere Sinne zu pressen, ein Paradies heraufzubeschwören der nie ermattenden Sinne, der Eintracht von Schlange und Weib, von Eber und Faun. Ihr Tanz beschwört die alte, immer neue Geschichte vom Mädchen, das zum Weibe wird, erzählt von den Pflichten des Tages, die mühelos scheinen, hier, wenn ihr Arm sich beugt. Magische Gelenklosigkeit, Begehren, Lockung und List. Ihr Tanz ist ernst und versunken, entfaltet ihren Leib zur Blüte, die eingehüllt wird in das helle Klirren der Armreifen, in das silberne Scheppern der Fußringe. Reglos das

Haupt, reglos die seitlich erhobenen Arme, getrieben vom Bellen der Trommel, ganz Hüfte, Schenkel und Bauch, durchfliegt sie den Raum, gefangen vom Trieb, vom Rausch. Wir, singend, klatschend, rasend, demütig vor Verlangen.

Ein Dorf unter dem Himmel. Mich zieht es ins Land, weg von der Stadt, weg vom Reklamegeschrei, von der weiten kleinen Welt. Laß sie lächeln, laß sie doch lächeln über dem Ausschnitt, nur Mund, die Bardot. Hätten wir Zeit, wir aus dem Norden, und ein wenig mehr Vertrauen auf morgen, wir würden beschenkt werden, schritten wir den Weg ab zwischen den Bergen, den Seen. Wir hätten weniger Namen von Stätten in unserem Hirn, aber hätten wir auch weniger erlebt? Würden wir nicht endlich die Form eines Blattes kennen, wo wir nur den Umriß des Baumes sahen? Doch die Wege sind weit, lang die Straßen und schattenlos, wir nehmen das Auto und fahren langsamer, zwanzig Kilometer die Stunde, um zu sehen, was wir doch nicht sehen werden.

Wie Bündel schmutziger Wäsche hängen die Wolken am Himmel, ziehen uns voran, nach Süden. Ohne Krümmung durchschneidet die Straße die fruchtbare Ebene, den großen Garten zwischen Meer und Berg. Zurückgezogen hinter Parktor und Zypressenspalier liegen die Häuser der früheren Herren. Im Grün und Orange der Plantagen schwimmen hellrote Ziegeldächer, Île France in Afrika, überragt nur vom Windrad. Haushoch umfrieden Kakteenwände die fensterlosen Lehmkuben der Araber.

Gerodete Olivenhaine dehnen sich bis zu den Basen der Berge, gleichen Schlachtfeldern. Auf niedergebrannter Erde krümmen sich die Stämme der Ölbäume, schwarzen verkohlten Leibern ähnlich, überdimensioniert im Vergleich zum Menschen. Das Bild dieser Landschaft weckt furchtbare Erinnerungen. Die Stadt verheert von den Bomben, die Menschen verbrannt auf den Straßen, übereinandergeschichtet, auf Scheiterhaufen. Dresden, 14. Februar 1945.

Unbeeindruckt von den rasenden Automobilen ziehen Nomaden ihren Weg, traben die weichhufigen Kamele mit dem Gang elegischer Frauen, bepackt mit dem Zelt, der ganzen beweglichen Habe. Wir durchfahren Ortschaften, die beherrscht sind von mehrstöckigen Beypalästen, türkisch im Stil, die Kreisbogenfenster von filigranem Schnitzwerk umrahmt. Die Vergangenheit ist noch nah, aus den Palästen wurden Schulen, Sekretariate, Bürgermeisterämter. Neben ihrem Prunk verblassen die Neubauten aus Glas und Beton. Radiomusik plärrt aus den Häusern, enthäutete Hammel hängen an den Türlaibungen, und die Fruchtstände schreien uns ihr jetzt alles übertönendes Orange der Mandarinen entgegen.

Unbezwungen zerklüften die Ströme das Land, bahnen sich ihren Weg zum Meer, verwüsten die Äcker und Haine, spülen die Straßen hinweg. Gestern noch Strom, vom Regen zum wilden Schäumen gepeitscht, heute trockene, klaffende Wunde.

Die Landschaft wird karger, widersetzt sich dem Pflug, spärlicher wächst das Gras, wird verdrängt von dornigen Flechten. Schafherden ziehen über die steinige Erde. Die Konturen der Hügel verhärten sich, und es ist, als ordneten sie sich um eine geheime Kraft. Sie wenden sich ab von der Ebene, verlieren die Weichheit der Form, ihre Flanken brechen auf und türmen sich zum Massiv. Auf steiniger Piste, jenseits der Straße, nähern wir uns einem Fels, der jäh aus der Erde hervorbricht, ein herrisch erhobenes Haupt, zerklüftet, von Kaminen kanneliert, drohend und einsam, zu seinen Füßen geduckte bleiche Hügel, muschelfelsdurchsetzt, überlagert von Staub. Kein Blatt, kein Halm bedeckt hier den Boden, nur unterhalb des Plateaus, auf dem die Häuser den Grat überhängen, angstvoll und selbstsicher in irgendeiner Gewißheit (vielleicht der Gewißheit überdauerter Jahrhunderte) sich ineinanderschachteln, wuchert der dornengiftige Kaktus. Der Mensch scheint klein, wenn er am Rande dieses Abgrundes steht, Bewohner eines Tals, soweit das Auge es erfaßt, Bewohner des Himmels.

Langsam steige ich bergan, bedrückt von der Gewalt des Gigantenschädels, der Pfad ist steingelb und steil. Mein Schatten tanzt vor mir her, stürzt in Schründe, streckt sich, ein Gespenst in ständig wechselnder Gestalt.

Plötzlich bin ich von einer Rotte halbwüchsiger Knaben umringt. Geräuschlos, geschmeidig wie Tiere, tauchen sie auf aus Felsrissen und unsichtbaren Pfaden. Scheu forsche ich in ihren

Gesichtern, verberge meinen Wunsch, in die Fremdheit ihrer Existenz einzudringen. Denn etwas Räuberisches ist immer dabei, anzukommen, unwissend zu sein und eine gestohlene Erfahrung mitzunehmen, die eigentlich nur dem zusteht, der ihre Welt geteilt, mit ihnen ertragen hat. Hier bin ich Neugieriger, der den Organismus eines fremden Leibes betastet, der hinter der Verhüllung seine Fülle prüft, der die Spuren der Not, der Freude, der Liebe sucht, die die sonnendurchglühten Körper ineinanderschweißt in der Kahlheit des Raumes, in der Nacht. Ausspäher bin ich. Die Kinder umringen mich, zutraulich, lächelnd.

Verlegen stehen die Enkel der unbeugsamen, kriegsfreudigen Berber, die über fünfhundert Jahre dieses Land beherrschten und sich widerstrebend nur, nie ganz dem moslemischen Glauben unterwarfen. Aus Winkeln und Türen schlüpfen Frauen, sehr alte, sehr magere, kränkliche, auch junge Weiber, unverschleiert alle, und als ich meinen Zeichenblock vornehme, laufen sie nicht davon, sondern warten, bis ich fertig bin, kichern nur ständig, wie Mädchen, deren Sinne unerfüllt sind. Die jungen in lässigem Fleisch, geschmückt mit Gewandfibeln, Hand- und Fußgelenkreifen. Spannengroße goldene Ohrringe hängen nicht, sondern stehen seitlich der Wangen, und es erklärt sich mir das Bild eines Mädchens mit blutverkrusteten Ohren, durchflochten von Sicherheitsnadeln. Die Häuser, überspannt von steinernen Tonnen, verschachteln sich im Wechsel von Hof und Wohnraum, sind ausgeglichen in den Maßen, ganz dem menschlichen Körper zugemessen. Viele von ihnen sind zerfallen. Später erfahre ich, daß sie im Krieg zerstört wurden, damals, als deutsche Soldaten sich hier zu verbergen und amerikanische Bomber sie auszuräuchern suchten. Wo muß man hinfahren, um nicht in die Abdrücke deutscher Stiefel zu treten? Die Not ist zu groß, als daß die Bewohner den Luxus, Überkommenes zu bewahren, sich leisten könnten. Alles, Größe und Nichtigkeit, wird verbraucht: Die römische Grabstele trägt das Dach, das maurische Becken deckt die Kloake, und der Kanister ist Wasserbehälter oder Herd.

Ein schmalgesichtiger, kleiner Mann spricht mich an in einem Gemisch aus Französisch, Englisch und Deutsch. Mit ausdrucksloem Gesicht erzählt er von seinem Leben als Kriegsgefangener in Deutschland, von den Lagern, von Berlin. Er findet die Worte Brot und Kartoffel und Nixarbeiten wieder. Später führt er mich durch Gassen, die immer am Abgrund enden, in sein Haus. An der Tür hängen gußeiserne Klopfer, abgeschlagene Hände, die einen Granatapfel tragen. Ein kleiner Hof öffnet sich. An der Eingangsmauer lehnen Wasserkrüge, Amphoren. (Jahrtausende konnten Maß und Form nicht verludern.) Das Haus, ein Raum von drei zu sechs Schritt, fensterlos, nackt, ohne jedes Mobiliar. Und doch steckt in dieser letzten Reduktion alles Lebensnotwendige. An der Seitenwand erhebt sich der Fußboden zum Block, der bedeckt ist mit Halfagrasmatten, das Nachtlager der Familie. Der Schrank eine Nische in der Wand, der Tisch eine Matte. Einziger Schmuck: das Präsidentenporträt (grün- und gelbstichig), flankiert von bunten Drucken irgendeiner alternden Komödiantin im Königsornat. Wir rauchen. Fragen und Antworten fallen von unseren Lippen wie welke Blätter. Ein Bericht entsteht über das Leben auf der Wolkeninsel, keine Worte der Bitterkeit, und manchmal glimmt hinter den Sätzen das Licht einer Hoffnung. In Kargheit und Armut, dem Tode entgegentreibend, das war das Los, und es war nur dem mittelmeerischen Klima zu verdanken, daß sie überlebten.

Leben mit den Zeiten der Natur; ihr Tag beginnt mit der aufgehenden Sonne, die Nacht mit ihrem Untergang, das Öl der Olive ist Nahrung und spendet das Licht. Aber manchmal überfliegt ein Düsenklipper das Dorf, dann fällt ein Schatten der Zukunft in die Höfe. Schon gehen die Jungen in die Schule, die weit unten im Tal liegt, geht ein Mann in die Stadt, um nie wiederzukehren oder wenigstens, um soviel Geld zu verdienen, daß es zum Kauf von ein paar Hühnern, einem Esel reicht. Den Weg ins Tal eskortieren mich die schwarzäugigen Jungen, sie winken lange und rufen: Zeichner!

Die Dämmerung wirft graue Schleier über den Pfad. Vom Brunnen kehren die Frauen heim, erklimmen den steilen, steinigen Weg, gebeugt unter der Last der wasserschwappenden Amphoren, sie pressen die Stirn gegen das Tragjoch, an dem Krüge wie Euter hängen. Der Weg zum Wasser (Leben) geht über den Friedhof, eine Sanddüne, markiert von Steinhaufen, selten ragt ein Kopfstein aus dem Staub, versunkene, vergessene Gräber, abgetragen vom Wind.

Die Araberhochzeit. Die Nacht fällt ein wie ein Schlag schwarzer Tauben, und ich bin traurig, daß wir unseren Plan, über den Berg Zaghouan nach Tunis zurückzufahren, aufgeben müssen. Auf halbem Wege jedoch erinnern wir uns, daß gerade in diesen Tagen der Vollmond scheint, daß wir nur die Stunden bis zu seinem Aufgang verwarten müssen, um die Route doch noch nehmen zu können. Um uns ist die Landschaft versunken. Das Scheinwerferlicht bohrt seine kalten Lanzetten in Kakteenwände, die aufbrechen zu wilder Plastik, schattenzerfetzt; eine drohende Skulptur aus heidnischer Zeit. Man ist unendlich verlassen, nachts irgendwo in unbekannter Ferne, ist ein kriechendes Etwas in einem Raum, für dessen Gestalt die Erfahrung fehlt. Ameise, über ein Meer gekommen ohne Vergangenheit, ohne Gegenwart, ein wandernder Fleck auf einer Karte.

In flachen Windungen steigt die Straße zur Basis des Berges Zaghouan, schlingt eine letzte Schleife um den am Dorfeingang protzenden Triumphbogen und verläuft sich zwischen den Mauern.

Im Dorfgasthaus feiern festlich gekleidete Araber. In Stunden erst wird das Mondlicht die Landschaft erhellen. Wir trinken vom roten Wein und stacheln den Durst an mit salzigen Oliven. Die Gesellschaft wird heiterer, lauter, verfällt in ein nicht enden wollendes Lied, das auf- und abbrandet zwischen dem Vorsänger und der Menge und sich mehr und mehr steigert zu Verzückung und Euphorie. Ein bärtiger Mann tritt an unseren Tisch, blickt mißbilligend in unsere Gläser. Und erst jetzt bemerken wir, daß auf allen Tischen Fruchtsäfte stehen, Limonaden und Brunnenwässer. (Dem gläubigen Moslem ist der Alkohol verboten.) Dennoch setzt er sich an unseren Tisch, erzählt Geschichten, die wir nicht recht begreifen können; nur soviel ist herauszufinden, daß wir in eine Hochzeitsgesellschaft geraten sind. Er zeigt uns den Bräutigam, einen romantisch dreinschauenden Burschen von graubrauner Haut, mit großen, melancholischen Augen, von der Farbe und Trauer römischer Mumienporträts. Ich bin Fremder, muß mich erinnern, daß der

Bräutigam die Braut nicht kennt, in einer Wolke der Hoffnung dahintreibt, daß sein Vater sie für ihn wählte; daß das verschleierte Mädchen jetzt wie er (Frauen unter Frauen, wie Männer unter Männern) den Abschied von ihrer Kindheit, ihrer Keuschheit feiert, denn ab morgen, nein, schon nach der ersten Stunde dieser Nacht wird sie nur noch diesem Jüngling dienen, einem Gesetz. Wir werden als Hochzeitsgäste betrachtet, eingeladen, nach Mitternacht die Braut abzuholen. Immer noch erfüllt der Wechselgesang den Raum, der Vorsänger beschwört die Schönheiten der Braut (es ist ein altes Lied und hat keine Beziehung zur Wirklichkeit, nur zur Wirklichkeit des Wunsches), beschreibt die Elastizität ihres Schrittes, ihre unvergleichliche Grazie, den paradiesischen Duft ihrer Haare, die selbst Ambra zum Gestank werden läßt, die Brunnentiefe ihrer Augen, die Knospenfülle ihrer Brust und den Reichtum ihrer Habe. Die Begeisterung der Männer ist grenzenlos, sie wiegen sich im Bett himmlischer Vorzüge, beklatschen sie mit heißen Händen. In ein paar Stunden werden sie mehr wissen.

Wir treten hinaus in die Nacht. Stille. Der Mond ist aufgegangen. (Kann man das noch in aller Einfalt sagen?) Ich sage: Der Mond ist aufgegangen, er scheint mir überhaupt das erste Mal aufgegangen zu sein, und er wird nur hier über diesem Land aufgehen, weil es genügt, wenn die Kopien anderswo scheinen, denn es lohnt sich einfach nicht, den richtigen, großen, strahlenden Mond zu bemühen für irgendwelche Landschaften, für die Pappdächer unserer Städte, für die Untergrundbahnen, es lohnt sich nicht, alles muß seine Entsprechung haben.

Der Berg lehnt sich zurück. Getaucht in Silberlicht ersteigen wir sein Piedestal bis dorthin, wo die Quellen entspringen. Eukalyptuswäldchen überwuchern die Tempel. Die Quellgöttin steht im Museum, in der Nische haust der Wind. Säulenfinger drohen dem Himmel, leer gähnt der Beckenmund. Die Quelle, einst geschmückt und verehrt, ist heute ummauert, hygienisch verpackt vom Zement. Aus den Phallusschäften der Säulen sprießt der Akanthus, in den Bögen haust der Verfall.

Auf dem Rückweg frage ich mich, ob es statthaft ist, sich von einer Landschaft, einer Stimmung so bezaubern zu lassen, und komme zu der Antwort, daß die Bezauberung, die lyrische Seite des Wirklichen, natürlich und notwendig ist, daß die Nur-Definition mich erschrecken und verarmen würde.

Zu meinen Füßen dehnt sich die Ebene, gegliedert in ein Raster aus Olivenplantagen, Orangenhainen und Weinfeldern, durchsetzt von den winzigen Würfeln der Häuser, blauweiß jetzt, und den platinfarbenen Adern der Wassergräben. Am Weg liegt eine alte Moschee, auf ihrer von Licht und Schatten geteilten Kuppel glänzen kupferne Kugeln, der gefallene Sichelmond.

Gerade noch kommen wir zurecht, um uns dem Zug zum Brauthaus anzuschließen. Voran der Bräutigam, in sich gekehrt, hinter ihm lärmend die Brüder und Freunde. Das Haus liegt am Rande des Dorfes, an der Grenze zum Hain. Im Wohnhof staut sich der Zug. Von Neugier getrieben, bahne ich mir den Weg nach vorn, bis der große, ebenerdige, stark beleuchtete Raum vor mir liegt wie eine Bühne. In der Türflucht thront, ein schmuckstarrendes Dreieck aus gold- und silbergewirktem Stoff, die Braut. Rußig die Höhlen der Augen, in der Tiefe aber schwimmen graue Gallertseen; blicklos, blind. Kaum ist das Bild ins Bewußtsein gedrungen, werde ich hinweggespült von den Fluten eines aufbrechenden Tumults. Mit vom Entsetzen verzerrten Gesicht stürzt der Bräutigam an mir vorbei ins Freie. Flüche durchgellen das Haus, und eine Rotte, die Väter, die die Heirat unter sich aushandelten, und die Brüder der Braut, stürmt in die mondhelle Nacht. Bald ist Stille um uns. Ich glaube, Weinen zu hören und Hasten, Jagdgeräusch in der Ferne. Die Größe der Nacht ist zerstört, die Bäume sind böse Stalagmiten, langarmige Schemen, die Äste vielfingrige Greifer.

Es sind Stunden vergangen. Im Osten bleicht der Himmel. Vor uns die Silhouette eines Brunnens. Hoch überragen die Pfeiler, auf denen der Querbalken ruht, das Becken. Dort fand man ihn: ganz schmal, ganz dünn, ganz zerbrechlich, die Arme eng an den Körper gepreßt, am Schöpfseil ein Mensch, eine verlorene Hoffnung. Die Hochzeit ist aus. Das Laken bleibt unbefleckt in dieser Nacht, es wird nicht, die große Flagge der Ergebung, getränkt mit dem Blut hingeworfener Unschuld, im Morgenwind flattern, nicht durch die prüfenden Hände der Verwandten gleiten, und es kann nichts mehr gerächt werden.

Römische Ruinen. Tunesien ist ein kleines Land. Seine lange Grenze verläuft nahezu parallel zur Küste des Mittelmeeres in einer durchschnittlichen Entfernung von zweihundert Kilometern, die Längenausdehnung überschreitet kaum die fünfhundert Kilometer. Ganz im Südwesten liegen im Steppen- und Wüstengebiet die Oasen. Dorthin zieht es mich, in eine Landschaft, die gänzlich anders sein wird als alles vorher Gesehene.

Es gibt keine an sich häßlichen, keine an sich schönen Landschaften. Landschaften liegen außerhalb jeder Wertung, sie existieren. Aber es gibt den Bezug der Landschaft zum Menschen, sie löst Emotionen aus in uns, Gefühle der Weite, der Geborgenheit, der Belanglosigkeit, der Kälte, der Trauer und das Gefühl, nein, die Erschütterung durch Größe. (Sicher ein ganz falsches Wort für Eindeutigkeit, Klarheit.) Größe lebt vom Entschiedenen, Konsequenten. Ein riesiger Fels im Meer, Vertikale gegen den einlinigen Horizont! Das ist es. Schon oft habe ich empfunden, daß es eine Zurücksetzung ist, zu leben im Halben, im Mittelmäßigen, was nichts anderes heißen kann als zwischen den Maßen, im Unentschiedenen, im Geteilten. Es ist ein Glück (von dem man nichts weiß), geboren zu sein inmitten der Berge, wo kein Fußbreit ohne Fall und Steigung ist, am Meer, vorm Auge die unendliche Gerade.

Die Fahrt geht nach Süden, durch gelbgrüne Ebenen, durch steiniges Hochland. Schafherden weiden filziges Gras und dornige Flechten. Rostrotes Gesträuch wächst an der Straße, steht im Kontrast zu einer Kette von Bunkerköpfen. (Nichts hält sich so widerlich lange wie diese Betonsärge.) Totes Land, getränkt mit dem Blut der Franzosen, Engländer und Deutschen. Überdauert haben die Friedhöfe im dürren Schatten der Taxushecken, sechshundert Skelette unterm Kreuz. Soldaten aus Frankfurt, Berlin und München, Schmidts und Schneiders und Behrends. Die Bunker sind unversehrt, man weiß, wie die Mischung sein muß.

Vom Zaghouan schwingt in weiten Bögen das Aquädukt über das Tal, ein steinernes Band auf mächtigen Pfeilern, Brücke über trockenen Flüssen, Schlange auf den Hügeln, in Harmonie mit dem Ganzen, im Ausgleich von Tragen und Lasten, im Finden des gangbaren Wegs. Römische Landschaft. Wer kennt die Städte unter dem Sand, die Urnenfelder, das Venuslächeln im Schutt? Hinweise sind die Felder der Kapitelle, diese steinernen Blumen, vom Schafsmist bedreckt, die unbegangenen Tore der Triumphbögen, denen die Stadt wegstarb, Zeichen, Reste einer untergegangenen Zeit, die aber nicht vollkommen aufhört zu sein. Diese Gegenwart ist der Preis für die Leistung, sich mit dem Vorgegebenen zu verbinden, das Bauwerk mit der Landschaft zu verschmelzen.

In Dougga. Die Sonne steht im Zenit. Mildes Februarlicht erwärmt die Farben der Steine. Die Stadt, eingesunken in den Hügel, flakkert in staubigem Gelb. Wie so oft, zeigt sich auch hier im Fragment in eindeutiger Weise das Ganze, das Wesen. Bloßgelegt der Betrachtung, gibt das Skelett Auskunft über das Grundsätzliche.

Vor urzeitlichen Dolmen, auf dem höchsten Rand des römischen Theaters sitzend, sättige ich das Auge mit Weite. Die Säulen der Bühne tragen durchsichtige Schatten (wie nasse Gewänder). Es gibt kaum eine Architektur, die ihre Funktion und die aus ihr gewachsene Gestalt so unverdeckt zeigt wie das griechisch-römische Theater. Vielleicht ist das die Ursache seiner Schönheit. Alles ist überschaubare Geometrie, der Zirkelschlag des Orchesters entwickelt sich ins Räumliche, zu beiden Seiten Eingänge, Halt und Begrenzung der Terrassen. Die Bühne, ein flacher rechteckiger Körper, abgeschirmt von der Säulengalerie. So einfach ist das, Fläche, Halbrund, Walze, Würfel, ein paar Profile nach dem gleichen Gesetz. Und doch ist es mehr. Ich könnte nach einem Plan die Ruinen identifizieren, könnte schreiben: der Tempel Saturns, soundso viel Stufen, und hier das Nymphäum, guter Bauzustand, da der Celestis-Tempel, der Bogen des Septimus und so fort. Es gab eine Menge Götter in Rom, und es gab so viele Helden, sie alle mußten betempelt und behaust werden. Aber was sollen mir Namen.

Die Grille zirpt in den heißen Mittag. Geil wuchert die Distel. Über den Steinhaufen flimmert die Luft, und am Pfad, der weißen Fährte des Bocks, lauert die Schlange, der Skorpion. Zwischen Tempelruine und Hain ragt ein heidnischer König, auch er Torso, das Haupt untergepflügt, ein Monolith, dessen Konturen zu den Flächen des Blocks wachsen (nicht zum Leib), und der doch Körper geworden ist, archaisch in seiner Kraft, urban durch den Faltenwurf der Toga. Dem Figurenschema der Zeit folgend, trieb der Bildhauer eine tiefe Rille zwischen Leib und Arm, motivierte den Einbruch in die Masse mit einer flachen Draperie, die im krüppelhaft kurzen Arm aufsteigt zur Schulter. Allein dem Loch, diesem genialen Einbruch in die Masse, verdankt die Figur ihre Größe, ihre Menschennähe (bleibt dennoch Erinnerung an den Fels); denn es saugt Umwelt ein, den Himmel ins Universum Mensch. Ich bin dankbar, daß dieser großartige Stein nicht ins Museum geschleppt wurde (den Museumsverwahrern war er gewiß nicht geglättet genug, man kennt das), daß er steht, frei unter diesem Himmel, ein Menschstein, den die Zeit durch Abtragen des Zuviel, jenes Als-ob-du-Natur-bist-Trugs, ins *Gleichnis* vom Menschen gerückt. Dieser hier ist mehr als ein König, so nahe der Natur wie der Mensch sein sollte, wenn er nicht Apparat werden will.

Im Museum in Tunis stehen die sogenannten wertvollen Stücke – wer ermißt das eigentlich? –, Jupiter, Juno und Fortuna, aus der Dämmerung der Tempel gezerrt, datiert und beschriftet, und mir wurde ganz übel bei ihrem Anblick: geistig und handwerklich vernuttetes Griechentum. Auszunehmen allein ein paar Porträts von faszinierender Erfassung der Dekadenz, großäugiger Melancholie, Lustschmerz einer müden Sättigung. Hier ist alle Fadheit gelöscht.

Wer kann mit dem Wort einen Hain steingrauer Oliven nachzeichnen, das silbergrüne Laub, den Schatten unter den Kronen, die ein dunkelgrünblaues Dach spannen, gestützt auf aschefarbene Stämme, die, von Kräften zerformt, sich teilen, gabeln, aufbrechen, vernarben. Man kann es nicht aufschreiben, wie das grelle Schnarren der Grillen die Stille stiller werden läßt, wenn der Sonnenstrahl, gelb wie das Blech einer Fanfare, ein Loch in den Blättersamt sticht; wenn Asche, vermengt mit dem Sand, das Gras zu mastigem Wuchs treibt, wenn der Eselhengst schreit – von der Hirtenflöte zu schweigen.

Ich fühle mich gehetzt. Nicht, daß mich irgendwer jagt, ich könnte durchaus eine Decke auf den Stufen des Kapitols ausbreiten, mich hinlegen (vielleicht wäre es sogar das einzig Richtige), sehen, wie die große Sternkarte entrollt wird über dem

Portikus. Was uns treibt, ist Unfreiheit in uns, die Gewohnheit der Zivilisation, unterzuschlüpfen, sich zu behausen nach der Gewöhnung. Und um das zu finden, müssen wir weiter. Hotels gibt es nur an wenigen Punkten des Landes, sie sind Stützpunkte, von denen die Erkundungen ausgehen. Wir fahren nach Gafsa.

Kaum spürbar, so langsam und stetig steigt die Straße. Sie ist hier nicht mehr aufgerolltes Band, grau, in umbergelber Steppe, sie windet sich in scharfen Krümmungen. Mit ungezügelter Kraft stoßen durch die wogenden Berge der Hochebene schroffe Felsen, Massive von vibrierender Heftigkeit. Es ist, als hätte ein Gestirn von viel größerer Macht als der Mond ein Meer aus Fels in wildesten Aufruhr versetzt und es dann, gerade als die Wogen bereit waren, sich in den Himmel zu schütten, erstarren lassen. Felsbrandung, Steinmeerbrandung. Brennende Karfunkel. Rots und Blaus, Violetts und Gelbs glühen in einer Skala farbigster Graus. Die Felswogen brechen zusammen, verkriechen sich leidenschaftslos unter der Steppe. Eukalyptusgehölz und staubbedeckte Akazien.

Eine neue, alte Stadt. Vor tausend Jahren verlassen und wiederbesiedelt, Leben im Lee der Geschichte, die Winde sind weitergezogen, sie verbliesen den Rauch numidischer Herde, phönizischer und römischer Brandopfer. Es ist immer das gleiche Schema: Mausoleum, Amphitheater, Thermen, Forum und Triumphe (hier Trajan), die Anlage regellos. Hier also Maktar und später Sbeitla. Allein das Forum und die drei kapitolinischen Tempel behaupten den Platz, überragen die hingestorbene Stadt. Es ist ein trostloser Anblick; das Licht ist fahl, der Himmel bedeckt, und die Portale gähnen in unstillbarer Müdigkeit. Edel, doch fremd die Basilika, das frühchristliche Taufbecken, aus barocken Rundungen gefügt, maßvoll im Schmuck, Fischzeichen.

Beide Städte, besser Ruinenfelder, können sich nicht an Reiz messen mit Dougga (vielleicht für den Geschichtsgräber), dessen Lage unvergleichlich, dessen antikische Aura nahezu unzerstört ist.

In der letzten Lichtstunde erreichen wir Gafsa. Das einzige Hotel in der Stadt ist verlassen wie ein Pestspital. Schmuddelig und halbangezogen schleppt der Wirt uns von Zimmer zu Zimmer. Sie sind unbewohnbar. Zu dieser Jahreszeit verirrt sich hierher kaum ein Tourist. Das allein hätte uns nicht hindern können, zu bleiben; es ist die Kälte, die Feuchtigkeit, die in großen Tränen von den Wänden schliert, die die Betten zu nassen Ballen verklumpt.

Regen. Milchige Schleier verhüllen die Landschaft. Ein Lichtblock taucht auf: Hotel »Jougourtha-Palast«. Jungen Palmen hängen die triefenden Wedel am Stamm. Nachts stehe ich in der Loggia meines Zimmers, eingehüllt in Ölheizungswärme, den Geschmack des Essens (flambiertes Pfeffersteak, erdiger Rotwein) auf der Zunge, und starre in den Regen. Es ist Leere in mir, ein Loch gerissen ins Hirn von Kontrasten, Urnenfelder und Livree, Staub, Stein und Brokat. Ein Bergschemen dampft vor meinen Augen, muß rot sein, sienafarben vielleicht. Die Parkleuchten flammen auf, die Palmen sind kranke, hilflose Krähen.

Seldja. Ein Morgen wie jeder vorangegangene. Man ist zerschlagen, übernächtig, der Schlaf unruhig, von Träumen zerrissen. Es hilft nichts, die Tage sind gezählt, und wir haben nur zwei bis drei Stunden bis zur Oase Tozeur zu fahren. Noch immer rinnt feiner Regen vom Himmel, hüllt die Erde in Nebel. Die Luft ist so schwer, daß man glaubt zu ersticken. Unmerklich weitet sich die Steppe. Die Felsen treten zurück von der Straße, belagern mürrisch den Horizont. Kamelherden ziehen. Sie fressen, ohne uns zur Kenntnis zu nehmen, und nur dann, wenn sich die Distanz auf zehn, zwölf Meter verringert, laufen sie davon, fallen in kurzen Galopp, äsen.

Auf der Karte steht: Schlucht des Flusses Seldja, eine dünne blaue Linie unweit der Straßenmarkierung. Unser Fahrer, ein an sich bereitwilliger Mann, weigert sich jedoch, die Straße zu verlassen und uns auf der Sandpiste zur Schlucht zu fahren. Irgend etwas zieht mich dorthin, zu der vorerst fernen, undurchdringlichen Felswand. Der Regen sprüht (wieviel Arten brauchte ich, um den Regen zu beschreiben), der Boden saugt ihn auf, bleibt trocken. Die Ebene ist ohne Erhebung, gespannt wie ein Tuch, gelb, gelber lehmiger Sand. Baumlos, strauchlos, Landschaft ohne Maßstab. Ich laufe, verliere das Verhältnis zur Zeit, laufe, und langsam wird alles leer in mir. Es ist, als risse ich mich los von einem Festpunkt, einer Mitte, um die mein Leben sich dreht. Wende ich mich um, zu sehen, wie weit ich gegangen, dann ist das Auto ein winziger Fleck, ein Korn in der Wüste, das sich einschmilzt ins Wesenlose. Es gibt Ziele, die schwer, sehr schwer zu erreichen sind. Man muß geduldig sein und den Festpunkt vergessen, alles was den Schritt lähmt, alles. Ich laufe, keine Angst ist in mir, nur Leere. Ich bin in der Weite, im Vergessen, ich bin ein Punkt im Gelb. Verliere Distanzen. (Vielleicht ist es so, wenn man stirbt.) Man geht und geht oder fällt und fällt. Man verliert das Bett aus den Augen, läßt die Menschen zurück, Antlitze, Neugierige am Weg, das Zimmer schrumpft, das Haus, alles wird kleiner, ganz klein, und die Straße verschwindet, die Stadt und der Fluß und die Wälder, und vielleicht ist dann gerade Frühling, oder das Leichentuch Schnee deckt das Land, zerfressen von rostrotschwarzen Rändern, und dann ist es ja die Erde, die da versinkt – wer sollte da Angst haben? Man löst sich eben, und es ist noch mehr Leere in uns.

Die Felswand ist greifbar nahe, wirft sich auf. Eine tiefe Wunde zerschneidet den Fels, aus ihrer Tiefe quillt kristallklares Wasser. Flüssiges Glas. Seldja, Tor, großes einsames Tor, passierbar nur für den Wind.

Das Wasser ist kalt, die Luft ist kalt, der Regen strömt. Nach langem Suchen entdecke ich einen Spalt. Ich zwänge mich hinein, bin eingemauert in Finsternis. Je tiefer ich eindringe, um so mehr bedrängt mich der Fels.

Vor mir weitet sich ein Tal, kreisrund, ein Kessel, Urmodell eines Amphitheaters, hinter dem Felstor die Wüste. Noch nie war ich an einem Ort, der so fern vom Menschen, so still, so einsam ist. Es ist nicht die Stille der Dome, nichts Sakrales, nichts von Kult- und Opferstätte, sondern unberührtes Terrain. Ein Ort, an dem sich die Stürme zur Ruhe legen oder die Sterne, ein Tal, wo der Stein Stein ist (und nicht Material), das Wasser Wasser, die Stille Stille, nicht abseits, sondern jenseits. Jenseits nämlich aller Anstrengungen, jenseits von allem, was unser Leben erfüllt, beängstigt, zerstört. Unvorstellbar hier, daß es draußen eine Welt der Laboratorien und Fabriken gibt, eine Welt der Universitäten, der Gehörlosenheime und Quarantänestationen.

Hier stirbt jede Macht, sie wird nicht bekämpft, nicht besiegt, sie erlischt. Ich zeichne den Fels, seine Gesichter, Grate, seine Löcher, Buckel, vergessend, daß ich oder ein anderer je vorher zeichnete, ein Maß, eine Art vorgab, daß es Akademien gibt, wo man das lernt. Zeichne Blatt um Blatt und kann nicht loskommen von der Felsengestalt. Später werde ich feststellen, daß die Felsen seltsame Formen aufweisen, voll sind von Figuren und menschenähnlichen Figurationen. Da lastet schwergliedrig der Leib einer Frau, ein Torso, verspannt, berstend vor Energien. Der Felsspalt eine Vagina, Dämonenschädel türmen sich übereinander, vergittern mit ihren Augen die Verliese, und oben, dort, wo das Tor mit der Felswand verschmilzt, das Symbol eines gewaltigen Phallus.

Die Oasen. Es wird immer fühlbarer, daß der Andrang neuer Bilder, stündlich wechselnder Erlebnisse die Nerven verschleißt. Ich bin ausgepumpt vom zu vielen Sehen, überreizt und müde. Nur so ist es möglich, daß ich fast ohne Anteilnahme jenes Gebiet wahrnehme, das zu erreichen mir am wichtigsten erschien: die Oasen. Und jetzt, wo endlich das ersehnte Grün auftaucht in der Ferne, ein grünes Büschel im Sand, da habe ich nur einen Wunsch: nichts sehen zu müssen, ein Bett, vier Wände und eine weiße, fleckenlose Decke ... Ausruhen. Vergessen – die Ruinen, Steppen, Steinmeere, vor allem Seldja. (Es ist auch kaum zu erklären, weshalb mich das alles umwirft, nur damit vielleicht, daß ich ungeübt im Reisen und nicht gelassen bin.)

Die Straße nähert sich der Häuserseite der Oase. Und so bleibt mir die Versuchung erspart, mich trotz aller Erschöpfung (aus einer Art Pflichtgefühl) doch noch zur Besichtigung aufzuraffen. Jeder kennt das, man wünscht sich etwas herbei, aber das lange Warten stumpft die Sinne, das Erlebnis wird aufgefressen im voraus, das Resultat ist Enttäuschung.

Am nächsten Morgen erwache ich spät. Kaum, daß ein Schimmer Tageslicht durch die Ritzen der Läden dringt. Bevor ich aufstehe, betrachte ich das merkwürdige Mobiliar des Zimmers. Lackschwarze Schränke hängen, wie Särge erster Klasse, an den Wänden. Schwere Bronzebeschläge stellen Hand und Fisch dar, die immer wiederkehrenden Zeichen des Glücks. (Bis heute konnte mir niemand den Ursinn der Zeichen erklären, nur die Versprechung beschreiben, die von ihnen ausgehen soll. Schutz vor dem Bösen, der Krankheit, der Verhexung.) Fatmahand, an jeder Tür, an jedem Gefährt, gleich ob am Eselskarren oder Automobil, als Amulett, am Arm, Fuß oder Hals. Gleichso der Fisch, der kaum anders als das Bildsymbol Christus' zu deuten ist. Gerade der Glaube Mohammeds schmolz als letzte große Religionsbildung so viele heidnische und christliche Bräuche und Bilder ein. Ein Vorgang der Anpassung, dem dieser Glaube gewiß einen Teil seiner Lebenskraft verdankt.

Der Himmel ist verhangen. Regen perlt. Die Luft ist so schwer, daß die Tropfen in der Luft hängen. An den Häuserwänden, die in diesem trüben Licht schorfig und verkommen wirken, lehnen dunkelhäutige Berber, eingewickelt in dicke Wollburnusse. Offenbar kann sie nichts bewegen, unter ihr Dach zu kriechen. Ein alter Mann legt sich auf die Straße, er ist weder gestürzt noch krank, denn ich sah ihn gerade im Gespräch, er legt sich hin, genau an der Stelle, wo es ihm einfällt, die Straße gehört ihm so gut wie den Passanten, er zieht die Kapuze über die Augen und schläft. Diese Gleichgültigkeit gegenüber der Umwelt tritt mir überall entgegen, oft ist es, als lebten die Menschen in einem Zustand der Trance, der sie gelassen sein läßt gegen den Augenblick, wie er sich auch gestalten mag, es ist, als durchliefe ich ein Theater, in dessen Kulissen ein Spiel sich entwickelt, etwas Unwirkliches, wie vorbestimmt, aufgeführt von einem trefflichen, aber diabolischen Marionettenspieler.

Im Hof der Moschee hocken vor ihren Zellen Koranschüler. Für Jahre werden sie ausgehalten von Spenden, zehren von Stiftungen, die heiliggesprochene Männer hinterließen. Jahre, in denen sich Knaben, Männer in die Lehre Mohammeds vertiefen, in die Vieldeutigkeit der Suren. Mager, zerlumpt, scheinbar unempfindlich gegen Kälte, sind sie an ihren Gott gefesselt durch Gebetsschnüre, deren Perlen mechanisch durch die Finger gleiten. Möglich, daß einer von ihnen eines Tages ein Marabout wird, ein Heiliger, an dessen Taten eine kommende Generation gemessen wird. Es gibt viele Heilige in diesem Land. Ein Mann führt ein gottgefälliges Leben, ist Vorbild in den kanonischen Pflichten, der Reinigung, dem Gebet, dem Fasten im Ramadan, der Armensteuer und der Wallfahrt; gegen Ende seines Lebens beginnt er den Bau seiner Grabstätte, vermacht seine Palmen, seinen Besitz den Armen, und niemand wird anstehen, ihn einen Heiligen zu nennen, seinen Grabtempel zu vollenden und ihn zu verehren. Natürlich gibt es, vor allem aus der Zeit der Glaubenskriege, genug andere, kriegerische Helden des Glaubens, deren Gebeine unter Kuppeln zerfallen.

Von der Höhe des Minaretts genieße ich den Überblick über die unendliche aschgelbe Wüste, über die grüne Narbe Oase, das Dorf Tozeur. Pflanzung und Häuser sind voneinander geschieden, wie Garten und Haus. Die Innenhöfe sind klein, die Dächer verfallen, Palmstämme liegen bloß. Auf dem Dach des Frauenbades flaggen Badetücher, bunt, vergraut, schlapp und feucht. An den Laternen der Minaretts sind Lautsprecher montiert. Der Muezzin singt sein Allah akbar vom Turmfuß ins Mikrofon.

Ich nehme nicht den von einem dreibogigen Tor markierten Hauptweg, sondern bummele durch die Altstadt, vorbei an den vier-, fünfhundertjährigen Fassaden, die im Wechsel von Fläche und Muster gestaltet sind, Lehmziegelverband im Dekor heimischer Teppiche. Und, obwohl die Oasen schon von den Römern besiedelt wurden, ist der Einfluß des Ostens bestimmend. Hier ist nicht mehr mittelmeerische Welt, sondern Tor zur Wüste, nach Osten, nach Afrika.

Es ist wie ein Wunder: Da ist nichts als Wüste, Sand und Salz, Trockenheit und unerträgliche Hitze. Kein Samenkorn hat die Kraft, die Schale zu sprengen, Keime zu treiben, zu wurzeln, zu wachsen. Die Natur ist gegen Wachstum, spart sich auf, um an anderer Stelle, einem winzigen Platz, eine Orgie der Fruchtbarkeit in Szene zu setzen. Die Erdkruste platzt, reißt in die Tiefe, und warme, helle Quellen ergießen sich. Nicht eine Quelle, sondern zehn Quellen, hundert Quellen! Sie brechen aus der Tiefe hervor, zerklüften die Sohle des Tales, vereinigen sich, werden Bach, werden Fluß, eingedämmt, geregelt, nach Plan nutzbar gemacht. Sie waschen, unterhöhlen das zugewiesene Bett, verströmen, sterben im Schott.

Die Palmen wachsen ins Licht. Das Tal, zerrissen, zerfurcht, in regellose Terrassen gestuft, wie Wind und Wasser sie formte, die Palmwurzel sie brach. Palmen! In flache Bögen gespannt, mit der Wucht von Erektionen platzen die Palmwedelköpfe, verschütten ihren Samen, Datteln, erdnußfahl.

Überwältigendes Fruchtbarkeitsfest. Zeugungstaumel inmitten der Dürre. Die Sonne bricht durch die fliehenden Wolken. Das ockerbleiche Grün der Wedel saugt Himmelblau auf, wird satter. Am Wegrand stinkt, unter einer Glocke von Fliegen, ein verendeter Esel. Tod, Antipode im Fruchtgarten. Das Maul sperrt sich zum Schrei, aus den zurückgeworfenen Lippen bleckt das Gebiß: Die Augen sind blutige Höhlen, der Leib ist aufgequollene Tonne, das Bauchfell aber von makellosem Weiß. Hilflos verkrampft winkeln sich die Vorderläufe, während die hinteren in die Luft sperren, auseinandergetrieben von schwarzglänzenden Hoden. In der Nacht wird der Schakal kommen.

Abends im Hotel. Ich habe eine freie Stunde benutzt, um das bisher Notierte zu überlesen, und bin erstaunt, daß es Notizen gibt, die eine erotische Färbung haben. Das ist sicher kein Zufall, genausowenig, wie es Zufall oder Triebphantasie ist, daß das große Griechenland (Griechenland als Synonym für Mittelmeerisches) Erdgottheiten, Fruchtbarkeitsgöttern diente, daß es einen Teil seiner Symbole von der Natur, der Felsenbildung, dem Pflanzenwuchs vorgezeichnet bekam, daß es als Gleichnis unbändiger Fruchtbarkeit den Phallus zum Monument erhob. Eros, auch wenn die ionische Frauensäule Merkmal des Geschlechts gewinnt, in den Voluten nämlich, Brüste, um deren Höhen das Gewand spiralt. Bei Cranach gibt es einen scheuen Versuch des Nordens zu solcher Symbolik, man muß nur sehen, wie sich aus den Kannelüren der Rockfalten (Säulenschaft) das Mieder entwickelt (Kapitell), wie die Applikationen, gleich dem Volutenbeispiel, die Höhen der Brust umkreisen und enden, wo sie enden müssen: im Zentrum dessen, was Attribut ist, Aussage.

In der Nacht bellen die Hunde. Es ist ein heiseres, röchelndes Bellen, und manchmal geht es über in singendes, markerschütterndes Heulen. Ich liege schlaflos. In fiebrigen Farben taucht das Bild des toten Esels auf. Ich spüre in meinen Gliedern die Kälte des Todes, wie der Schakal mit seinem Geruch nach Fäulnis mich umschleicht, sehe das grüne Flackern seiner Lichter, wie sie neben mir stehen, dort unter dem Palmzweig. Mir brennt der Schmerz in der Flanke, der Biß, ich höre sein böses Husten, wenn er die Därme mir aus dem Leib zerrt. Die Dorfköter heulen vor Gier. Es wird ein Rest für sie bleiben, es bleibt ja immer irgendein Rest.

Wir fahren nach Nefta, letzte Oase am Schott el Djerid. Zwar führt noch eine Piste über den Salzsee, aber wir können sie nicht befahren, dazu braucht man einen Jeep. Links und rechts der Straße werden winzige Bäumchen gepflanzt, eine Sisyphusarbeit, denn es gibt kaum eine Hoffnung, sie wachsen zu sehen. Dennoch, man möchte die Straße schützen vor dem treibenden Sand. Das Dorf ist noch ärmlicher als Tozeur, noch verfallener. Der Markt ist eine faulige Kloake, auf der Inseln von getrockneten Tintenfischen, karminrote Paprikaschoten, Datteltrauben, Knoblauchzwiebeln und Schafsfelle schwimmen. Den Kindern läuft gelbgrüner Eiter aus den Augen. Das Dorfende versperrt eine mit stumpfen Zinnen bewehrte Moschee, strahlt trotz bewölkten Himmels im unvergleichlichen Orange der Sahara.

In einer für die Touristen gebauten Bar, die durch ihren weltstädtischen Anspruch fremd zwischen den Wohnbauten steht, essen wir Mittag. Das Häuschen steht am Rande des Schotts, hoch über dem Quellengebiet. Den Sturz in den Kessel mildern flache, unbewachsene Terrassen. Der dunkle Krater steigt an zum Horizont, ganz mählich, ganz sanft. Aus der Tiefe flammt enthusiastisches Grün.

Später fahren wir so tief ins Schott, daß nichts mehr daran erinnert, auf bewohnbarer Erde zu stehen. Rings um mich, ich drehe mich wie ein Kreisel, ist nichts als flimmernder Horizont. Der Boden Sand und Salz. Das Salz baut Zwergburgen gegen den Wind, Kristallschlösser. Ich renne an gegen die Ferne, da werfen sich Hügel auf, flackernde Berge, unweit, greifbar, ich gehe ihnen entgegen, und sie versinken. Neue, flachere sperren den Weg, weichen zurück, nichts, nichts als das Trugbild jener zentimeterhohen Salzburgen.

Gerade als ich den Wagen erreicht habe und einen letzten Blick auf diese Aufhebung des Begriffes Landschaft werfe, stürmt mit wehendem Burnus ein Araber in die Tiefe des Salzsees. Immer wieder wirft er verzweifelt die Arme in die Höhe, strauchelt, richtet sich auf, läuft. Über weite Strecken schrumpft sein Körper zusammen, wird verzehrt von der Projektion seines Ichs.

Als Gigant, als riesenhafter Scheitan jagt er durch den Himmel, die Burnuszipfel werden gewaltige Schwingen. Der Fahrer ruft nach ihm. Einen Augenblick lang bleibt er stehen und zeigt in die Ferne, dann läuft er weiter.

Vergangenheit und Gegenwart stoßen aufeinander, beginnen sich zu bedrängen. Die Vergangenheit mit ihrer Armut, ihrer religiös bedingten Demut, ihrem Glaubenstrost ist noch gegenwärtig. Doch langsam dringt, vor allem durch den Tourismus, Unruhe ins Land. Da rollt eine Menschheit heran, scheinbar überlegen durch Besitz. Chromblitzende Automobile verleihen ihr den Nimbus eines glänzenden, begehrenswerten Daseins, es strömt ein Duft der Verführung in die Lehmhütten. Magazine belegen in grellbunten Hochglanzdrucken, daß es Länder gibt, in denen der Alltag aus Abenteuern und nächtlichen Orgien besteht. Und mit welcher Begehrlichkeit in den Augen umstreichen an den Kiosken die Jünglinge diese Sendboten aus jenen fernen Paradiesen. Wie mögen ihre Träume beschaffen sein? Es bleibt uns für die Bewohner dieses Landes zu hoffen, daß sie beim Aufbau den Weg der geringsten Fehler gehen. Und dafür gibt es Anzeichen: Am Rande der Wüste ist in diesen Tagen ein Schulkomplex fertiggestellt worden, ein Palast, gebaut nach allen Regeln modernster Architektur.

Ein paar Steinwürfe weiter beginnt die Oase. Ich nehme den Hauptweg. Zu beiden Seiten schießen die Palmen in die Höhe. Hoch oben verbüscheln sich ihre Köpfe und bilden ein Dach. Dämmerlicht herrscht. Aus schlappen, elefantenohrigen Blättern schillert violett, gelb und purpurn die schwere, obszöne Blüte der Bananenstaude. Die Palmen treten zurück, geben Raum für die Kubba des Sidi Bou Ali, jenes Heiligen, der vor fünf Jahrhunderten seine Heimat Marokko verließ, um hier die Begründer des Schisma zu bekämpfen. Sein Grab ist Wallfahrtsziel. Nicht der Eifer seines Glaubens trug ihm so hohe Würdigung ein, sondern das Verdienst, der erste Palmenpflanzer gewesen zu sein.

Ein Geruch verwelkten Laubs mästet die Luft. In großen Fetzen schält sich die Kalkhaut von den Mauern des Grabmals. Trockener, rissiger Lehm tritt ans Licht und verstärkt den Ausdruck der Hinfälligkeit. Eine Tür führt ins Dunkel. Suchend taste ich vorwärts, und mit jedem Schritt, den ich eindringe ins vorerst Undurchdringliche, verstärkt sich ein Rauschen, ein Plätschern, das an einen Wasserfall erinnert. Langsam gewöhnt sich das Auge, wird sehend, und rechts neben mir zeichnet gebrochenes Tageslicht ein stehendes Rechteck, den Eingang zum Gebetshof. Hinter einer niedrigen Steinbrüstung stürzt ein Schacht in die Tiefe, eine steil aufschießende Quelle. Der Hof ist klein und schmucklos. Aus tiefliegenden, vergitterten Fenstern schallt auf- und abschwellender Gesang. Rasch entledige ich mich meiner Schuhe, und leise betrete ich den Vorraum des Grabes. Mit den Rücken zur Wand sitzen sich zehn, zwölf Männer gegenüber, die Köpfe mit Tüchern umwunden, bärtig, glutäugig, strecken weit die Köpfe vom Hals, starren zur Decke und singen. Der Gesang schwillt an zum Geschrei, erhält eine mir unverständliche Betonung, eine animalische Kraft, erstickt dann wie im Zweifel oder in einem großen Vergessen, bis der Vorsänger heftiger einsetzt, bewußter, gewisser, die anderen mitreißt. Gespannt betrachte ich die in sich versunkenen Männer, die im Banne einer unbekannten Verzückung stehen. Ich werde entdeckt, der Gesang zerfällt in flatternde Silben, Fäuste recken sich und jagen mich davon.

Fahrt nach Gabès. Am Morgen verlassen wir Tozeur. Vor dem Hotel bedrängen uns Händler mit ihren Waren: kleine Webereien, Postkarten, Datteln in Spankistchen und Sandrosen. Nach langem Feilschen erwerbe ich ein winziges Exemplar jener bizarren Steinblumen, die der Wind in der Wüste wachsen läßt. Es sind sandsteinfarbene Gebilde, rosenähnlich, aus deren Kern messerscharfe Grate in den Raum schneiden, die sich vergittern, überschneiden, die Hohlräume und Kammern bilden, nach den Gesetzen kristallinen Aufbaus. Seltene Stücke erreichen die Größe liegender Widder.

Am Ortsausgang, zwischen Wüste und Hain, liegt der Friedhof, eingegrenzt durch einen niedrigen Erdwall. Flache Hügel spannen sich, geglätteter und rissiger Lehm. Rasch ebnen die heißen Sandstürme auch dieses letzte Zeichen vom Menschen ein. Hier und da bezeichnet ein Holzstück das Kopfende eines versunkenen Grabes. Dort ein vertrockneter, raschelnder Palmenwedel, er verbreitet Wehmut, Sentimentalität.

Es bleibt weiterhin bewölkt, und wir müssen unseren Plan, den Salzsee zu überqueren, aufgeben. Am Vortage ist ein Wagen versunken, und die Insassen hatten Mühe, heil die Oase zu erreichen. So muß ich also auf den Anblick der vielen kleinen Oasen um Kebili, der Heimat der Saharabewohner, verzichten, muß die Hoffnung begraben, die großäugige, schwarzgehörnte Gazelle in Freiheit zu sehen, den Schakal, den Wüstenfuchs und den kaimanähnlichen Lezar. Am Ende jedoch ist es wie immer im Leben, daß ein Verlust auch einen Gewinn nach sich zieht, mag er noch so andersgeartet sein. Dieses Mal sind Ersatz die von Bergen belagerten Horizonte und Krater, die graubraunen, mondlandschaftlichen Steinwellen von El Guettar, das Tal, lehmige Steppe, überzogen von stacheligen Flechten. Die Wolken ziehen dahin, umschleiern die Berghäupter. Unwirkliches Blau von unendlicher Tiefe strahlt aus den Wolken, Sonnenkegel irren über die Ebene, illuminieren die Berggrate, verborgene Schluchten treten ins Licht. Dromedarherden wiegen sich in laszivem Gang von Büschel zu Büschel.

El Guettar. In prismatischen Brechungen bauen sich die Gipfel. Im Tal glänzt silbern das Schott. Palmenstreifen zerschneiden den Spiegel. Lehmfarbene Häuser und die Brüste einer Kubba drängen sich in die Sonne. Jeder Blick ist mir Umarmung, jeder Schritt Abschied.

Von Horizont zu Horizont Steppe. Nomadenzelte pressen sich flach und braun wie Dunghaufen an die Erde. Ich nehme Geschenke und gehe auf das der Straße am nächsten liegende zu. Aus dem Zelt kriecht eine Frau, und als sie mich kommen sieht, bindet sie sich ein Kopftuch über das schwarze, glänzende Haar. Ein Mädchen läuft mir entgegen, nimmt die hingehaltene Schokolade und rennt davon. Die Mutter sieht alt aus, gemessen an unseren Maßstäben, vor allem aber im Hinblick auf das Kind. Ihr Gesicht ist zerfältelt, die Tätowierungen zwischen Unterlippe und Kinn, die Tränenkreuze unterhalb des Lids und die Punktlinie, die den Haarpony markiert, überziehen das Antlitz mit einem Schleier, einer Maske, die der Veränderung der Züge widersteht.

Das Zelt hat die Form einer einseitig geöffneten Kalotte. Den Eingang deckt ein Dornenwall. Die hohe Mitte, die weit unter dem Maß des Menschen liegt, wird durch einen Knüppelzaun gestützt, die Seiten von kurzen Stecken. So entstehen zwei ziemlich große Räume, die dem Wohnen und dem Schlafen dienen. Der Boden ist festgetreten und sauber. Hinter der Steckenwand ist die Habe verstaut, das Küchengerät und die Vorräte. Was mich besticht, ist der enge Zuschnitt auf das Lebensnotwendige, auf das, was auf die Mitte zielt, ohne alle Ausschweifung. Es wird mir bewußt, wieviel der Mensch anhäuft, so daß sein Leben sich verläuft, aufgesogen vom sinnlosen Erwerb und der Verwaltung von Besitz. Genau jenen Punkt visiere ich an, wo das Ding über uns Macht gewinnt und nicht mehr beherrschbar ist. Als ich mich verabschiede, bittet die Frau um Geld, und als es ihr nicht genügt, streckt sie weiter die Hand aus, und die Gebärde wird zur Forderung.

Am Nachmittag erreichen wir Gabès, die einzige Oase Tunesiens, die am Meer liegt.

Nacht in Gabès. Da ist ein Pfad, der sich zwischen Palmengarten und der Böschung eines Brackwassers schlängelt. Er ist so schmal, daß man sich an den Hecken festhalten muß, um nicht in den Morast abzugleiten. Es ist, als könnten die Palmen, die blütenübersäten Büsche und die Agaven auf keinen Fußbreit Boden verzichten. Im öligen Wasser faulen Palmstämme. Bizarre Lehmklippen lohen im Licht der untergehenden Sonne. Der Pfad endet am Ufer eines rasch dahinströmenden Flusses. Stromabwärts dämmt wilder Palmenwuchs sein Bett. Auf der blaugrünen Kulisse, auf dem Wasser, in dem sich die Farben des Himmels mischen, sinkt in unvergleichbarer Größe und unvergleichlichem Glanz die Sonne, an den Rändern des Himmels brennen rote Flammen. Nur Minuten währt dieses Schauspiel. Ein Widerschein erfüllt noch die Luft, und dann kommt schon die Nacht. In diesen Sekunden habe ich zum erstenmal das Gefühl, in Afrika zu sein, in jenem grünen tropischen Afrika, von dem wir ein vorgeprägtes Bild haben.

Auf dem Heimweg zum Hotel streife ich das Haus eines Beduinen. Sobald er mich erblickt, drängt er seine Frau in die Tür. Dann wendet er sich zufrieden seiner Arbeit zu. Ich gehe an ihm vorbei und werfe einen Blick in das Haus. Da steht sie, im

Rücken ihres Mannes. Aus einem blutroten Umhang steigt in blasser Bräune das Oval ihres Gesichts, das bleich wirkt durch die Schwärze der Augen. Schwer wie Lianen fallen schwarzbraune Haarflechten auf die verhüllten Schultern. Ein Lächeln umspielt ihren Mund. Der Umhang teilt sich, sie hebt die Hand und winkt.

    Es ist Nacht. Leise klappen Türen. Eilige Schritte hasten über die Flure. Stimmengewirr. Tuscheln. Hotelgeräusche. Dann Stille. Vor der Loggia meines Zimmers tobt das Meer. Die Terrasse ist ausgestorben. Die Sessel zu Gruppen zusammengerückt, so wie sie verlassen wurden. Dort saß das junge Paar, sie sehr jung, ein dickes Kind in zu engen Hosen, und ein Jüngling, gerade mannbar, bartlos, mit langen, auf die Schultern fallenden Haaren, in den Liegesesseln, ein Fototeam in Niethosen, sechs Männer und ein Mannequin, sie fotografierten die Bikinimoden des kommenden Sommers. Das Meer: ein Platinspiegel. Camus sagte: Das Meer jagt seine weißen Hunde an den Strand. Sie stürzen sich auf das Land, die Fänge voll Algengeflecht. Nacht über dem Meer, bleich der Sand, der Orion hängt in zerzausten Palmenfächern.

Der Traum. Sie ging an mir vorbei, war braun und schmal. Ziellos irre ich durch die Stadt. Ich stehe vor Schaufenstern, gehe weiter. Menschen drängen sich an mich. Die Läden werden trister, die Ausstellungsstücke sind mit Schimmel bedeckt. Der Platz öffnet sich, ist mit Bäumen bepflanzt: dürre Äste, nur oben in den Kronen tragen sie Blätter. Die Bäume sind glattrindig, Feigenbäume mit Ringfalten. Der Platz ist groß, doch nicht so groß, um bei Tageslicht vollkommen hell zu sein. Ich irre zwischen den nackten Feigenbaumstämmen, bin verzweifelt über die Nacktheit des Bodens, er ist festgestampft, gelbrot und ohne Pore. Der Boden ist wirklich ganz kahl. Ich laufe in die Gasse zurück, und da steht sie vor mir: braunschmal, das Gesicht gezeichnet von einem Kreuz, senkrecht aufsteigend die Nase im Schnitt tiefdunkler Brauen. Ich versuche, an ihr vorbeizukommen, will ausweichen, sie tritt neben mich. Die Konturen ihres Leibes gravieren sich mir in den Körper, und ich will weiter, aber sie schneiden sich tiefer ins Fleisch, bis ich blute, und dann spricht sie den Satz: Ich suche dich. Ich renne zurück auf den Platz, und das Tageslicht ist so grau wie die Rinde der Feigenbäume. Umschlungen auf dem festgestampften Boden, so ertaste ich ihren Leib: der ist wie aus Wasser und Stein, wie eine Landschaft, nur größer, unerfaßbarer, der Atem peitscht aus Gründen tief zurückreichender Sehnsucht. Das ist ein Sturm jetzt, der endlich sich bricht. –

Die Familie S. bewohnt in Gabès ein mittelgroßes, nichtssagendes Haus. Mit seiner schmalen Front liegt es an einer der großen Straßen. Als wir am Morgen, kurz nach sieben Uhr, vor der Eingangstür stehen, glauben wir zu früh gekommen zu sein. Die Straßenfenster sind verhangen, die Bewohner scheinen zu schlafen.

Aus einer Seitenstraße biegen zwei Männer, die einen Hammel hinter sich herziehen. Das Tier ist störrisch und wird mit Fußtritten und Flüchen angetrieben. Es gibt keinen Zweifel, wir sind zur rechten Zeit gekommen. Der Hammel, der steif und blicklos neben mir steht, wird in kurzer Zeit geschlachtet sein, damit ich, so lautete die Einladung, die Sitten des Landes kennenlerne. Couscous müssen Sie bei mir essen, sagte Frau S., wir werden einen Hammel für Sie schlachten!

Der Hausherr öffnet im Morgenmantel. Zwanglos bewegen wir uns im Haus. Die Kinder, zwei Mädchen, sechs und elf Jahre alt, rennen halbangezogen von Zimmer zu Zimmer. Ein Lüster mit zwölf Kerzenbirnen beleuchtet das Wohnzimmer. Korallenrote Samtvorhänge fallen in schweren Falten von barocken Gardinenleisten. Sessel und Halbtisch mit riesigem Spiegel, Konsole und Sitzsofa sind übertriebene Kopien des Hochbarocks, goldgefaßt, die Bezüge roter Satin. Neben der Tür zum Hausgarten steht ein schwarzes Klavier. Der Blick fällt in den marmorgefliesten Hof, in dessen Mitte ein Feigenbaum stirbt. Die Hauptäste sind kahl und ohne Zweige, lediglich in der Krone verästeln sich junge Triebe.

Der Fleischer fesselt die Hinterläufe des Hammels und schlingt das Strickende um den Feigenbaum. Aus einem Köcher zieht er nacheinander mehrere Messer und schleift sie am Stahl. Die Familie versammelt sich im Hof. Mit geübtem Griff klemmt sich der Fleischer den Kopf des Tieres zwischen die Knie und schneidet behutsam mit der Schere die Wolle von der Gurgel. Ein gepreßtes Blöken entrinnt der Kehle des Hammels. Ein Hausmädchen schiebt eine Schüssel in Halsnähe. Geräuschlos zerschneidet das schmale, abgeschliffene Messer Gurgel und Halsschlagader, das Blut springt in dickem Strahl aus der Wunde, platscht neben die Schüssel auf den weißen Marmor. Der Hammel stemmt die Vorderläufe gegen den glatten Boden, rutscht, stemmt sich hoch, und erst nachdem der Blutstrahl zu versiegen beginnt, überläuft ein Schauern seinen Körper, bis er seitlich umfällt.

Ungerührt stehen die Mädchen dabei. Frau S. schilt das Hausmädchen wegen des vergossenen Blutes, das schwärzlich gerinnt, dunkel auf dem Marmorweiß. Die große Tochter wird ins Entré geschickt, und wenige Minuten später durchdringt ihr Klavierspiel, eine Mozartsonate, das Haus.

Der Hammel hängt in der Gabelung des Feigenbaumes. Nachdem das Fell mit leisem Reißen und Nachhilfeschnitten vom Leib gezogen wurde, wirkt er seltsam schlank, wie der Körper eines Hundes. Die Faszie ist weißlichblau. Gedärme rutschen aus der aufgebrochenen Bauchdecke in Schüsseln. Im Wohnzimmer Mozartkadenz.

Auf dem Holzkohlefeuer grillen die ersten Koteletts. Herr S. verschenkt an die Armen, die vor der Tür warten, einen großen Teil des Fleisches. Das Fleisch ist zäh und ohne besonderen Geschmack, und eigentlich habe ich überhaupt keinen Appetit, vielleicht weil ich als Städter nicht gewohnt bin, einem Schlachten zuzusehen.

Abends ist der Couscous fertig. Verschiedene Fleischsorten, Gemüse und eine große Portion gelben Grießes. Trotz Anstrengung, denn ich möchte den Gastgebern für ihren Aufwand danken, kann ich nur wenig essen. –

Matmata. Man verläßt Gabès nicht, ohne das Grab und die Moschee des Sidi Boulbaba gesehen zu haben. Sicher, ohne den einheimischen Fahrer hätten wir das Bauwerk nicht entdeckt, denn es liegt am Rande der Stadt auf einem kleinen Hügel. Die Zufahrt ist schwer zu finden, weil der Moschee ein Siedlungsareal vorgelagert ist, das, abgesehen von der Vegetation und dem Stil, an unsere Kleinhaussiedlungen erinnert. Hier, wo heute die Moschee steht, verlebte der Barbier, der Haaraufbewahrer des Propheten Mohammed, seine letzten Jahre. Kreuzgratgewölbe und Säulen, überzogen von Flechtwerkverzierungen, schmücken den Eingang. Der Saal ist überfüllt von hockenden Männern, die sich leise im Rhythmus des Gebets wiegen. Der Vorraum zum Grab des Heiligen gleicht einem Basar, ist mit Weihtafeln überladen, Teppichen und Bändern, Fahnen, die den Glaubenskriegern voranflatterten, Lampen, Kistchen und Truhen, alle erdenklichen Dinge, die als Weihgeschenke in Betracht kommen.

Das Wetter wird besser. Zwischen großen lichtblauen Flächen treiben Wolken dahin, haben die Form von Troikagespannen. Wie soll ich die rasch wechselnden Bilder fassen? Kaum sind wir fünfzig Kilometer auf der sich in Serpentinen zur Hochebene hinaufwindenden Straße landeinwärts gefahren, einer Straße, die zwischen Gipfeln hängt, über Abgründen schwebt und unter Felshängen kriecht, und eine andere Welt umgibt uns.

Mühelos erfaßt das Auge das ferne Meer, ein unstofflicher Streifen Licht, irisierendes englisches Grün. Welche Sanftheit gegenüber der Kraterlandschaft, in deren Mitte, hoch auf einem Plateau, ich stehe. Ein aufgewühlter Ozean aus Fels und Lehm, rotbraun, von der unbarmherzigen Sonne geglüht. Krater, Schrunde, Schlucht, der Kalkstein zernagt, die Gipfel durchbohrt und durchlöchert von Wolkenwohnungen der Berber, Adlerhorste, uneinnehmbar für den Feind. Sie fanden die Mittel, um in der quellenlosen Steinwüste zu überleben, stauten das Regenwasser, gruben Zisternen, bauten Steindämme und Terrassen, am Fels und zwischen den Rissen, säten Gerste und Weizen, pflanzten Feigenbäume, Datteln und Oliven. Wie Balkone, wie Blumenkästen an Häusern hängen die Gärten an den Felswänden. Grüne Inseln. Jetzt sind die Adlerhorste verlassen. Die Berber zogen in die Täler, gruben sich ein in den harten roten Lehm. Und wären nicht in den vergangenen Jahren hier und da ein paar Häuser für die Beamten und die Polizei gebaut worden, niemand könnte ahnen, daß zwischen den Hügeln Menschen wohnen. Matmata, Maulwurfshügelfeld, in dessen Gängen und

Hügeln sich Generation um Generation verbraucht, wo der Rauch des Feuers, Säule im Mittag, einziges Zeichen einer bewohnten Region ist.

Ohne Führer ist es unmöglich, eine der Höhlenwohnungen zu besuchen. Wir engagieren einen Einheimischen, der den feinen städtischen Mann spielt. Ich kann das Gefühl nicht loswerden, daß sein Körper sich nur zu dem Zweck so stolz aufrichtet, damit das glänzende Messingschild auf seiner Brust, seine Zulassung als Fremdenführer, im Lichte funkelt. Führer, wo immer ich ihnen begegne, wo immer ich ihnen nicht ausweichen kann, langweilen mich maßlos, und ich gestehe, daß diese berufsmäßig geschwätzigen Leute mir stets Antipathie einflößten, weil das Ableiern von eingebleuten Texten mit zu dem Erniedrigendsten gehört, was ich kenne. Nicht selten verzichte ich einfach auf die Besichtigung einer Sehenswürdigkeit, um dem Terror solcher Leute zu entgehen. Leider trifft man diese Gattung durchaus nicht nur in Museen und Kirchen, sondern sie überschwemmen alle erdenklichen Institutionen. Da ich jetzt sowieso nur durch den Filter der Übersetzung an seinen Reden teilhabe, laß ich es geschehen und folge ihm. Dieses eine Mal werde ich es nicht bereuen.

Natürlich ist es verlockend, den Pfad, der sich am Fuße der Höhlenhügel schlängelt, zu verlassen und auf den Grat zu steigen, um einen Blick in den Hof zu werfen, in dem sich, wenigstens über Tag, das Leben der Bewohner abspielt. Man muß dem widerstehen, weil es genauso taktlos wäre als dränge man unaufgefordert in ein Zimmer. Wir halten uns also an den Weg, den er uns zuweist. Vor uns liegt ein finsterer Gang, der ohne Krümmung auf der Sohle des Bergs in einen kreisrunden Hof führt. Den Hof erhellt Oberlicht, man wähnt sich auf dem Grund eines großen, leeren Brunnens, fühlt sich beengt, trotz des beachtlichen Durchmessers. Der Himmel ist eine blaue Scheibe mit Wattewolken. Die Lehmwände, mit ihren Höhleneingängen, erinnern an die Schlupflöcher der Seeschwalben. Nur, daß sie hier überdimensioniert sind und daß sie außer im Fluge – warum nicht? – über in den Lehm gestochene Stufen zu erreichen sind. Aus der Küchenhöhle quillt Rauch, verpestet die Luft. In der Vorratskammer lehnen an den Wänden Amphoren, angefüllt mit Nahrungsmitteln, mit Öl, Grieß und Oliven. Vorsichtig steigen wir die schmale, geländerlose Treppe zum Hauptraum hinauf. Die Tür kreischt in den Angeln. Das Licht fällt in verschobenem Rechteck auf den glatten, mit Wasser verstrichenen Boden. Die Höhle hat die Maße eines Berliner Zimmers, die Decke, eine Tonne, ist rissig und weiß getüncht. Ein unheimliches Gefühl beschleicht mich; was ist, wenn der Berg rutscht, wenn der Regen den unabgestützten Lehm einstürzen läßt – da stehen Betten, ein Schrank, eine Truhe. Ein Zimmer, wie es in jedem Hinterhof zu finden ist, trotzdem, es ist eine Katakombe. Die Luft ist stickig und riecht nach Moder.

Unser Führer begleitet uns noch ein Stück, nachdem die Routineerklärungen beendet sind, und erzählt, was ihm gerade einfällt. Als ich ihn nach dem Weg nach Taoujou frage, ist seine Antwort eine zweifelnde Bewegung der Hand. Diese Geste gilt, was aus seiner folgenden Erzählung hervorgeht, weniger der Befahrbarkeit der Piste, als einer Erinnerung an eine Begebenheit, die sich vor wenigen Tagen hier abspielte: »Ich bin froh, daß ich im Orte wohne und nicht da draußen.« (Er zeigt in Richtung T.) »Zwar leben da, auch außerhalb der Dörfer, überall Leute. Doch es ist einsam. Die Tochter von ...« (den Namen verstehe ich nicht) »mußte fast eine Stunde bis hierher laufen. Es ist weit für ein Kind. Sie war erst sechs Jahre. Eines Tages erzählte sie dem Lehrer, sie wäre von einem Schakal begleitet worden. Was Kinder so reden. Der Lehrer hat sie ausgelacht. Am Abend sagte sie es ihrem Vater, aber auch er glaubte ihr nicht. Und, das müssen Sie wissen, Schakale tun ja den Menschen nichts, sie sind feige. Am nächsten Tag ist es das gleiche. Sie sagt dem Lehrer und dem Vater, der Schakal gehe neben ihr her wie ein Köter. Doch niemand glaubt ihr. Ein Märchen, sagen sie, denn der Schakal ist kein abgerichteter Hund. Dann wollte das Mädchen überhaupt nicht mehr in die Schule gehen. Sie hatte Angst. Am dritten Tag, da ist sie nicht mehr nach Hause gekommen. Es war dann schon dunkel, und wir haben sie mit Fackeln gesucht. Da drüben, hinter dem zweiten Hügel, ja dort, rechts vor der Moschee, wo die Dattelpalme steht, hinten in der Schlucht, da fanden wir sie. Zerrissen.«

Er reicht uns die Hand und geht.

Wir sind betroffen, stehen eine Weile ratlos herum. Welchen Weg wollen wir nehmen. Der Fahrer hat es offensichtlich satt, seinen Wagen Belastungen auszusetzen. Er liebt die glatten Betonstraßen, und ich finde das verständlich. Andererseits hatten wir die Route durchgesprochen und bestimmte Ziele festgelegt. So beharren wir also auf der Fahrt nach T. Mürrisch willigt er ein, zumal der Polizeiposten die Befahrbarkeit bestätigt.

Im Schrittempo geht es voran. Der Wagen schlingert und springt. Einsamkeit um uns. Nur einmal kreuzen Eselreiter unseren Pfad, sie haben die Tiere mit Wasserkrügen beladen und treiben sie mit groben Fersenschlägen zur Eile, verschwinden im Weglosen. Felsschollen ragen aus dem Geröll, Palmenfinger, Felsbarrikaden, weißgrau, zerlöchert, rissig, Dämonenskulpturen, Fratzen. Rascher Wechsel der Formen und Formationen. Das breite, steinige Schwemmtal, Lehmberge, weiblich in den Rundungen, manchmal zerschnitten, zersägt von Sturzbächen, so, daß die unberührten Grate schmalen Fischleibern gleichen, Fischschwärmen, die besessen die Gipfel anschwimmen, auf halber Höhe aber scheitern.

Die Fahrrinne wird steiniger. Gemessen an der Zeit müßten wir längst in T. sein, und wir beschließen, umzukehren. Zu Fuß durchstreife ich die Umgebung. Sitze mit meinem Malzeug auf einer Kuppe. Ich vergesse die Zeit und male das branstige Ocker des Oueds, das erdige Grün, das Steilufer, eine Wand, in Zacken auslaufend wie Giebel, die blauen Schatten der Rinnen, dahinter den Weißocker einer Muschelbank, das satte Violett der Hügel in der Ferne, einen Streifen Himmel. Die Wolkenwand hängt in dicken Falten an den Himmelsrändern: Auftritt des reinen Blaus und der Sonne. Nach Minuten zittert die Luft. Ich ziehe den Mantel aus, dann die Jacke, die Hitze wird unerträglich.

Langsam fahren wir zurück nach Matmata. Steige hier und da aus, zeichne. Der Wolkenvorhang fällt, nur Gucklöcher bleiben, in ihnen intensiviert sich das Blau zur Tiefe gotischer Glasfenster. Eine weiße Kubba schläft verlassen auf einem Plateau. Der Pilgerweg dorthin, eine dünne Spur, verläuft sich zwischen dem Geröll. Reifenpanne. Nach einer Stunde behoben. Am Abend nochmals nach Gabès zum Übernachten.

Ruinen in Metameur. Die Aradebene liegt hinter uns, sie ist nichtssagend, nichts, außer Gräbern und Denkmälern, erinnert mehr an die Schlachten des Zweiten Weltkrieges.

Metameur ist ein kleines Dorf. Die Häuser sammeln sich um eine niedrige, schanzenartige Erhebung. Einzelne Siedlungen verlieren sich in der Ebene. Die Vegetation ist dürftig, blaßgrün, mit Staub bedeckt, eine Variante der Lehmfarbe. Dünner Fadenregen firnißt den Ocker der Häuser und der Wege. Kein Mensch würde sich der Mühe unterziehen, hierher zu fahren, ständen hier nicht die Ghorfa-Ruinen. Vier- bis fünfstöckige Röhrenbauten, übereinandergeschichtet wie Bienenwaben. (Sie sollen im 18. Jahrhundert, als der Handel in Blüte stand, gebaut worden sein.) Lose Treppensteine und Austritte hängen vor den Fassaden, ebenerdige Röhrenschlunde sind durch zernagelte, schiefe Brettertüren verschlossen, ein Zeichen, daß sie bewohnt sind. Das Gemäuer verfällt, die Gewölbe stürzen ein, die Türsteine zerbröckeln. Der Platz könnte Kulisse sein für einen Märchenfilm. Eine Tür knarrt, ein Greis, in Burnusfetzen gehüllt, flattert auf mich zu, bettelt um Whisky und macht sich davon. Der Platz ist ausgestorben. Der Regen trommelt auf meinen Mantel, durchnäßt das Papier, auf dem ich diesen Ort des Verfalls festzuhalten suche, aber es genügt nicht, das Sichtbare zu fixieren. Das Eigentliche tritt in der Begegnung mit den Menschen, die hier leben müssen, zutage.

Es ist verwegen, sich hier zur Ruhe zu legen, eine Tür hinter sich zuzuziehen. Überall droht der Biß von Skorpionen und Schlangen. Und doch hocken Frauen in den Röhren, kochen in rostigen Blechdosen Couscous, kämmen zwischen Nagelbrettern Wolle. Sie scheinen heiter und sind so grau wie der Staub auf dem Platz. Die Frauen laden uns ein zum Essen, aber ich kann nicht, und ich schäme mich, daß ich nicht in der Lage bin, mich zu überwinden, die Einladung anzunehmen. Ich weiß, daß ich die Frauen verletze, gegen meinen Willen, aber die Abneigung ist stärker. In einer anderen Röhre lebt ein Weber, und bei dem Wort »lebt« werde ich unsicher. Er ist eingewachsen in seinen aus Ästen zusammengezimmerten Webstuhl. Der kaum armdicke Sitzast ist entrindet und zur Hälfte abgesessen. Auch in dieser Höhle gibt es nur eine Farbe, Grau. Die

Steine des Gewölbes sind grau, der Webstuhl ist grau, die Wolle ist grau, so grau wie der Weber. Mühsam zieht er seine steifgesessenen Beine aus dem Gestänge, und als er vor uns steht und die Hand zum Gruß ausstreckt, bleibt er Teil seines Stuhls, verkrümmt und verfallen, verbraucht. Seine Art, uns einen gewebten Burnus zum Kauf anzubieten, ist liebenswürdig und ohne jede Aufdringlichkeit. Selbst nachdem wir den Kauf vorsichtig zurückweisen, verliert er nichts von seiner Herzlichkeit, sondern er überbietet sie noch mit der Bitte, von seinem Tee, der in einer verteerten Kanne auf glühender Holzkohle steht, zu trinken. –

Insel Djerba. Obwohl ich vor Kälte und Feuchtigkeit in der Schlafzelle kaum ein Auge schließen konnte, bin ich froh, daß es Tag wird. Die ganze Nacht war Unruhe im Hof. Ständiges Kommen und Gehen, Tuscheln hinter der Tür, Klirren, als stießen Dolche und Säbel aneinander – und das, obgleich wir die einzigen Gäste im Hause sind. Die Phantasie malt Bilder, anhaltende Spannung zerrt an den Nerven. Der Tag entwirrt die Fäden der Ängste und Mutmaßungen. Ich habe kein Kleidungsstück, das nicht klamm von Feuchtigkeit ist, und bin froh, dieser Tropfsteinhöhle zu entrinnen. Die Glieder sind steif, träge arbeiten die Gedanken, und ich weiß, warum Schlangen und Echsen sich von Nachtkälte gelähmt an einen Sonnenplatz schleppen.

Natürlich empfinde ich Genugtuung, übernachtet zu haben nach der Sitte des Landes, in einem Foundouk, einer Karawanserei, einem Bollwerk nach außen, mit glatten Mauern. Alle Gestalt ist ins Innere gelegt, in den recktecktigen Hof, in dessen Mitte ein Thermalbecken dampft, in die Bogengalerien, hinter denen die Türen zu den Zellen liegen. Halb Einsiedelei, die sich vor dem Draußen schützt, und halb romanisches Kloster.

Das Frühstück läßt auf sich warten, und so will ich versuchen, den Verlauf des gestrigen Tages aufzuschreiben. Am späten Mittag erreichten wir Médenine, eine Kleinstadt oder ein großes Dorf, wie man will, und ich hätte es vielleicht schon vergessen, so farblos und eintönig ist es, wäre nicht ein kleiner verfallener Markt gewesen, der von den gleichen Röhrenhausruinen umstanden ist wie Metameur, nur, daß er enger, eingezwängter erschien, märchenhafter noch, für mittelgroße Zwerge erbaut. Eine Wiederholung. Vergebens suchten wir nach einem Restaurant, erpicht auf eine Mahlzeit, aber mußten es aufgeben, weil die Mikrobenscheu uns abhielt, in den düsteren Garküchen zu essen. Die Reise endet sonst rascher in einem Hospital als man glaubt. Hungrig fuhren wir weiter, das Ziel hieß: Djerba. Insel der sagenumwobenen Lotophagen, der Phönizier, der Römer, der Juden, der Vandalen, der Muselmanen, Normannen, Aragonier, Spanier und Türken, der Berber, der Djerbi, die Nachkommen einer Geschichte aus Raub und Mord sind. »Insel mit dem Goldsand«, wie Flaubert sie umschrieb.

Insel im Mittelmeer, mit der Küste verbunden durch einen Damm, den vor dreitausend Jahren die Phönizier errichteten und der uns heute, zur Straße ausgebaut, die Zufahrt im Auto erlaubt. Das Meer ist seicht, und der gelbe Sand tönt das Blaugrün des Wassers. Rasch durchfuhren wir die Insel bis an ihre meeroffene Küste, bis Houmt Souk, dem größten Inselort, und nehmen Quartier. Der Verlauf der Nacht ist notiert, nachzutragen ist noch, daß wir im Hause zu Abend gegessen haben, in einem Raum, der so kalt und naß war, daß die Servietten und Tischtücher trieften. Allerlei bunte Glasscheiben, Glasampeln und Truhen rückten ihn fatal in die Nähe eines orientalischen Bordells. Zu schweigen von zwei obskuren Pärchen, deren Flüstern den Raum noch verlassener, noch leerer erscheinen ließ. Das alles verdient nur Erwähnung, weil es laut Aussage der Touristenbüros auf Djerba nur Sonne gibt. Ferien auf Djerba – im Winter! Da tummeln sich am Privatstrand des Erster-Klasse-Hotels »Ulysse« die Sagan und die Greco. Das bringt Leute ins Land, Stenotypistinnen und Kurzwarenhändler, Stoffverkäufer und Versicherungsagenten.

Wenn es ein Paradies gibt, eines, das vom Menschen gepflanzt, gebaut, gehegt wird, ein Paradies ohne schroffe Konturen, wo man nichts anderes als dasein möchte, und wenn es hier in Tunesien sein muß, dann ist es Djerba – ein einziger großer Garten. Gewiß, die Dattel ist kleiner, hat nicht die Süße derjenigen, die in den Oasen reift, dafür aber schwingt sich die Palme schlanker und biegsamer in den Himmel; die Wedel winken im Meerwind. Die Häuser sind eingebettet in das Laub der Mandarinen- und Zitronenbäume, verborgen hinter niederen Obstkulturen.

Houmt Souk. Wie in allen Städten zieht sich das Leben hinter die Mauern zurück, flieht vor der Sonne. Die Wände stehen als schützender Schild an der Straße. Einzelne große Karawansereien blockieren wie Forts einer Fremdmacht den Weg. Wären nicht diese Bauten der Vergangenheit, nicht die türkische Schornsteinminarettmoschee, nicht die katholische Kirche der unbefleckten Empfängnis, die sich in neubarocker Zerklüftung breitbrüstig zwischen die kahlen Mauern drängt, dann wäre das Gesicht des Ortes gänzlich nichtssagend, sogar verludert, denn wo ich auch hintrete, sind die Geschäfte, Souks, Hotels und die Kioske, selbst die Artisanate, Handlungen einheimischer Kunst, in ihrer Aufmachung dem miesesten Geschmack des Europäers angepaßt. Bei diesem Anblick befällt mich die gleiche gestaltlose Melancholie wie in verlassenen Badeorten, die nichts sind ohne die Staffage Mensch, der die übertünchten Bretterverschläge, die Stundenbehausungen belegt. Mit den Herbststürmen verfällt dann die Tingeltangelpracht, der Lack blättert, die Veranden sind unbewohnbare Käfige. Ein Saal, den die Menschen verlassen haben, da liegt eine Schleife, hellblau, Batist.

Aus dem Meer ragen die orangeroten Ruinen der spanischen Festung. Über ihre Steine floß Blut wie in Schlachthäusern. Die Siegesmale – der Triumph lag bei den Türken – waren ärger als der Schloßbau des Riesen Wellewatz: ein babylonischer Turm aus spanischem Christengebein und, was die Legende hinzufügt: die Kaimauern wurden aus Totenschädeln gefügt, Willkommensgruß, Verheißung für die Ankömmlinge. Geschichte, Vergangenheit der Eroberer. Das Schwert des Fremden ist heute das Geld.

Wir essen in einer Fischküche am Markt, brechen die violetten Schalen der Muschel, schlürfen das nach Knoblauch duftende Gallert. Das Fleisch der Seezunge, weiß und weich wie Daunen, zerfällt auf der Zunge, dazu Oliven.

Herr Tahar, der Fahrer, will uns erst am Nachmittag fahren. Heut ist Freitagmoschee, und er verlangt Freizeit fürs Gebet: Es wäre schlimm genug, daß er nicht schon die vergangenen Tage sein Gebet erfüllte. Eine Stunde. Gut.

Die Stadt ist leergefegt. Wer nicht ruht, der betet. Die Sonne brennt. Kein Schatten. Die Mauern blenden. Über dem Frauenbad wehen dunkle Tücher. Ich habe Zeit. Arabisches Frauenbad? Wie mag das aussehen? Duschen und Lattenroste? Brausen, Wannen, bemooste Steinböden? Verhüllte Frauen huschen ins Tor. Wenn die Vorstellung fehlt, dann stellt sich ein Bild ein, ein bekanntes. Türkisches Bad. (Jean Auguste Dominique Ingres.) Wollüstiges Rund, es wird keine Gerade geduldet, Bogen, Kurven, Sinnenrausch, verbannt das Alter, weg mit den Falten und Runzeln, weg mit der Zeit und dem Schmerz, Rundungen, Fülle, enthaarte Beugen und Höhlen, die feuchten Lippen geöffnet. Schmachten, und satt hängen die Bäuche, lockendes Fleisch. Blondhaar, sind es Berberinnen? Braunhaar, das Geschmeide rutscht zwischen die Brüste. Schönheit, wo gedeiht sie in solcher Häufung? Vielleicht hinter Ateliervorhängen?

Endlich, nach zwei Stunden, kommt Herr T. zurück, das Gesicht in Lachfalten zerlegt. Meinen Unmut übersieht er. Wir fahren die Strandstraße entlang in Richtung Osten. Das Land gleitet aus dem Wasser, und wäre nicht das Spiegeln und sanfte Wellen des Meeres, die Trennungslinie bliebe unkenntlich. Draußen waten Frauen, die Röcke hochgebunden, wühlen im Sand nach Muscheln. Große, schwarze Flamingos.

Im Bungalowhotel, einem Gewirr von Höfen, Gängen und Sälen, wird mir das letzte der Einzimmerhäuschen zugewiesen. Es ist ein Würfel, die Decke eine Kuppel. An drei Seiten Fenster, erstes: Blick auf den Strand und Hotel »Ulysse«, zweites: das Mittelmeer (die Wellen schlagen nur einen Meter vor dem Kopfende des Bettes gegen das Fundament), drittes: Terrasse und Meer (da liegen unfrohe Touristen).

Kaum, daß ich mich gewaschen und das Malzeug zusammengepackt habe, geht es weiter. Binnen weniger Minuten hat sich der Himmel mit durchsichtigen Wolken bezogen, die gespannt und zerrissen werden von einem zwar sichtbaren, doch auf der Erde nicht spürbaren Wind. Die Sonne als weißlichgelbe Scheibe, kraftlosmild wie der Mond. Die Palmwedel stehen reglos, nur manchmal überläuft sie ein Zittern. Eine Sandhose springt auf, sackt in sich zusammen. Windstille. Die Atmosphäre ist fiebrig.

Wir verlassen die Straßen und durchqueren auf gerade noch befahrbaren Wegen die Insel. Die Gärten liegen hinter Lehmwällen, auf denen dicke Mauern aus Agaven und Kakteen wachsen. Die Wege sind so schmal, daß der Wagen nur mit äußerstem Geschick durch die Böschungen und Mulden gefahren werden kann. Eselsgespanne versperren die Durchfahrt. Warten, verhandeln. Die Häuser liegen versteckt im Grün, und meist sind nur die für Djerba typischen Kuppeldächer zu sehen. Die Luft ist schwefelgelb, sie irrlichtert und zuckt in phosphornen Blitzen. Gläserne Stille. Nichts regt sich. Das Summen des Motors wird zum Getöse. Mein Blick hängt an den kurzen Wedeln der Palmköpfe. Sie sind unbewegt.

Zum erstenmal auf unserer Reise schaltet der Fahrer das Radio ein, will die Beklemmung lösen, holt Stimmen von außen. Knistern im Lautsprecher, aus dem sich Musik schält. Im Augenblick bin ich zu verwirrt, um zu erkennen, was eigentlich gespielt wird. Nur, daß es ein Anfang ist, ein Aufbruch strömender Energien. Bässe, Violinen und glitzerndes Blech, der zurückgeworfene Pendelschlag der Trommel, rhythmisches Zurückfallen aus dem steilen Aufflug einer Violinenstimme, die sich löst aus dem Blech, für Sekunden ein schwebendes Eigenleben beginnt, um dann rasch von Trommel- und Paukenschlägen, dem Orchestertutti, eingefangen zu werden und ihre Existenz in Anpassung und Verspannung, im Dagegenkämpfen gewinnt, Kampf des Individuums, Aufbegehren und Verschmelzen – Violinkonzert von Berg, das Allegro, dem Andenken eines Engels gewidmet. Und dann bricht der Sturm los. Sandsturm. Die Palmenstämme biegen sich, die Wedel werden magere Finger und gebrochen von rasenden Böen. Durch die Tür- und Fensterritzen dringt der Sand, zieht Dünen über Polster und Armaturen. Unmöglich zu atmen. Die Luft ist durchsetzt von gelbgrünem Staub. Gerade, als im letzten Satz der Choral einsetzt, in verhaltener Trauer singt, umwoben von der drängenden Stimme der Violine, erreichen wir eine Moschee.

Fast in dem Augenblick, in dem die Violinstimme, ohne durch Bogenansätze zerstückelt zu werden, sich nahtlos verströmt, allein und abgelöst vom Gemeinschaftlichen, hinübergeht, in diesem Augenblick fällt der Sturm in sich zusammen.

Die Moschee, ausgeglichener in ihren Maßen als die großen, kunstgeschichtlich erfaßten, erinnert an Le Corbusier. Für den Muezzin ist eine Treppe an der Außenwand hochgezogen, gerade so hoch, daß sein Kopf über die Kuppeln ragt, daß seine Stimme nicht erstickt in Erdnähe. Einfachheit, Klarheit des Gedankens herrscht, Gesinnung, die realisiert ist mit dem bescheidensten Baumaterial, dem Lehm.

Zur Inselmitte werden die Parzellen größer, die Landschaft wird weiträumiger. Die Palmen stehen vereinzelt im Steppenland, auf ungebrochenem, geeggtem Feld. Ziehbrunnen erheben sich aus der Ebene, würdig wie Denkmäler, die Technik hat nichts verändert. Die Gestänge zwischen den Pfeilern sind aus Knüppeln zusammengebunden. In wenigen Jahren werden die Brunnen verfallen, eine Wasserleitung wird vom Festland auf die Insel gelegt.

18 Uhr, die Stunde der Farben; die Sonne geht unter, mit ihr die ätzende Helle. Der rötliche Sand wird tiefer in seinen Tönungen, das Weiß der Häuser versöhnt sich mit seiner Umgebung, nimmt Spuren vom Grün der Ölbäume auf. Die Schatten verlieren ihre scharfen Begrenzungen, verfließen. Es ist die Stunde, in der das Schnarren der Zikaden verstummt, die Stunde des Übergangs.

Die geographische Mitte Djerbas ist El May. Der Ort ist verwildert und ohne Gestalt, ein paar verstreute Häuser, einige Läden und die Schule, dürre Olivenbäume, Zwergpalmen. Einzig die Moschee, die Zisterne, das Gebetswaschhaus und die Brunnenanlage bilden ein Ensemble. Es gibt nichts Errechnetes, nichts, was über den Zweck hinaus laut werden will. Die gleiche Einheitlichkeit und Absichtslosigkeit, der wir begegnen, wenn Kinder am Strand Burgen errichten, die nie über die Möglichkeiten des Materials hinausgehen.

Als ich mich setze und das Malzeug auf dem Boden ausbreite, umringt mich eine Horde Halbwüchsiger, sie treten auf den Zeichenkarton, stoßen den Farbkasten mit den Füßen. Vor allem umstellen sie mich so, daß die Moschee verdeckt ist. Verscheuchen kann ich sie nicht. Ich weiß nicht, was sie treibt, wahrscheinlich ihre religiöse, bilderfeindliche Erziehung, die in mir einen Feind ihrer Anschauung sieht. Wie soll ich mich wundern, daß sie mich, nachdem sie endlich das Feld geräumt haben, mit Steinen überschütten.

Am Zisternenrand schwatzen die Frauen, sie tragen das uniforme Gewand der Djerbanerinnen, einen indigoblauen Umhang, in dessen Mitte oder an dessen Saum ein rotes Band läuft. Ihre Scheu ist grenzenlos. Der Anblick eines Zeichenblocks läßt sie die Flucht ergreifen. (Die Djerbi sind Anhänger einer orthodoxen moslemischen Sekte, deren Lehre als Irrglaube gilt.)

Das Licht verfällt, die Details der Moschee versinken im Ganzen, und sie wächst, wächst weit über ihr bescheidenes Maß. Aus den langen Wänden ragen die Stützpfeiler wie Wurzeln, die eine unlösbare Verbindung zur Erde suchen. An den Ecken schwingt der First in aufsteigende Zipfel aus. Fließende, melodische Linien, die in der asymmetrisch sitzenden Laterne ausklingen, einem stumpfen, hutähnlichen Gebilde.

Djerbaoliven. Suchte man eine Landschaft, in der Skulpturen wachsen wie Bäume und Bäume wie Skulpturen, dann muß man nach Djerba. In ganz Tunesien wachsen Olivenbäume, alte, verwitterte, aber sie werden immer seltener, sie müssen den jungen, ertragreicheren Bäumen weichen, die in Plantagen, im strengen Raster nach Meßband und Leine gepflanzt und gezogen werden. Was soll man dagegen einwenden? Es geht um Nahrung, um Export. Auch auf Djerba sind die alten Bäume nur an den Randzonen der Haine zu finden, und es ist unsicher zu sagen, was sie erhält. Denn vom Standpunkt des Bauern sind sie nutzlos geworden, die spärlichen Reiser, die aus den versteinten, ausgehöhlten Stämmen treiben, tragen kaum Früchte. Vielleicht scheut man die Anstrengung, sie zu fällen, möglich, daß sie ihr Alter schützt, daß noch ein Rest vom Glauben an die Heiligkeit des Ölbaums wirkt. Wie es auch sei, ob sie nun wirklich von den Juden, die nach der Austreibung aus Jerusalem hierher zogen, oder ob sie von den Römern gepflanzt wurden, sie stehen da als Symbole des Überdauerns. Die Zeit, die Sonne, die Stürme haben an ihnen gearbeitet, sie zum Riesenwuchs stimuliert, sie aus der Senkrechten gerissen, so daß sie wie große, zum Flug bereite Vögel gegen den Wind lehnen. Die Stämme zerspellt, die Teile zerfurcht, durchbohrt, zerklüftet, zergraben, entrindet. Junge Zweige treiben aus Wunden. Ölbäume: ein Ge-

Djerba-Ölbaum (Ausschnitt), 1968, Bleistift

flecht aus Ästen und Stämmen, Leiber aus Narben und Löchern, aus den Gelenken gerissene Baumarme. Knochenbleich, schuppig, faltig, beringt und wulstig. Bizarre Skulpturen, die in den Raum stoßen, ihn umklammern, verschlingen, hundertfach den Leib des Menschen nachahmend, Nabel, Bäuche, Schenkel und Brüste, Nasen und Augen. Tanzende Frauen, grämliche Greise, wurfbereite Athleten. Sie gleichen dem Fels und dem Berg. Gebirge, Höhle, Mast und Moos und Baum, beschattet vom silbrigen, lanzenblättrigen Laub. Dynamik zähesten Wachstums. Zeit brauchte ich, viel Zeit, um sie zu zeichnen.

Ungeduldig läuft der Fahrer ums Auto, hupt. Jeder gefahrene Kilometer, jede Palme, die an der Windschutzscheibe vorüberfliegt, jeder Stein, jedes Haus ist ab jetzt eine Station auf dem Rückweg, ein Glied in der Kette, die auf dem Flughafen endet. Ankunft und Abschied fallen zusammen. Der entfernteste Ort der Reise ist passiert.

Westlich der Straße, welche die Insel halbiert, zwischen El Kantara und Houmt Souk, gibt es wenige Siedlungen, weniger Kakteenwände und Unterkulturen; der Blick schweift über Olivenhaine und Felder. Eselkarren holpern durch den Staub, ziehen gelbe Wolken hinter sich her. Djerbanerinnen rasten im Schatten der Ölbäume, blaue Kegel in ihrer totalen Verhüllung. Ihre spitzen Halfagrashüte erinnern an tanagräische Figürchen.

Einige Kilometer vor Hara Srira, dem Judendorf, begegnen uns unverschleierte Frauen. Dem flüchtigen Blick zeigt sich kein Unterschied; die Dörfer der Juden bieten genau den gleichen Anblick wie die Siedlungen der Araber. Ihre Bewohner haben die Kleidung und die Farben ihrer Wahlheimat wie eine zweite Haut übergestreift. Sie sind Fremde geblieben. Auf wenigen Flecken zusammengedrängt, isoliert seit fast zweitausend Jahren, verharren sie im Väterglauben, sind Insel im Auf und Ab der Zeitläufe, zwischen den Rassen und Religionen.

Der Markt in Hara Srira ist nicht größer als ein Hof. Auf der Erde hocken die Männer so dicht nebeneinander, daß sie zu einem einzigen Bündel hellbrauner Wolle werden, lediglich die Köpfe schweben über der Masse. Jeder meiner Schritte wird überwacht, Argwohn umgibt mich. Enttäuscht kehre ich um. Enttäuschung ist das Ergebnis einer über die Realität hinausreichenden Erwartung. Sicher ist, daß meine Vorstellung von der Synagoge La Ghriba, die Wunderbare, überspannt war. La Ghriba, Wallfahrtstempel, geheiligter Ort der Juden. Hier soll, der Legende nach, vor unserer Zeitrechnung ein geheiligter Stein vom Himmel gefallen sein, Zeichen der Auserwähltheit des Ortes. Vielleicht gab das den Israeliten die Kraft, vom Jordan hierher zu ziehen. Die Synagoge ist ein nüchterner Bau der zwanziger Jahre, zweigeschossig, vielfenstrig. Einzig das kalte Glasurblau der Kacheln, die zu zierlichen Ornamenten stilisierten Blumenköpfe, verleihen dem Raum Glanz. In Glasschreinen stehen silberbeschlagene Thorarollen, Kronen, Schilder und Zeigehände. Der Synagogendiener ist stumm, ungeduldig wartet er an der Tür. Gehen wir.

Die Tonmergelhügel, Scherbenberge, Brennöfen und die Töpferwerkstätten der Gegend um Guellala bleiben hinter uns. Die Wege liegen gelb und trocken in der Sonne. Neben Olivenstämmen Schatten wie Teppiche. Ein schwarzer Pfeil schnellt vor den Wagen. Wir bremsen. Wenige Meter hinter dem Auto windet sich eine Schlange. Ihre Bewegungen sind kurz hinter dem Kopf unterbrochen. Dickes, schwärzliches Blut tropft aus einer Wunde. Aus sicherer Entfernung versuchen wir sie mit Steinwürfen zu erschlagen. Ein Bauer, der in der Nähe sein Feld pflügt, kommt herzugestürzt, schwingt eine biegsame Gerte. Mit ihr gräbt er den Kopf aus den Steinen und schlägt pausenlos, voll Haß, auf ihn ein. Er schlägt und schlägt, bis sich langsam die fadendünne, gespaltene Zunge aus dem breitgeschlagenen Maul streckt. Dann erst hebt er sie auf. Schlaff hängt sie über dem Stock, eine hundertzwanzig Zentimeter lange Haut.

Überfahrt. Das Boot gleitet über das Meer. Die Insel ist ein Silberstreifen unter Palmen. Ich möchte das Boot wenden, zurückkehren, nicht zu den Stränden des Luxus, zu den Schwammtauchern vielleicht, lernen, den Merou im Wasser zu spiegeln, ihn an der Spitze der Harpune aufs Boot zu ziehen. Die Bootsplanken spalten Fischschwärme. Silberschuppenleiber, getränkt, durchscheinend vom Sonnenstrahl. Licht unter dem Kiel. Der Bootsschatten schwimmt als Eskorte voran, wandert auf dem Grunde des smaragdgrünen Meeres.

El Djem. Nach Einbruch der Nacht erreichten wir Kairouan. Die Stunden verrinnen, ich liege schlaflos.

Gegen Mittag haben wir Djerba verlassen. Die Überfahrt dauerte kaum eine Stunde. Sie ist unvergeßlich, das Meer ein Edelstein.

Das sind nur Namen: Médenine, Gabès, Sfax. Straßen, endlos, Straßen. Der Motor summt. Kilometer, Kilometer. Der Sandsturm peitscht gelbe Wolken über die Szene. Öde, Sonne, Ölbaumhaine, Christenkriegerfriedhöfe, Steppe, in der Ferne das Meer, Ruinen. Das ist schon vergessen.

Die Sonne geht auf den Abend zu, und je näher sie sich auf den Horizont senkt, um so größer und flächiger wird sie, um so intensiver ist ihr mandarinenfarbenes Licht. Violetter Strahlenkranz. Ich weiß nicht, welche Wirkung das Amphitheater in einer weniger eindrucksvollen Beleuchtung, sagen wir vielleicht im Regen, auf mich gehabt hätte. So aber, getaucht in nahezu stoffliches Licht, ist das Bild überwältigend. Unwillkürlich senkt man die Stimme, als könnte ein laut gesprochenes Wort es hinwegfegen. Das Theater, Duplikat des Kolosseums, ist Ausdruck eines Willensaktes, einer Kraftprobe gegen die Ebene. Es trotzt der Ebene, gleicht einer versteinten Riesenfaust. Dabei ist die Form des Baukörpers so einfach. Ein kurzer, ovaler Zylinder, dessen Schwere gemildert wird durch drei übereinandergelagerte Nischengalerien. In der Arena überfiel mich das Gefühl, auf dem Grunde eines Rachens zu stehen, die ausgeraubten Galerien beschwören die Vorstellung hintereinandergestaffelter Zahnreihen. Und fiele der Mond vom Himmel oder auch nur ein Stern, dann könnten die klaffenden Gebißhälften sich schließen, für immer. El Djem, Thysdrus, versank in der Nacht, die oberen Gesimse brannten wie Fackeln, hielten für Minuten das Licht der versunkenen Sonne über die Ebene.

Kairouan. Geschlafen bis spät in den Morgen. Zwischen der Umwelt und meinem Bewußtsein steht die bleierne Wand der Schlafdroge. Mechanisch rasiere und wasche ich mich. Es kostet Anstrengung, zu verstehen, wo ich bin. Ich könnte mir einreden, in Stockholm zu sein, in Paris, in Cannes oder ebensogut in Los Angeles. Zwar kenne ich nicht eine der genannten Städte, aber was macht das schon, man kann es sich einreden. Nichts weist in diesem Hotelraum darauf hin, daß ich nicht dort, sondern hier bin, weder die mondänen Betten, die Bankfoyersessel aus Paris, die deutsche Rokokotapete noch der dunkelviolettgekachelte Duschraum, die Ablagen für Zahnputzglas, Seife und Handtuch sind kaum sichtbar, aus schwedischem Glas. Wie soll ich wissen, wo ich bin?

Das Frühstück wird in der Halle serviert. Wir sind die einzigen Gäste. Katzenhaft schleichen die Ober heran, man ist vornehm. Der Chauffeur sitzt im Empfang, wartet auf uns und vertreibt sich die Zeit mit dem Lesen der Tageszeitung.

Also: Ich bin in Kairouan, letzte Station einer kurzen, sehr langen Reise.

Herr Tahar, der Fahrer, hat Neuigkeiten aus der Zeitung erfahren, bestürzende Neuigkeiten. Gramvoll wiegt er den Kopf. Vielleicht wäre es besser gewesen, ihn nicht um Auskunft zu bitten, denn das gute Einvernehmen, das uns während der Reise verband, sollte nun gestört werden. Zuerst teilt er uns mit, daß in Tunis eine Kunstausstellung sei. (Große Schwierigkeiten beim Übersetzen vom Arabischen ins Französische und vom Französischen ins Deutsche, die Feinheiten gehen verloren.) Das würde mich doch interessieren, nicht, da ich ja auch immer gemalt habe. Gewiß. Also hier sei eine Kritik in der Zeitung. (Ich werde neugierig.) Ja, die Ausstellung, er sagt Exposition, wäre wohl ganz interessant, aber alles schwarz und weiß, und da ist einer dabei, der nur nackte Frauen zeichnet. Obwohl ich jetzt vollkommen im Bilde bin, daß es sich hier um meine Arbeiten handelt, frage ich, was da noch steht. Ja, da steht (immer arabisch-französisch-deutsch), der Maler F. ist verliebt in den Körper der Frau.

Die meisten sogenannten schönen Städte entfalten sich vor einem unverwechselbaren Panorama, liegen am Fuß schneebedeckter Gipfel, ruhen zwischen bewaldeten Hügeln, auch am Fluß, dann gibt es Ufermauern und Kais, Hänge, die sich ohne Widerstand bebauen lassen. Es gibt Städte, die ihren Wuchs, ihre besondere Gestalt allein dem Diktat der Landschaft verdanken, deren Erbauer klug fortsetzten, was die Natur ihnen vorgab. Hafenstädte, Lagunenstädte, Städte zwischen See und Gebirge, und Städte, die einfach Städte sind, ohne Kulisse, ohne reizvolle Lage, ohne Meer und Wald. Man wundert sich, wenn man sich ihnen nähert, daß sie plötzlich da sind. Wie aus dem Nichts. Sie könnten auch ein Stück weiter im Norden oder Süden liegen, ein bißchen näher der Küste oder nicht, so glaubt man wenigstens, denn es gibt ja anscheinend nichts, was sie zwingt, hier und nicht anderswo zu stehen. In der Steppe ist jeder Platz gleich. Und doch muß es etwas geben, das diese Städte an ihrem Platz entstehen ließ, irgend etwas, wenn man es auch nicht einsehen kann, nicht auf den ersten Blick. Endlich: Solche Städte haben es schwer mit der Schönheit, da sie sich an nichts anlehnen können. Zu ihnen gehört Kairouan. Ringsum trockenes, versteppates Land, die wenigen Hügel sind Kehrichthaufen, Abfall der Jahrhunderte. Sogar das Wasser muß über viele Kilometer hergeleitet werden. Kairouan war Heerlager der Religion, das zur Stadt wurde, ein Vorposten des Orients im Westen Afrikas.

In der knapp bemessenen Zeit ist es unmöglich, auch nur einen Teil der bedeutenden Bauten und Denkmäler zu sehen. Im Innersten will ich es auch gar nicht, weil mir selten das zum Erlebnis wird, was in Reiseführern mit ein oder zwei Sternchen gekennzeichnet ist. Vielleicht gibt es Leute, denen es schwerfällt, eine Sehenswürdigkeit übersehen zu haben. Mich quält das überhaupt nicht, denn es geht um Erlebnis und nicht um Addition. Ich lasse mich treiben. Der Himmel ist wolkenlos. Das aber besagt nichts. Der Himmel ist kein Himmel. Über der Stadt triumphiert ein Blau, das jenseits des Begrifflichen von Farbe ist, ein immaterielles, unendlich tiefes Leuchten. Selbst die Sonne verliert ihre Begrenzung, zerrinnt und wird Teil des lichtflutenden Azurs. Ich bin lichttrunken, Teil des Lichts, und mein Schatten weht vor mir her, ein welkes, durchscheinendes Blatt. Einen Augenblick lang glaube ich, in ihm eine Binnenzeichnung zu sehen, das zuckende Herz, Rippenbögen, Därme.

Wie man den Weg auch nehmen mag, immer endet er vor einer heiligen Stätte, einer Moschee, einer Kubba. Über der Stadt schweben Kuppeln, gerippte, kannelierte Kairouankuppeln, Kuppeln wie Muscheln auf dem Strand. Weiße Steinblüten auf

Kuben, auf Zylindern und vermittelnden Sechsecken. Es gibt Durchblicke, wo jeder vergleichende Maßstab für ihre wirkliche Größe fehlt. Sie schrumpfen zusammen, werden kleine Gefäße, Zuckerdosen, Keksdosen, kostbare Stücke aus Porzellan, makellos in den Maßen. Und immerzu denke ich an den Mann, der ihre Farbe gemalt hat, ihre Linien nachgedichtet, ohne daß er sie je gesehen. Oder irre ich? Morandi, er allein konnte diese grüblerischen Töne des Weiß mischen. Die Stadt ertrinkt im Morandiweiß! Es gibt keinen anderen Vergleich.

Vorerst tasten wir die Peripherie der Stadt ab, stehen ungerührt vor der rationalen Kälte des riesigen Bassins der Aghlabiden, geblendet aber vom Malachit des Wassers.

Auf der Suche nach Schatten. Hinter dem Grabmal des Sidi Saheb, Barbier genannt (er trug drei Barthaare Mohammeds auf der Brust, auch, als er als arabisch-moslemischer Eroberer nach Kairouan kam und hier starb), dehnt sich ein Eukalyptuspark. Die Mauern, die ihn einfriedeten, sind niedergebrochen. In Straßennähe stinken Schuttberge: Nachtgeschirre, Bettgestelle, Scherben, alles, was ein Gemeinwesen ausscheidet. Weiter drinnen herrscht das Chaos Natur, unberührte, dünne, aufstrebende Stämmchen, abgestorbene, verfaulende Äste. Sonnenflecken tanzen über den Boden, wandernde Bühnenlichtkegel auf bemoosten Grabplatten, Turbanstelen und Gemäuern. Das Touristenlachen, der Motorenlärm der Busse zerfasert sich im Laub. Die Luft ist kühl und feucht, riecht nach Fäulnis. Ein brusthohes Mauergeviert umzäunt eine Anzahl Gräber und ein winziges Kuppelmausoleum, eine Kubba. Mauer und Gräber sind gekalkt, der Boden ist festgetreten. Die Kopfsteine haben merkwürdige Gestalt, erinnern an Boule-Uhren oder an aufgerichtete Cellokästen. Die Grabhügel erzeugen den Eindruck, als lägen die Toten ganz dicht unter der geglätteten Lehmhaut, die Modellierung ist körpernah, mumifizierte Leichen, nebeneinandergereiht wie Brote vor einem Backofen. Frische Blutlachen, Blutbahnen ädern den Kalk, heidnisch-barbarisches Tierblutopfer. Diese Friedhöfe üben große Anziehungskraft aus. Ihre Stille, diese Ausgeschiedenheit ist eine ideale Voraussetzung zur Arbeit. Ich versuche zu malen. Es gibt nur die Bindung zwischen dem Objekt und dem Ich.

Tuscheln hinter dem Rücken. Eine Weile halte ich es durch, konzentriere mich auf das Blatt, die Farbe. Äste knacken, ein Kind weint. Eine Nomadin und zwei halbwüchsige Kinder stehen abseits. Die Mädchen sind mager, zerlumpt. Sie betreten den Friedhof, springen über die Gräber, hocken sich nieder – gerade an den Stellen, wo sie mir die Sicht versperren. Das Blatt ist verdorben, krampfhaft versuche ich, wenigstens einen Ausschnitt zu retten, eine Erinnerung zu verfestigen. Die Frau stellt sich in Pose und lächelt. Der schwarze Pony fällt in die Stirn, die große, nußbraune Iris verdrängt das Augapfelweiß. Ihre Kleidung ist bunt und zerrissen. Sie ist nicht älter als dreißig Jahre, doch überdeckt bereits ein Gewebe aus Runzeln das einst schöne, einen Rest Jugend bewahrende Gesicht. Dünnes Säuglingsgreinen dringt aus ihrem Umschlagtuch. Ohne den Blick von mir oder meiner Arbeit zu wenden, öffnet sie ihr Unterkleid und zerrt mit zwei Fingern, so wie man ein Tuch aus einem Berg nasser Wäsche zieht, die linke Brust, eine leere, tütenähnliche Zipfelbrust, hervor und stopft sie dem Kind in den Mund. Nach wenigen Zügen ist sie leergetrunken. Im ersten Augenblick bin ich erstaunt, weil die geringste Entblößung der Frau im Widerspruch zur Religion steht, aber dann glaube ich, daß das Nähren eines Kindes etwas Notwendiges ist, ein Vorgang, eine Funktion wie Laufen, das Öffnen und Schließen des Mundes. Als ich gehen will, bettelt sie mich an. Ich gebe ihr eine Münze, lege noch eine dazu, genug ist es offenbar nicht. In der Zwischenzeit habe ich gelernt, daß Betteln keine Erniedrigung ist, sondern ein Recht der Armen, die vom Besitzenden eine Art Armensteuer eintreiben.

Mittagszeit. Die Touristenbusse sind verschwunden, und ich kann in Ruhe, bevor ich meinen Weg in die Medina beginne, einen Blick in die Barbiermoschee werfen. Sie ist, die Nebenbauten dazugerechnet, kein großes Bauwerk, besticht aber durch ihre Leichtigkeit. Ein bißchen kokette Serailstimmung, Bogengalerien, damenhafte Säulchen, bunte Fayenceverkleidungen, akkurat geschnittene Gipsfriese, die mit viel Sinn für das ornamentale Symbol entworfen sind, Verschlüsselungen, die kaum zu deuten sind, Lebensbäume, kosmische Meditationen, entstammen der Lehre vom Fließen alles Lebendigen. Byzanz und italienisches Barock standen Pate, das nimmt man nicht so genau, für das Auge ist es ein Fest. Die Sonne schneidet ein Lichtviereck in den Hof, verdrängt den Menschen in den Galerienschatten. Die Höfe, verinnerlichte Welt. Frauen, Gewand-Falten-Säulen, huschen in die Moschee. An der Tür entledigen sie sich der Schuhe, nehmen die Waschung vor, werfen sich ins Gebet, ekstatisch, in flatternder Hast. Sie pressen den Wänden ihre Bitten auf, erflehen Schutz, Hilfe für das erblindete Kind, den sterbenden Mann, Hilfe gegen den Ausfall der Haare, den bösen Blick, sie erwarten Segnung für den unfruchtbaren Schoß, ihre Liebe, mag sie erloschen sein oder keimen, unerfüllt, verraten oder verachtet.

Durch diese Straßen gingen Macke, Klee, Rilke. Wie lange ist das her? Zwei große Kriege ist das her. Zwei Generationen wurden Opfer unmenschlicher Macht.

In der Kunst zählt nicht das Jahr der Entstehung, sondern allein die Freiheit des Sehens, die Kraft der Empfindung und Vorstellung, der Mut zu sich selbst. Sie kamen mit ihren Hoffnungen hierher, fanden das auf sie zutreffende Gesetz, welches das Gesetz ihrer Generation war. Ist es das meine? Erkenne ich es wieder? Ich erkenne es wieder, aber es ist nicht mein Gesetz; jede Generation lebt von anderen Erschütterungen. Die meisten von ihnen legten ein gültiges Zeugnis für ihr Hiersein ab, Vollkommenheit aber ist unproduktiv für den danach Kommenden, denn sie ist Objekt der Bewunderung.

Die Stadt ist unverändert – fast. Die gleiche Sonne blendet das Auge, die gleichen Schatten überziehen sie mit einer zweiten Gestalt, Rhomboide, Schattenpolygone, Schattenkuppeln, wanderndes, flexibles, raumloses Widerbild. Die Gassen, Flutrinnen für den Strom Mensch. Stehenbleiben wie ein Mast in der Brandung, die Formen der Verhüllung begreifen, die Sprache der Augen, die Sinnbilder der blauen Tätowierungen, die Schlingungen des Turbans, die Linien und Farben der Gesichter, die Gerüche der Steppe und der Wohnhöhlen, stehenbleiben, bis man begreift.

Die Bilder fließen mit der Raschheit des Films. Der behäbige Araber und sein Harem, Augenpaare und wehende weiße Tücher, die Beduinenmutter mit dem Kind auf dem Esel, schreiende Schuhputzer, Teppichhändler mit den stechenden Augen der Wüstenfüchse, hinter Sonnenbrillen verschanzte Gesichter von Kanzleischreibern, Touristenführer mit rastlosen Gebärden, Lederjackenpolizisten, zerlumpte Müßiggänger, deren Weg der des Schattens ist.

In den Auslagen gleißt Gold, hängen rautengemusterte Teppiche, Saris, liegen schwarzquastige Feze, Früchte, Fleisch, Knoblauch. Katafalke warten an den Häusereingängen, roh gezimmert, andere mit Arabesken verziert, sie stehen bereit, man betritt das Haus nicht ohne die Mahnung an den Tod.

Hebe ich den Blick, tauchen aus dem Drähte- und Antennengewirr die mildweißen, muschelfarbenen Kuppeln auf.

Durch eine Stadt gehen, heißt die Variationen ihrer Teile erleben. Haus, Mauer, Platz oder Kuppel, Mensch. Zitate, neu und anders geordnet, zu Höhepunkten verklumpt. Wandlungen von Archetypen.

Variation als musikalisches Grundelement. Wir kennen Städte barocker Musikalität, Prag oder Salzburg, aber hier ist das anders. Der Rhythmus ist schleppend und hart, die Durchführung monoton. Die Steigerungen sind spontan, und das Finale, die gewaltige Überhöhung, ist die große Moschee.

Im Schutz zinnenbekrönter Wehrmauern dehnt sich das fahlgelbe Geviert, demonstriert Abschirmung, Ummauerung des Platzes, der den Heerscharen der Gläubigen zum Gebet dient. Töricht zu glauben, daß diese Bastion einer erobernden Religion ihren kriegerischen Charakter verleugnen könnte. Das Minarett, die verzierten Kuppeln und Tore sind bemüht, die schweren Mauern zu entlasten, werden jedoch erdrückt von hausgroßen, ungeschlachten Strebepfeilern. Träge erklimmt der Minarettschatten den Wall und lagert, gemästet von spitzen Lichtwinkeln, auf den Gräbern der Märtyrer. Bleierne, lehmfarbene Stille liegt über den Grabsteinen.

Verloren stehe ich in der Mitte des Hofes, werde erdrückt von seinem Ausmaß. Die marmornen Zisternen atmen rundmäulig Himmel, Säulenwald ringsum. Das türlose Tor des Gebetssaales, kaltes klinisches Licht der Scheinwerfer, Entzauberung des Gebetsdunkels, Helle, desillusionierende Helle.

Es wird gebaut. Elektriker legen Leitungen für Flutlicht, Arbeiter karren Mörtel. Man steigt über Bretter, heruntergeschlagenen Putz. Erbarmungslos die Nacktheit des Raums. Das Neon seziert seine Gestalt, legt das Skelett bloß. Der Mihrab, die Höhle für den gestaltlosen Gott. Leere ist Metapher der Unendlichkeit. Ornamentfelder überspielen die Flächen, ruhelose Gewächse ohne Beginn und Ende, beschnitten, aber nicht begrenzt, raumlos und passiv. Ausdruck einer Lehre, deren Ziel Entstofflichung, Richtungslosigkeit und Abstraktion, deren Leistung die Arabeske ist, die Metaphysik der Linie, die Verschmelzung von Schrift, Ranke und Bild: Identität des Geistes und der Natur, ausgeschlossen die Menschengestalt.

Unterm Fuß knirscht der Schutt. Der Gebetssaal (versteinter Wald) ist unmeßbar für das Auge, säulenverstopft, ohne Aktivität, eine Addition von Zellen. Schwerelos sinken die Bogenkreuzungen auf Akanthuskapitelle römischer Säulen, Raubgut aus dem heidnischen Karthago. In frivolem Freimut stehen byzantinische Säulen neben römischen, porphyrschäftige neben eifarbenem Marmor, sind Würfelkapitelle und pseudokorinthische Säulenköpfe zum Paar verschmolzen. Der Eindruck ist chaotisch, und ich weiß nicht, wie ich diese Wahllosigkeit dem Detail gegenüber deuten soll, entspringt sie einem Kraftgefühl, das glaubt, alles einschmelzen zu können, oder ist sie ein Produkt der Schwäche.

Zweifel. Wir werden in einen Kulturkreis hineingeboren, dessen Grundregeln für uns verbindlich sind durch Herkunft, Erziehung und Bildung. Was ich meine, ist die unbewußte Zugehörigkeit zu einer Tradition des Denkens und Empfindens, aus der unsere Zuneigung und Ablehnung entspringt, ohne daß uns die Fragwürdigkeit solchen Inseldenkens in den Sinn kommt. Man sieht Palmenbretter an einem Fleck, der unserem Denken nach nicht der richtige ist, wo sie nichts zu suchen haben sollten, und das Gebäude bricht zusammen. Ich weiß nicht, ob es wirklich zusammenfällt, aber hier bin ich über Bretter gestolpert und aus dem Fenster meines Hauses gestürzt. Ich liege auf der Straße und sehe mehr Häuser, wenigstens zwei. Das ist zu allegorisch.

Als ich sah, daß, um die verschiedenen Längen der Säulen auszugleichen, unter die Basen Palmholzbretter geschoben worden sind, ganz provisorisch (vor tausend Jahren), da war ich entsetzt, weil mir der griechische Tempel Gesetz des Bauens war. Nicht, daß die Form mir bedeutender scheint, sondern daß mir bewußt wird, daß ich das Maß der Anstrengung zur Vollkommenheit, zur Bewältigung und Korrektur der Naturgesetze als entscheidend angesehen habe, daß ich erkenne: Ich bin ein Produkt des Griechentums.

Zu einem ganz bestimmten Zeitpunkt genügte es dem griechischen Wollen nicht mehr, eine absolute Ebene zu bauen. Man erkannte, daß man den Stylobat des Tempels in der Mitte um mehrere Zentimeter erhöhen mußte, um ein optisches Durchhängen zu vermeiden. Oder, man kippte die Ecksäulen aus der meßbaren Vertikale, um zu verhindern, daß sie optisch nach außen fielen. In diesem Akt äußert sich ein Wille, der Drang, durch Maß und Ordnung dem Menschenwerk Autonomie zu geben. (Unter anderem speisen sich die Energien, die bis heute in Europa bemüht sind, aus diesem Gestaltwillen, immer wieder das Menschenbild, auch in der Skulptur, festzulegen, es so hinzustellen, gut oder schlecht, damit wir glauben können, wir, Menschen, Beherrscher.) Der gewaltige Zug wird sichtbar, der wie ein Zwang die Jahrtausende durchzieht, dem jede Generation, jede Zeit und jeder Stil folgt, gleich ob Romanik, Gotik oder Renaissance, der zur zweiten Natur erhobene Wille. Selbstbehauptung. Mir wird bewußt, daß diese Anstrengung, dieses Erbe alle Bereiche durchdrungen und zersetzt hat, daß er Fetisch sein kann, ein Abstraktum, eine Unnatur, die selbst den Menschenmord den Prinzipien der Ordnung unterwirft. Und noch etwas: Das griechisch denkende Europa steht im Banne der Aktivität, jenes Dranges nach Bewegung, Fortschreiten, gleich ob es sich im Mäander aussprach, im gotischen Dom oder einer Beethoven-Sinfonie. Es wird gerüttelt am Ruhenden.

Im Ohr klingt das Sich-treiben-lassen der arabischen Musik, sie dämmert auf und verlischt. Die Höhen verschleift der Wind, die Gipfel liegen weitab, man umgeht sie. Ich folge dem Fließen der Schrift, Linien, gerundet, ohne den Stachel der Vertikale, nur Windungen, dem Ornament ohne Zentrum, den Kuppeln, dem geschmeidigen Übergang vom Quadrat zum Kreis, seine Verräumlichung, sphärisch, Entstofflichung durch Reduktion auf Kubus, Prisma, Zylinder und Pyramide. Die Bilder schieben sich übereinander und decken sich. Das zweite Haus. Es ist so vollkommen, wie es gewollt ist, bewohnbar wie andere Häuser, auch wenn die Portalnischen leer sind, wenn der Bauherr sein Bild nicht in Erz gießen ließ, wie in dem unseren.

Algier. Die letzten Tage in Tunis haben dem bereits Notierten nichts hinzugefügt. Durch die Stadt wanderte ich mit Gefühlen, die aufs Haar denen gleichen, die wir auf Bahnhöfen haben. Die Fahrkarte ist gelöst, man hat Abschied genommen, hat sich nichts mehr zu sagen, weil alles Vergangenheit ist. Es ist Zufall, noch da zu sein. Vor dem Abflug fuhr ich noch einmal nach Sidi Bou Said, liebkoste das Meer, die Buchten, die Zypressen, die Aloe.

Die Maschine startete nachmittags 5 Uhr. Tief unter mir das Erdrelief. Der Vergleich zu Landkarten drängt sich auf, mit dem Unterschied, daß das Bewußtsein bleibt, über bewohntem und gestaltetem Land zu fliegen. Straßen brechen unvermittelt ab, genau dort, wo ihre Nützlichkeit endet. Einschnitte entstehen, die an Amputation erinnern. Zwischen Bergen, die überspornen sind von kalkigem Gewebe, dehnen sich die Strukturen der Haine und Pflanzungen, gegen die fließenden Formen unbebauten Landes steht geometrische Ordnung. Das Relief wandelt sich. Die Gebirge der algerischen Küste sind einheitlich in der Bildung. Täler und Gipfel stehen im Einklang des Kontrasts. Buchten, malachitgrün und indigo, zwischen Felsgraten, erreichbar nur vom Meer. Abgesprengte Inseln, Riffe. Verzahnung von Land und Meer, von Festem und Fließendem, die Trennungslinie ist die weiße Brandung. (Erster Versuch, aus dem Flugzeug Flugbilder zu skizzieren.)

Algier im Sonnenuntergang. Lange Schatten. Der Chauffeur konnte das Hotel »Djemila-Palast« nicht finden. Über eine Stunde durchquerten wir die Stadt, bergauf und bergab – Algier ist an den Hang gebaut –, vorbei am Entwurf zur spanischen Treppe, an Palmen. Die Hauptstraßen sind vermauert vom Kolonialbarock der Jahrhundertwende. Weiße, zehngeschossige Häuser, quellende Balkone, dralljenbestückt, ich denke an Dali. Fast hätte ich es aufgegeben und ein anderes Hotel aufgesucht, denn mir sind alle gleich fremd, bis auf dieses vertrackte, unauffindbare, das den Namen »Djemila« führt, der die Stille der Ruinenfelder, die gläserne, schwarze Sonne und den Meerwind beschwört. Ich kenne Djemila, kenne den Sommer in Algier, die Wüste, Hochzeit des Lichts, rieche die Wermutsträucher, die schwarztabakigen Zigaretten, das Haar tanzender Mädchen und den Duft junger Frauen, die im Meer badeten. Nichts ist mir fremd hier. Camus hat mehr ausgesagt als ich in Jahren sehen könnte. Was soll ich also in vierundzwanzig Stunden dazulernen?

Mein Zimmer liegt im sechsten Stock. Zweischläfriges, französisches Bett, dunkelgebeizt, ein wackliger Tisch, zwei Balkontüren, farbig verglast. Rolläden dunkeln es ab. Es ist leer, nichtssagend, neutral, man könnte es trostlos nennen, ich sage mir, es gibt Raum für das Selbst. Es diktiert nichts. Es ist ein gutes Zimmer. Man ist sehr allein. Der einzige Nachteil ist, daß es zu tief liegt, daß mir der Blick verbaut wird von Mauern, daß ich gezwungen bin, das Atmen aus den Zimmern der anderen Gassenseite zu hören, daß ich, trete ich auf den schmalen Balkon, in das Leben der Bewohner eindringen muß.

Die meisten Räume sind karg möbliert. Tisch, billardgrün bezogen, Stühle, eine Kommode. Nur wenige entziehen sich durch Gardinen. Hinter jedem Fenster Geheimnis, ich sehe den Schrank, aber nicht die Kleider, sehe den Stuhl und nicht, wer auf ihm sitzen wird.

Ein Mann tritt ins Zimmer, das Licht der nackten Glühbirne flammt auf, die Rolläden knirschen. Aussperrung. Auf dem nächstliegenden Balkon hängt Wäsche. Die Balkontür öffnet sich, eine Frau, ein Mädchen steht im Türrahmen, greift nach ihr. Langes, tiefbraunes Haar fällt vor die Schultern. Stück für Stück löst sie von der Leine und reicht es in die Türöffnung, wartet, wendet den Kopf, erstaunt, verneint, bejaht, ein Lachen springt auf, verklirrt in der Gasse. Zwischen den Armen zittern lebhafte Brüste, als gehörten sie nicht zu ihrem Körper, zu ihrer Stimme, dem Haar, so, als wären sie freie, streunende Tiere.

Abends Krevetten in Knoblauch und Fisch. Rotwein. Die Luft ist lau. Der Himmel sternenlos.

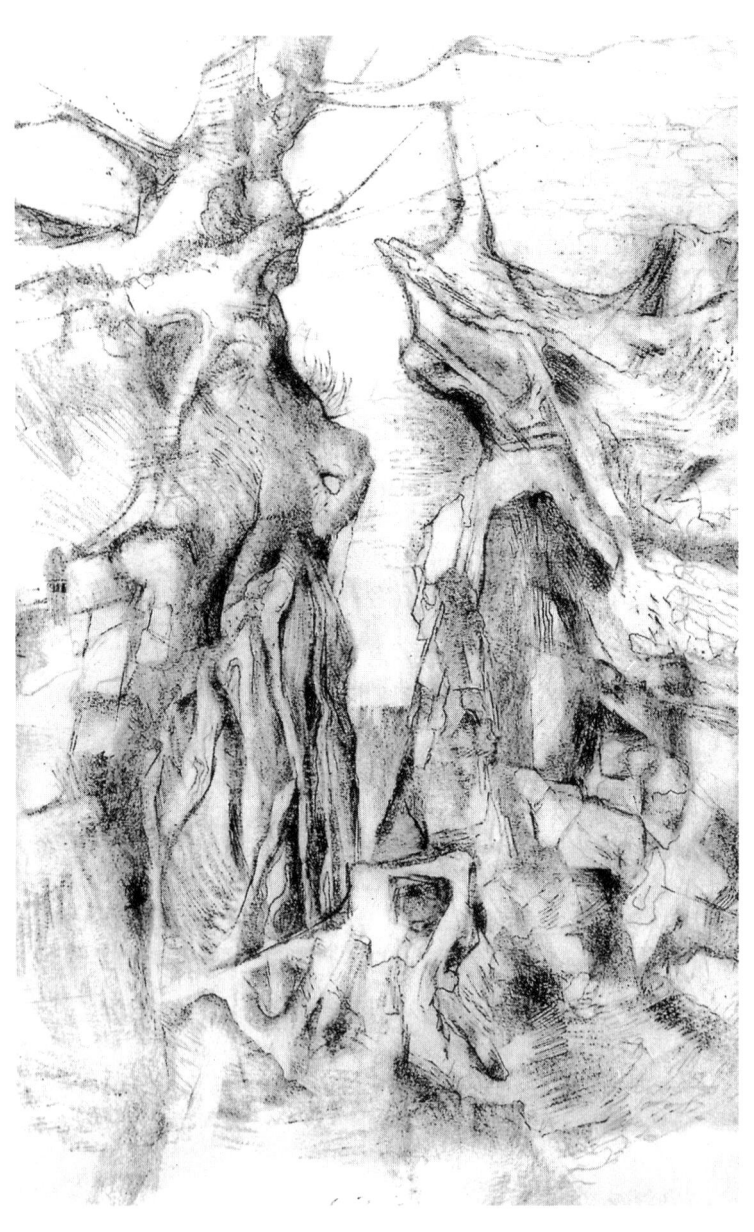

Die Schlucht (Göhren) II (Ausschnitt), 1972, Bleistift

Rügenlandschaft

Hommage à Caspar David Friedrich

Vilmnitz, 3. Dezember 1970

Im November 1969 fuhr ich nach Rügen. Es war mein erster längerer Aufenthalt auf der Insel, und da ich weder zu ihr noch zu dem Dorf, das etwa in der Mitte zwischen Putbus und dem Greifswalder Bodden liegt, eine Beziehung hatte, kann ich den Aufenthalt als zufällig bezeichnen. Zufällig, weil ich damals nichts anderes suchte als einen Ort, an dem ich in größtmöglicher Ruhe und Abgeschiedenheit mein Tunesientagebuch überarbeiten konnte. Diese Arbeit hätte ich ebenso im Harz oder irgendwo in Mecklenburg leisten können; was ich brauchte, war ein leerstehendes Häuschen, eine Art Klausur. Hier in Vilmnitz stand es, ungenutzt in der kalten Jahreszeit.

Damals waren das alte Bauernhaus, die Landschaft, der Regen, der Wind nur eine Kulisse, die mich nahezu unberührt ließ und im Kontrast stand zu meinen Gedanken, die noch gefangen waren im mittelmeerischen Rausch: Gedanken und Sehnsüchten, denen ich mit Wehmut nachhing und die so lebendig in mir waren, daß sie nur in wenigen Augenblicken von der Gegenwart zurückgedrängt werden konnten.

An einem kleinen, wurmstichigen Klapptisch saß ich Tag um Tag acht bis zehn Stunden und versuchte, Ordnung in das Manuskript zu bringen, zerfurchte es mit Streichungen und Schnitten, überklebte es mit neugeschriebenen Seiten. In nachdenklichen Pausen glitt der Blick teilnahmslos aus dem Fenster; ein Platz, wahllos bebaut mit nichtssagenden, häßlichen Häusern, von verputzter Baracke bis zur Industriebacksteingotik reichend, Gasthof und Schule und Kindergarten, in der Ferne Schuppen und Bauernhaus, ein morastiger Tümpel, vier oder fünf alte Kastanien. Über ihre schwarzglänzende Rinde troff Regen. Manchmal rumpelte ein Traktor oder ein Pferdegespann vorbei, und gegen Mittag stürmten mit Gebrüll die Kinder aus der Schule; manche rauchten, andere warfen mit Taschenmessern. Stundenlang lag die Straße verödet vor mir; lautlos schleppte sich eine gebeugte Frau mit schwerer Einkaufstasche vorbei.

Ich fror.

Der Raum, in dem ich arbeitete, sog die Novembernässe und den Wind ein, die Kälte wehte durch die hinfälligen, undichten Fenster.

Das Haus, groß genug, um darin leben und atmen zu können, übte auf mich eine merkwürdig anziehende Wirkung aus. Es war karg und ohne jeden Aufwand möbliert. Lastende schwarze Balken trugen die kaum mannshohe Decke, die in jedem Geviert eine andere Höhe, ein anderes Gefälle besaß. Die Wände, rauh und buckelig, von Strebe- und Stützbalken unterbrochen, glichen Landschaftsreliefs. Ich glaube, daß es in dem ganzen Haus nicht eine wirkliche Fläche, keine einzige Gerade und keinen rechten Winkel gab. Tür und Schwelle, Gebälk und Sims folgten dem Wuchs der Stämme, aus denen sie vor dreihundert Jahren gefügt worden waren. Vielleicht war es dieses Gewachsene, das mich anzog, das Wärme ausstrahlte, Ruhe und Geborgenheit, auch dann, wenn sich nachts der Sturm heulend in den offenen Kamin stürzte und sich dort einnistete und der Regen auf die offene Herdstelle schlug.

Meine täglichen Spaziergänge dienten ausschließlich dem Vertreiben der Müdigkeit und Nervosität, die die Arbeit am Manuskript mit sich brachte. Je länger ich daran saß, um so größer wurde die Hoffnungslosigkeit. Die Möglichkeiten, die in jedem Kapitel, in jedem Absatz und Satz, in jedem Wort steckten, spürte ich so tief, daß mir die augenblickliche Unfähigkeit, alles anders und besser zu machen, immer deutlicher wurde. Es kann sein, daß dieser Zustand mich für neue Erlebnisse öffnete, die innere Bereitschaft schuf, meine Umgebung zu entdecken.

Nur ein Tag meines ersten Aufenthaltes auf Rügen, eine Stunde, ist mir in wacher Erinnerung: der Weg durch das Dorf, über die nassen, von kleinen Regenseen spiegelnden Wiesen, der Eintritt in den dunklen, triefenden Wald der Goor.

Schlangenglatte Stämmchen, Birken, leuchtendweiß, und Tannen, deren Zweige schwer zur Erde hängen, Buchenstämme, glatt, silbrigglänzend wie die Haut von Delphinen.

Ich stehe, wenige Meter über dem Bodden, dessen Wellen schaumig, gelbockergrün, vom Sturm gepeitscht gegen das Ufer schlagen; ich stehe, gezerrt vom Sturm, über dem Gischt der Brandung. Der Regen schlägt mir ins Gesicht, und aus den tief dahinfegenden Wolken stoßen Keile schreiender Schwäne. Am Horizont schwimmen auf Wellenkämmen die Teile einer Insel, steigen auf und versinken, nebelzerteilt, vervielfacht zu einer Gruppe drohender Rücken.

In den folgenden Monaten entstehen über diese Stunde eine Zeichnung mit der Aufschrift »Vielleicht war das bei den Inseln« und ein Gedicht, das mit der Zeile endet: Tränen und Regen.

Vilmnitz, 4. Dezember 1970

Seit sechs Tagen bin ich wieder, zum zweiten Male, in Vilmnitz. Beim Betreten des Hauses empfand ich alles neu und heftig und daß mich hier nicht, wie es bei Wiederbegegnungen so oft der Fall ist, bläßliche, abgeschwächte Wiederholungen meines ersten Aufenthaltes erwarteten. Nur mit Scheu suche ich Orte auf, die in meiner Erinnerung zu einem feststehenden, nicht mehr zu korrigierenden Bild geworden sind, es sei denn mit dem Wunsche, es zu löschen.

Wieder bin ich gefangen von der eigentümlichen Atmosphäre des Hauses, dessen Schwelle, einen Grabstein, man nicht übertritt, ohne an die Vergangenheit, an Vergänglichkeit und Tod erinnert zu werden. Nicht daß diese Mahnung mich betroffen macht; ich lebe bewußt, fühle mich heiter und entspannt hier, vielleicht ein wenig mehr eingebunden in vergangene und vergehende Zeit, in Zeit als ein größeres Maß, als ich es in der Stadt, wo sie mehr die Zeit des Uhrenzeigers ist, empfinde.

Schon Mitte Mai und, im Anschluß an einen anstrengenden Arbeitssommer, noch einmal im September war ich für je zehn

Tage in Göhren. Der Zufall bestimmte auch dieses Mal den Ort und das Haus; den Raum in einer Seebadvilla, gelegen dicht über dem Meer und umgeben von einem großen, buchenbestandenen Park, der ohne eigentliche Grenze in den weiträumigen Buchenwald des Nordperds übergeht.

Zu meinem Quartier ist nicht viel zu sagen. Eine große, durch hohe Fenster lichtgetränkte Veranda und ein saalähnliches Zimmer, beherrscht von einem Barockschrank, bildeten das verfügbare Ensemble. Keine dörfliche Abgeschlossenheit und Vertrautheit, sondern Abglanz einstiger Kurbadherrlichkeit, ein Milieu, dem ich wenig Geschmack abgewinnen kann. Ich lebte am Rande der Urlaubsbetriebsamkeit. In Gummistiefeln und Fahrradmantel stapfte ich durch den Ort und glich mehr einem Einheimischen, der zur Arbeit geht, als einem Badegast. Und wenn ich heute über die beiden Aufenthalte in Göhren zu schreiben versuche, dann überdecken sie sich in meiner Erinnerung, so daß ich sie, bis auf einige entscheidende Eindrücke, zeitlich nicht voneinander trennen kann.

Im Frühjahr wie im Herbst war ich durch die Belastungen der Arbeit, durch innere Unruhe ziemlich erschöpft. Dazu kam der mißglückte Versuch, meine Schlaflosigkeit zu überwinden, und so mußten meine psychischen Reaktionen einen weiten Pendelschlag, von der Euphorie bis zur Depression, haben. Auch das ist nur deshalb erwähnenswert, weil dieser Zustand durchaus nicht nur negative Seiten hat, sondern in ihm, erfahrungsgemäß, die Keime neuer Produktivität wachsen.

Neben mir liegt ein kleines Notizbuch mit Landschaftsskizzen. Da es das Zusammenhängendste ist, was ich besitze, denn ich habe selten, ausgenommen in Tunesien, vor der Natur skizziert, nehme ich an, daß sich schon damals ein Interesse an der Landschaft Rügens bemerkbar machte. Sicher ist, daß die Notizen eine Verwandtschaft zu meinen großen Eindrücken im Süden aufweisen, daß sie die nordischgezügelten Bilder des Wachstums darstellen: von Sträuchern, Bäumen und Wurzeln, von den in ständiger Umformung begriffenen Schluchten und Küsten, den niedergebrochenen Stämmen, die noch im Sturz nichts von ihrer Zähigkeit aufgegeben haben.

Ich müßte das Skizzenbuch nicht aufschlagen, um mich an die ersten Tage in Göhren zu erinnern. Es bleibt mir unvergessen, mit welchen Empfindungen des Glücks ich das späte Erwachen des Frühlings genoß. Zwei oder drei Vormittage lag ich auf dem Wiesenberg, geschützt vor dem Wind durch niedriges Dorngesträuch und halbhohe Bäume, und staunte in die Landschaft, betrachtete stundenlang die See, ihr Spiegeln in der Sonne, ihr Blau, das der Abdruck des Himmels war, ihr perlmuttenes Schillern zwischen den Ästen, an denen von Blick zu Blick das durchscheinende Grün der Blätter sichtbarer hervortrieb.

Die erste Skizze in meinem Heftchen zeigt den Blick auf den Bodden, trägt den Text: »Göhren, sonntags in der Sonne«. Und einige Seiten weiter finde ich die Skizze (von derselben Stelle gesehen, aber den Blick zur See gewendet), nach welcher eine der ersten großformatigen Rügenlandschaften in Berlin entstand, die Zeichnung »Ein ganz lichter Maitag«, aus dem Gefühl dieser Tage gewachsen, in der ich den Versuch wagte, das Licht der See, das Licht des Grüns, das Licht der Luft für mich heraufzubeschwören; den Versuch, die Einheit von Stofflichem und Unstofflichem zu zeichnen.

Für einen Außenstehenden kann mein Erlebnis bedeutungslos sein, er befragt das Ergebnis, zu Recht, aber für mich ist das eine vom anderen abhängig, weil Erlebtes für mich Gelebtes ist; wichtig, vergangen, doch nicht ohne Spur.

Nach den ersten Sonnentagen bezog sich der Himmel; dicker, milchiger Nebel senkte sich auf die Insel. Dünner Regen fiel aus den Schwaden. Die Spaziergänge wurden beschwerlich, die Lungen pumpten sich voll Feuchtigkeit, so daß jeder Atemzug zur Anstrengung wurde. An einem dieser Tage fuhr ich nach Vilmnitz.

Aus irgendeinem mir nicht mehr gegenwärtigen Grunde hielt ich am Ortseingang und ging das letzte Stück über den Kirchberg zu Fuß.

Der Nebel verlor seine Dichte und hing als ein leichter, wehender Schleier vom Himmel. Das Haus am Fuße des Kirchhügels lag vereinsamt, klein, dem Verfall preisgegeben. Die grob zusammengezimmerten Läden hingen schwer und fremd vor den niedrigen, bröckeligen Lehmwänden. Sie verwehrten den Blick in die Räume, die ich bewohnt hatte. Obwohl das Haus und die Straße und die Schule trister schienen als in meiner Erinnerung, spürte ich den Wunsch, hierher zurückzukehren.

Ich ging denselben Weg zurück, den ich gekommen war. Vorbei an der Kirche, deren spitzer Turm diesen Teil der Insel überragt. Am Friedhof, der sich bis zur Straße erstreckt, blieb ich stehen. Zwischen Tannen, zerzaustem Wacholder, Kastanien und jungem, aufsprießendem Buschholz standen Marmorkreuze, grau wie das Licht und der Nebel.

Ich versuchte zu zeichnen, aber es mißlang, ging weiter, und als ich mich nochmals umwandte, um zu sehen, ob ich nicht eine günstigere Stelle finden könne, lag der Friedhof breit vor mir; Kreuze und Steine, hinfällig, verfallen, grau und linear, und ich dachte den Namen: Caspar David Friedrich.

Es war das erste Mal, daß mir dieser Name im Zusammenhang mit der Insel auftauchte.

Erst lange nach meinem zweiten Göhrenaufenthalt erfuhr ich von den Wanderungen Friedrichs auf Rügen, sah ich einen Teil der Zeichnungen und Studien dieser Zeit, und ich muß gestehen, daß ich mich vorher nie gefragt habe, wo die Vorbilder seiner Seeblicke und Hünengräber gelegen haben mochten.

Der Bildhauer Henkel hatte vor Jahren die Feuersteinfelder am kleinen Jasmunder Bodden entdeckt und fotografiert. Die Eigenart dieser Landschaft war mir im Gedächtnis geblieben. Und als sich wenige Tage vor meiner Abreise das Wetter endlich besserte, die Sonne, wenn auch immer nur für Minuten, durch die Wolken brach, beschloß ich, dorthin zu fahren.

Noch heute, nach über einem halben Jahr, fällt es mir schwer, über diesen Tag, den ich auf den Feuersteinfeldern zubrachte, nüchtern zu schreiben. Der Gefahr der Übertreibung und Überbewertung könnte ich entgehen, indem ich sachlich feststellte, daß ich in den wenigen Stunden fünfzehn Skizzen anfertigte und es von keinem anderen Ort eine solche Anzahl gibt. Aber dann würde ich mich der Unterschlagung schuldig machen. Der

Schuld des Vergessens gegenüber der Sonne, die an diesem Tag unangefochten von Wolken und Trübungen herrschte und mich sommerlich wärmte, gegenüber dem Himmel, der sich in mittelmeerischer Bläue über mir spannte und tiefe Heiterkeit in mir auslöste, gegenüber den weißgrauen, vielgestaltigen Steinen, die meinen Schritt in seltsames Klirren und Klingen verwandelten; gegenüber dem schwermütigen Grün des Wacholders, der als schmaler Finger, als Säulenbündel, als Block, als frühzeitlicher Monolith, als Dolmen aus dem Steinbett strebte und vor dessen geschlossener Dunkelheit das beinerne Weiß gestürzter und entrindeter, verknoteter, verknorpelter, mit aufstehenden Astarmen und Asthänden verschlungener Kiefern bleckte; gegenüber jenen von mir nicht bestimmbaren Bäumen, aus deren fahlen, faserigen Stämmen ein staubiggrüner Filz trieb, den Birkenstämmchen, den Wildrosenbüschen und nicht zuletzt gegenüber dem Raum, der greifbaren Weite zwischen den Gruppen, den Durchblicken, den Schatten.

Erstaunlich, daß Friedrich, dessen um den Jasmunder Bodden entstandene Zeichnungen seine Nähe belegen, dieses eigentümliche Rudiment vorzeitlicher Entstehung nicht fand.

In Göhren lag die Landschaft, die ich zeichnen wollte, direkt vor der Tür. Zu jeder Stunde, am Morgen, am Mittag, in der Dämmerung und in der Nacht, konnte ich nahezu alle Motive während eines Spazierganges erreichen. Meist ging ich durch die Schlucht, die unmittelbar am Haus begann und in einem tiefen, immer feuchten Riß das steile Ufer durchschnitt, aus deren Flanken die Wurzeln der Buchen hingen, deren Kronen die Schlucht gegen den Himmel verschlossen; ging hinunter zum Strand und wandte mich entlang der gelben, steilen Küste in Richtung Nordperd. Oft auch, vor allem im Regen, nahm ich den Weg auf dem hohen Ufer und konnte so, von den Buchen leidlich geschützt, die stürzende, bröckelnde Küste, die in ihrer Form Ähnlichkeit mit Stubbenkammer besitzt, zeichnen. Neben Schlucht und Küste und dem am Badehaus gelegenen Buchenberg zog mich vor allem die Boddenseite dieser Inselzunge an, jene sanften, weichen Grashügel über der weit geöffneten Bucht, von deren Höhe nachts die Lichter von Greifswald und das Feuer der Erdölbohrung bei Usedom zu sehen waren.

Im Mai und auch im September dehnte ich meine Spaziergänge an diesem Strand bis zum Lobber Ort aus, wo die Bucht endet. Dieser Brechpunkt, ein mäßig hohes Ufer, von Nestlöchern der Schwalben durchbohrt und überwuchert von rußigem, schieferfarbenem Dornengestrüpp, ist eingefaßt, abgeschirmt gegen die Brandung von einer Wand aus zerschossenem und vom Rost zerfressenem Stahl, hinter der Brackwasser stinkt und die Steine daliegen wie Gefangene.

Ende Oktober zeigte ich in Berlin dem Dichter Franz Fühmann Zeichnungen über Tunesien und schloß mit der Bemerkung, daß dieses Thema erschöpft sei, die Schubläden. Auf seine Frage, was ich außer Akten in Zukunft zeichnen wolle, antwortete ich – die ersten Rügenlandschaften lagen bereits im obersten Fach – voreilig und ohne Überlegung: eine Hommage à Friedrich. Seitdem halte ich halb im Scherz, halb im Ernst an dieser Formulierung fest, obwohl mir bewußt ist, daß ich diese Antwort leichtfertig gab und daß, sollten meine Zeichnungen sich als eine »Hommage« herausstellen, sie sehr begrenzt, auf Rügen bezogen, sich zu seinem Werke verhält.

Vilmnitz, 5. Dezember 1970

Regen und Sturm sind die ständigen Begleiter meiner Wanderungen. Die Umgebung, soweit sie zu Fuß erreicht werden kann, ist durchstreift. Langsam füllt sich das kleine Notizbuch mit Gedächtnisstützen, den Linien der sanften Schwingungen der Hügel, der gepflügten Äcker, die durchsetzt sind von Strauchgruppen und Bauminseln. Nicht notierbar mit dem Blei ist der Geruch nasser Wiesen, die sich vom Dorf bis hinunter zum Bodden ziehen. Das satte, schwere Braun der Felder, der lichte Ocker des Rohrs, das Schwarzgrün der Weiden. Der Glanz von frisch geschmolzenem Zinn auf Tümpeln und Gräben in den Niederungen.

Im vergangenen Jahr wurden nicht weit von Vilmnitz, bei Nadelitz, Hünenbetten ausgegraben, und sie waren das einzige Ziel, das ich aus einer Mischung von Neugier und Achtung gegenüber Caspar David Friedrich aufsuchte.

Wieder rann unaufhörlich der Regen; unter dem Schuh klitschte und platschte der Schlamm, und es gab keinen Weg, der nicht in einen Bach verwandelt, kein Feld, das nicht im Morast versunken war.

Trotz meiner Zuneigung zu Friedrich konnte ich seine Begeisterung für diese Stätten nicht nachvollziehen. Etwas mir tief Fremdes, Orthodoxes und, es ist gewiß unrecht, wenn ich das sage, Theatralisches erwartete mich: Gräber, die auf mich wie eine Bühnendekoration für büffelhornbehelmte, mit Holzschwertern und Pappschildern fuchtelnde Schausteller wirkten. Später, in Silvitz, gelang es mir, ein Hünengrab, das sich ohne hergestellte Bedeutsamkeit der Landschaft einfügte, als eine geordnete Übereinanderlagerung von Granitblöcken zu sehen, und da mich die Kraft und der Charakter von Steinen und Felsen immer fasziniert haben, so gelangen mir dort ein paar Skizzen. Der Deckstein bildete zusammen mit den Trage- oder Stützsteinen einen mächtigen Echsenkopf.

Obwohl ich beabsichtigte, die bekannten Motive Friedrichs zu meiden – denn ich wollte keinen Augenblick lang seine Vorwürfe bearbeiten oder unbedingt anders darstellen, und wenn das Wort »Hommage« gefallen ist, so einzig und allein deshalb, weil mich die Atmosphäre, die Landschaft, der Himmel, die Eigenart der Insel an ihn erinnerten –, überredete mich heute ein Himmel von seltenem, gläsernem Blau zu einer Fahrt nach Stubbenkammer.

Ohne die Aussichtsplätze aufzusuchen, stieg ich den in Serpentinen zum Ufer gleitenden Weg hinab. Wieder übten die Buchen dieser großen offenen Schlucht durch ihren bizarren und grotesken Wuchs, ihre Formanspielungen auf den menschlichen Körper einen unwiderstehlichen Reiz auf mich aus. Nur der Gedanke, daß ich vom Ufer beides, die Kreidefelsen und die Bäume, in den Blick bekäme, hielt mich davon ab, während des ganzen Tages ausschließlich die Einblicke in gestürzte Baumkronen zu zeichnen, die aufgetriebenen Stämme, gesprengten und aufreißenden Rinden, die Schwellungen und Narben und die schweren, fetten Wurzeln, die wie Schlangen über die Böschungen kriechen oder, von Erdrutschen bloßgelegt, wie Bärte über den Abgründen hängen.

Der Versuch, die Kreidefelsen zu skizzieren, erwies sich vorerst als wenig ergiebig. Vielleicht lag das daran, daß ich diese Küste nicht unvoreingenommen sehen konnte. Ich stand vor einer Absonderlichkeit, einer Postkartenattraktion.

Erst als ich mein Büchlein in die Tasche gesteckt hatte und nun frei, ohne Aufgabe, über das Geröllufer stolperte, mich nach Schwammsteinen und Donnerkeilen bückte, wurde meine Aufmerksamkeit geweckt. Die Kreidewände, die kränklich weißen, grünlich geäderten und gesprenkelten Nadeln und Zinnen traten hinter einem nach mehreren Seiten stürzenden, niederbrechenden Gehölz zurück, wurden zweitrangig, Hintergrund, als Teil unter Teilen eines Ganzen verständlich, wobei in mir das preisgegebene, zum Sterben verurteilte Wäldchen, diese klaffende Wunde aus Stämmchen und zerfallenden Wurzelballen, die wesentlich stärkeren Empfindungen wachrief.

Die Sonne, die im Dezember in einem sehr flachen Bogen aufsteigt und rasch von ihrer geringen Höhe sinkt, übergoß, als ich Stubbenkammer verließ, die Insel mit einem geradezu stofflichen, orangenen Licht. Die Hügel wölbten und spannten sich in ihrem Streiflicht, die weiten, ungeteilten Felder ruhten im satten sinnlichen Grün zwischen Meer und Bodden, zwischen Wald und umgebrochenen Äckern, denen der Pflug eine kräftige Zeichnung eingegraben hatte.

Es entstanden riesige Kammzüge und Gravuren, Strahlenperspektiven, unendlich tiefe Staffelungen feiner, schattendunkler Gräben. Linienbündel, die endlich in der Ferne in einem hochragenden Baum endeten und aufstiegen und sich im Gezweig auflösten.

Während im Westen, über dem Großen Jasmunder Bodden, die Sonne in einem violetten Wolkensaum ertrank, leuchtete über mir der Himmel im hellsten, lichttrunkenen Blau, einem entrückten, kühlen Blau, feinlasiert, wie auf den Bildern Friedrichs, der diesen Himmel, dessen Höhe und Stille von einer schmalen, brüchigen Basis Erde getragen wurde, zu seinem großen Gegenstand zu machen verstanden hatte.

Am 17. Juni 1801 zeichnete Friedrich, von Lauterbach kommend, die »Kirche von Vilmnitz mit der weiteren Umgebung« und am Tage darauf, vom Hochufer Göhren, das Südperd. Leider habe ich noch immer nicht die Reproduktion der Vilmnitzer Zeichnung – das Original liegt in Washington –, auf die ich besonders neugierig bin, zu sehen bekommen. Mein Interesse ist leicht zu verstehen; denn so zufällig ich hierher verschlagen wurde, so wenig zufällig ist, daß mir gerade in Vilmnitz die Erinnerung an ihn aufstieg. Das gleiche gilt wohl für Göhren, wo das Perd, das Steilufer, zu meinen ersten Studienobjekten gehörte.

Es bleibt ungeklärt, ob eine unbewußt aufgenommene Bildwelt, ein Wiedererkennen, den Antrieb zur eigenen Arbeit hervorbrachte oder, was mir zutreffender erscheint, daß es eine ähnliche, wenn nicht identische Grundstimmung bei mir, mag sie auch latent sein, gibt. Ihre Elemente sind: die Faszination, welche die Betrachtung (und das Zeichnen) von Felsen und Steinen, von Bäumen und Stämmen hervorruft; die Liebe zum Meer, zum Himmel, zum Mond; Begegnungen mit der Stille; Begegnungen mit dem Ich.

Vilmnitz, 6. Dezember 1970

Caspar David Friedrich schrieb: »Ich muß mich dem hingeben, was mich umgibt, mich vereinigen mit meinen Wolken und Felsen, um das zu sein, was ich bin.«

Aus diesem Bekenntnis spricht der Wunsch nach Selbstverständnis, nach Aufgabe und Überwindung der Isolierung des Menschen gegenüber der Natur, und wenn wir bereit sind, den »Kreuz- und Gruftgedanken« der Romantik nicht überzubewerten und den positiveren Teil der romantischen Welt-Anschauung zu sehen, nämlich das aufstrebende Gefühl, die Ahnung von tieferen und tiefsten Zusammenhängen von Mensch und Umgebung, Mensch und Landschaft, Mensch und Erde, Mensch und

Erde und Kosmos, dann scheint mir in ihr viel progressives, sich in unserer Zeit bestätigendes Gedankengut enthalten zu sein.

Wenn man die Worte Mensch, Erde, Kosmos niederschreibt, dann assoziieren sich Leistungen von heute, die nur erbracht und in Angriff genommen werden konnten auf der Basis eines Denkens, das den Menschen in diese Ordnung und Dimension einbezieht. Und wenn es richtig ist, unsere Umwelt in Zusammenhängen zu sehen, dann ergibt sich für denjenigen, der sie versucht darzustellen, sie mit den Mitteln der Kunst in eben diesen Zusammenhängen niederzuschreiben, eine Aufgabe, die den Aufbau und die zeichnerische Struktur auch meiner Rügenlandschaften bestimmt: der Versuch, die Vereinzelung, die additive Aufzählung der Dinge und Elemente zu überwinden und alles Sichtbare in Zusammenspiel und Abhängigkeit, in einem alles verbindenden Rhythmus zu erfassen.

Es geht dabei nicht um Vereinzelung durch übertreibende Verdinglichung, sondern um Aufhebung von Isolation.

Zeichnen, das bedeutet ja nichts anderes als den Versuch, über den Zufall in der Natur, ihre Vergänglichkeit hinauszukommen, Freiheit zu erlangen im Schöpferischen, die große Einheit und Harmonie von Ding und Stoff, Licht und Ton zu finden.

Vilmnitz, 4. November 1971

Zwei Jahre sind auf den Tag genau vergangen, seitdem ich mich nebenan im kleinen Zimmer an den Tisch setzte und mit der Arbeit am Tunesientagebuch begann. Das Manuskript liegt in Verlagsstuben, mir selbst fremd schon, Vergangenheit.

Zeit, zerronnen, durch die Hände geglitten als Wachheit, Schlaf, Arbeit und Vergessen. Zeit? Ein See oder ein Meer, fließend, strömend, ruhend, aufgebrochen von Stürmen, in Veränderung, im Wechsel des Lichts, der Farben, betrachtbar. Die Festpunkte sind zu zählen: Steine in Ufernähe, dem Standort des Rückschauenden.

Die Summe: ein paar Plastiken, Zeichnungen vom Menschen, Porträts und wieder Zeichnungen – Rügenlandschaften.

Hier der Ort der ersten Begegnung, nicht en face mehr, sondern im Profil, mit anderen Einsichten und Erfahrungen. Wieder das Haus, nur unmerklich verändert in der Einrichtung, wie damals eng und zeitmorsch. Das Vorgärtchen nun eingezäunt, ein Rasenstreifen, so groß wie ein Zimmer. Das Gras ist verdorrt, begraben unter dem Laub der Kastanien. Die Schule wie einst, verlassen und dunkel, die Fassade mattrot im Licht der Straßenlaterne, Schatten in den gotisierenden Spitzbögen. Der Hof hinter der Gaststube hell vom Schweißbogenlicht der Neonröhre: Ein Spitz steht müde hinter Kisten, Flaschenbehältern, der große, gelbgetigerte Wolfshund dehnt sich in den Flanken, ein Zittern durchflattert seinen Körper.

Der Sturm verschlingt alle Geräusche, das Scheppern der Fahrradkette, das Rattern und Holpern der Wagenräder, den Schritt, den Gruß.

Ich laufe hinaus in die Nacht, gierig nach Weite, nach Wind. An allen Orten zugleich möchte ich sein, auf der Suche nach dem Unbekannten, wonach?

Mein Arbeitsplatz liegt nicht mehr im Haus, sondern draußen an den Ufern und Stränden, den Liegeplätzen der Boote, den Häfen, auf den sanften, kahlen Hügeln. –

Stoppeln, weiß vom Reif, Felder, geeggt, Wiesen und spiegelnde Wasserlachen. Dicht hinter dem Haus die Kreuzung. Die Straße nach Göhren führt geradenwegs aus dem Ort, ich biege links ab und dann nach rechts, vorbei an kleinen Häuslerhöfen. Dampfender Kuhmist wird aus den Ställen gekarrt; der Wind treibt mir den ätzenden Geruch vom Urin der Schweine ins Gesicht.

Vor der Post begegnet mir eine alte Bäuerin. Sie zieht den Kopf zwischen die Schultern, reibt sich die Hände, wartet, bis ich vor ihr stehe, und beginnt das sich bei jedem Aufenthalt wiederholende Gespräch. Und immer liegt Unverständnis in ihren Worten, wenn sie mich fragt, warum ich denn nur käme, wenn es so kalt sei, und nie im Sommer. Einmal, ich glaube, es war im vergangenen Jahr, hatten wir eine längere Unterhaltung. Da erzählte sie, es habe wenige Jahre nach der Jahrhundertwende in dem von mir bewohnten Haus eine Handarbeitslehrerin gewohnt, und sie habe bei ihr am Fenster sitzen müssen, zur Nachhilfe, weil sie das Nähen nicht lernen konnte. Draußen wären die Kinder den Kirchberg heruntergerodelt, und sie habe immer dorthin geguckt und dabei alles falsch gemacht.

Sechzig Jahre Zeit; ich versuche, sie mir als kleines Mädchen vorzustellen. Ein Lächeln umspielt ihren Mund, Verschämtheit aus Kindertagen?

Sechzig Jahre oder zwei, verronnen – *unmerklich tanzt die Zeit* –

Langsam gewöhnt sich das Auge ans Dunkel, der Himmel ist hoch, von seltener Klarheit und Sternenfülle.

Vilmnitz, 14.November 1971

Zehn Tage sind seit meiner Ankunft vergangen, noch wenige Stunden bis zur Abreise.

Es ist verlockend, die Einmaligkeit jedes Tages durch die Beschreibung dem Vergessen zu entreißen; denn obwohl ich, ich weiß nicht zum wievielten Male, die Wege zum Bodden, nach Lauterbach oder Freez, nach Putbus oder Nadelitz gegangen bin, auf der Straße oder querfeldein über Stoppeln, immer war da etwas Besonderes, eine Nuance zu früheren Tagen.

Noch in keinem Herbst erwartete mich hier eine so auffällige Farbigkeit wie in diesem Jahr. An den Sonnentagen erreichte die Skala der Brauntönungen der Äcker, das Orange des verblichenen Laubes (das der Birke gesteigert bis zum schrillen Gelb), das Billardtuchgrün der Wintersaat eine Sattheit und Leuchtkraft, wie sie der Sommer kaum hervorbringen kann.

Das Steinbachsche Badehaus an der Goor, breitbrüstig und säulenbewehrt, überstrahlte befremdend weiß den moosgrünen Wald, laut wie ein Schrei, der dem Ruf der kleinen, kalkigen Häuserkuben von Putbus antwortete. Sooft ich dieses Städtchen sehe, treten mir die Bilder Henri Rousseaus vor Augen, seine Häuser im Unschuldsweiß, im Schwebezustand zwischen Dekoration und Baukasten, träumerisch, unbewohnt und immer ein wenig fremd, zwischen Baumkronen, am Fuße der Hügel, an Straßen und Flüssen. Nur daß Putbus von seiner dörflichen Umgebung viel stärker ins Fragwürdige und Unwirkliche gedrängt wird. Betritt man indes das Stadtdörfchen und erlebt es sozusagen von unten, von der Straße her, so ist es nicht ohne Reiz. Die Bewohner haben sich das klassizistische Architekturmuseum hergerichtet, so gut es gehen mochte; haben ihre Läden eröffnet, Namensschilder angebracht, ein wenig die Fenster verbreitert oder anders in den Streben geteilt, pflanzten sich hübsche, im tiefen Herbst noch blühende Rosenstöcke unter die Fenster, Rosenstöcke auf gepflastertem Fußsteig, die selbst im dichtesten Einkaufsgedränge umgangen werden und einer besonderen gemeinschaftlichen Fürsorge unterstellt scheinen. Sicherlich war außer mir schon manch anderer versucht, eine der Knospen zu brechen, denn wieviel schöner ist es, eine Rose zu brechen, als einen Arm voll zu kaufen.

Der »Zirkus«, wie der leicht ansteigende, kreisrunde Platz am Ortsein- oder -ausgang von den Einheimischen genannt wird, hat sich weitgehend dem Bewohnbarmachen entzogen. Klassizistische, neogotische und aus allerlei Baustilen zusammengewürfelte Häuser umstellen den vorgeschriebenen Kreis der Planung und transponieren ihn ins Vertikale, in mehr oder weniger skurrile Fassaden. Den Geschäften ist der Zugang zum Platz gebauter und erhaltener Repräsentation versperrt.

Schwer zu sagen, wie groß der Platz eigentlich ist. Groß genug jedenfalls, um beim Betrachter Aufmerksamkeit und Achtung zu fordern, maßstäblich durch die Teilung in tortenscheibenähnliche Segmente aus beschnittenen Hecken, Reihen von Eichen, denen Säge und Schere die Äste nicht weit vom Stamm wachsen lassen: schneiden, kupieren, in ein gedachtes Maß zwängen bis zur grotesken Verkrüppelung, das mag Diktat sein für den Ort.

Weshalb soll ich verhehlen, daß durch dieses Maßnehmen an der Natur auch etwas Anziehendes, Neugierigmachendes, noch nicht Entdecktes entsteht. (Eine Neugier, vergleichbar der des Arztes, der an einer Krankheit die Möglichkeiten eines Organismus entdeckt.)

Man wähnt sich hier anderswo, im Süden Europas, in Italien oder Spanien, an einem Ort, den man nicht kennt, aber von dem man aus Träumen oder Bildern weiß, daß es ihn gibt. Hinter den Häusern liegen die Felder; aber hier, auf dem Platz, wandert langsam der Schatten des Obelisken, recken sich die tausend verkrüppelten Astarme der Eichen, schimmert Fassadenschnee vor einem maßlos blauen Himmel; Vasen auf Gesimsen, Mörtelspitzengeflecht, ein Streifen Ziegelrot, Kiefernwedel, Rosen, Rosen; Autos, Traktoren, Busse, Bauern, Schauspieler, Matrosen, du, ich.

Wie oft schon gebrauchte ich das Wort Insel. Hingeschrieben, gedankenlos, mehr in Beziehung zum Namen: Insel Rügen, Insel Usedom, Insel … Insel heißt doch nichts anderes als festumgrenzter Ort, abgeschlossen, abgesondert durch Beschaffenheit und Eigenart. Insel, jetzt geographisch: Land, umschlossen vom Meer. Und die Scheide zwischen den Elementen, Strand, Ufer, Küste, Hafen.

Inseldasein zeugt den Wunsch zum Verlassen des Festumrissenen, weckt Sehnsucht nach der Ferne und zwingt zur Fahrt über das Meer, die trotz Radar und Funk einen Rest Wagnis behält.

Insel, Meer, Hafen, das bedeutet Arbeit, Kampf um die Existenz.

Was mir in Ralswiek, Vitt, Göhren oder Lauterbach zum Erlebnis wurde, die Liegeplätze der Boote, das Werkzeug der Fischer, die Boote, Netze, Reusen, Treibanker und Seemarken sind Zeichen, Embleme eines Kampfes, der sich weit draußen abspielt.

Wenn ich den Worten der Fischer der kleinen Boote glaube, dann werden wir die letzte Generation sein, welche an den Stränden, in den kleinen Buchten jenes seltsam melancholische Bild verschlungener Reusen, trocknender Netze sieht, die, zwischen bizarren Weiden gespannt, im Wind wehen wie Witwenschleier.

Auf sanften Dünen ausgebreitete Netze, die nun auf dem Land die Rümpfe der Boote, Karren und Trassenwinden gefangenhalten. – Denn, so sagen die Fischer, die Zeit ist vorbei. Die

Bodden und das landnahe Meer sind ausgefischt, die Fischschwärme werden weit draußen geortet und industriell gefangen, verarbeitet und in die großen Häfen mit den Fabriken, Kühlhäusern und Gleisanschlüssen gebracht.

Einen Abend lang stand ich auf der Mole des Saßnitzer Hafens und beobachtete die Einfahrt der Logger, kurzer, gedrungener Boote mit starken, selbstsicher blubbernden Motoren. Alles lief nach dem genauen Plan eines Industrieunternehmens: Ankunft der Schiffe, Anlegen, Löschen der in Kisten sortierten Fische, Übergabe der Papiere an die Angestellten, Verhandlungen über die morgige Auslaufzeit, Scheuern der Decks. Die Besatzungen verließen im Straßenanzug die Kajüte, in ihren Netzen einen Hecht, Heringe, einen Dorsch. 18 Uhr. Die jungen Seeleute schwangen sich übermütig auf ihre Mopeds.

Wellen klatschen gegen die Flanken der vertäuten Schiffe. Schreiend kreisen Seemöwenschwärme über den Antennenmasten. Gierig und unersättlich stürzen sie sich auf die Bottiche, die bis zum Rand gefüllt sind mit abgeschlagenen Fischköpfen. In den klaffenden Fischmäulern stecken halbverschlungene Heringe. Die Möwen reißen die Beute heraus, schlingen, würgen und kreischen.

Ralswiek.
    Ein Foto fällt mir in die Hand. Fischerhafen. Boot an Boot, von Mast zu Mast schwingende Netze, gefangene Sonne. Ich fahre hin, um zu zeichnen.
    Der Landungssteg ist verwaist, an der Brücke liegen nur Jachten. Vor einem Schuppen flickt ein alter Fischer seinen Kescher. Eine Weile schau ich ihm zu. Das Schiffchen mit der Garnrolle schlüpft in die Maschen, suchend, wie unser Gespräch. Im Hafen faulende Schiffsrümpfe und ein einziges fangtüchtiges Boot. Das letzte.
    Ich zeichne die Hütte, den Karren, die Netze; den Fischer, über den Kescher gebeugt, klein, stämmig, mit weiten Hosen, die Pudelmütze im Nacken; zeichne die Weiden hinter der Hütte, die ältesten und bizarrsten, die ich hier fand. Aufgespaltene,

geborstene, mit Gängen und Höhlen, Fratzen und Drachenköpfen, mit sprossenden Trieben und dem ölbaumgleichen Laub. Der Fischer bleibt fremd inmitten seiner Umwelt, es ist eine Sperre in mir, eine Hemmung.

Es gelingt mir nicht, den Menschen so voraussetzungslos zu sehen wie den Baum oder das Haus oder den Stein, ihn einzusetzen in ein Blatt als Linie unter Linien.

Die menschliche Figur, die ja den Hauptinhalt der Arbeit des Bildhauers darstellt, gewinnt in meinen Augen sofort die Bedeutung der Skulptur; die Schwierigkeit, die menschliche Figur in die Landschaft einzubinden, ist so alt wie die Kunst der Landschaftsdarstellung.

Selbst bei den großen Meistern bleibt der Mensch oft unverbindliche Staffage, erfüllt nicht selten nur die Aufgabe des Maßstabs oder nachträglicher Sinngebung. Denn solange die Landschaft das »Zeitüberdauernde« darstellt und die Figur nur gerade hineingelaufen ist ins geschlossene Bildgefüge und spurenlos wieder verschwinden kann, wie in Friedrichs »Rügenlandschaft mit Regenbogen«, bleibt das Problem ungelöst.

Ganz anders verhält es sich, wenn die Figur oder die Gruppe zum Angelpunkt des Bildes wird, wenn sie, wie im großartigen »Mondaufgang am Meer«, der Landschaft vom Maßstab her untergeordnet bleibt, zugleich aber Bildmittelpunkt ist und dem Betrachter den Zustand des Außenstehenden aufgeben hilft – eine Lösung seltener Größe.

Ralswiek, Lietzow, Sagard, Bobbin, Altenkirchen, Putgarten, Vitt und Arkona waren die Stationen meiner Fahrten nach dem Norden der Insel. Orte, auf der Karte nachlesbar als Route, Linie zwischen Punkten und Flecken, die nichts anderes aussagt als Überwindung von Entfernungen.

Die Angabe ist ohne Aussage. In Wirklichkeit verhält es sich wie in Brechts Gedicht von der vergessenen Geliebten und der unvergessenen Wolke.

Auf Arkona war sie, die unvergessene Wolke: der Sturm, der sich nach ungehemmter Jagd über die See in die Klippen, die sanften

Hügel der Jaromarsburg verbiß, der alles niederzureißen suchte, was sich von der Erde erhob; die leere Hülse des roten Turms, den struppigen Holunder, die Lichtmasten und mich –

Vitt aber, eingezwängt in den Küstenspalt, unter dem Schirm verfilzter Baumkronen, war unerreichbar für den Sturm.

In Vitt herrschte die Stille.

An einem frühen Nachmittag stand die Sonne weißgelb über dem Breeger Bodden und legte Lichtstraßen über das Wasser. In weichen Linien schieben sich braungraue Schilfzungen in die gleißende Fläche, eine Seelandschaft, die von wenigen Elementen lebt, in der die Wolke, das Boot, ein Keil fliegender Schwäne zur Bedeutsamkeit wachsen. Schilf, Wasser, Hügel und Himmel sind Bausteine der Landschaft, die ihr Leben vom Licht, der Veränderung der Wolken, den Strömungen des Wassers bezieht.

Die Sonne sank, und im Untergehen verstärkte sich ihre Glut, warf lohendes Feuer über das Wasser, stieß messingne Lanzen in die Schilfbänke und Dornenbuschhügel. Auf dem Tempelberg stehend, beobachte ich das Spiel der Veränderung; begreife das Gesetz des Lichtes und der Farben, begreife Friedrich, denn immer wieder kehrt meine Erinnerung zu seinen Bildern zurück. Unendlichkeit und Größe, die Natur zeigt das Gesetz: Dort, wo die Sonne untergegangen ist, sammelt sich alle Farbe, Zeichnung und Gestalt im Himmel, die Erde wird zur sinkenden Schattenform, in Sepia laviert, ohne Binnenzeichnung und Detail. Hebe ich aber den Blick, lasse ihn gleiten zur Höhe über mir und ihn sinken zum gegenüberliegenden Horizont, dann folge ich einer Wandlung: die Farben bleichen, werden matt, lösen sich auf im Blau, in dem Maße, in dem die Erde steigt, Farbe saugt und Plastizität gewinnt. Es ist eine Gleichung sich umkehrender Gewichte, deren Gleichheitszeichen mein Standort ist. Friedrich entschied sich, entsprechend seiner Grundstimmung, in vielen seiner Bilder für die »sinkende Erde«, für den farbsatten, hohen Himmel, der ihm das Mittel zur Darstellung der Unendlichkeit gab.

Ich verlasse Vilmnitz, die Insel, mit dem Gefühl einer langen Trennung.

Vielleicht werde ich erst dann zurückkehren, wenn ich Erlebtes und Gesehenes mit dem Stift niedergeschrieben habe, wenn der Zyklus der Rügenlandschaften abgeschlossen ist. Es liegt kein sachlicher Grund vor für das Gefühl, vorerst nicht wieder zurückkehren zu können. Möglich, daß es der Erfahrung entsprang, die ich am Ufer der Goor und beim zweiten Besuch der Steinfelder machte. Von beiden Orten gibt es Zeichnungen, die aus dem Eindruck und den Studien vor der Natur entstanden sind. Das Ufer erschien mir bei der jetzigen Begegnung – genau wie die Steinfelder – seltsam ausgeraubt, die See hatte die Stubben verschleppt, die Böschungen waren verwaschen, die Wurzelbärte verfault oder verschnitten, alles war schwächer, reizloser und kleiner geworden. Es gab kaum noch Identität mit den Bildern, mit der Vorstellung, die ich in mir trug.

Zurückzukehren wäre erst dann sinnvoll, wenn die Zeit die Vorstellungen gelöscht, wenn die Begegnung die Kraft der Wiederentdeckung hat.

Vilmnitzer Elegie

Haus
sieben Generationen gezeugt
gestorben unter dem Dach
aus Stroh
rauchschwarze Balken bedrängen die Stirn
im Kamin nistet
Nacht
hinter schorfigen Mauern
erzeuge ich Schweigen
tilge Lettern aus Manuskripten
lebe von Träumen
    Weib das Säule im Mittag
    schattenlos ist
    gegenwärtig durch Nelkengeruch
    und die perlmuttenen Muscheln
    der Impfnarben
    auf Armen und Schenkel.

Schwelle
die Inschrift zeitverschliffen
ein Grabstein
    Agneta Christina P.
    verstorben am Tage der Hochzeit
    wann?

Himmel
von kreischenden Schwänen chiffriert
die Ufer Steine
Steine
    Piedestale für Statuen
    Frauen denen der Herbst
    laubfarbene Milde leiht
    Tau auf dem Antlitz
    Tränen und Regen.

Ohne Schlaf

Nachmitternachtsstunden
verwacht
auf dem schmerzenden Lager
von Gedankentrümmern.

Göhren

Mein Bett
es steht
inselgeich
umgeben von Meeren
inmitten
mondscheinrindiger Buchen
ich ruhe
verströmte Brandung
glatthäutig
neben dir
und dir Meer.

Nachtbild

Eine Armada trunkener Sichelmonde
die weißen Flanken der Boote,
Daunen, auf buchtausmessendem Wind –
die Wellen legen,
Qualle um Qualle,
ein gleißendes Mosaik auf den Strand.

Morgen werden
die Männer aus den Städten
die Medusen sich zuwerfen –
und sie zerschlagen, mit tauben,
gespreizten Fingern.

Ich

Ich
kann
Kiesel sein
oder Fels
oder Woge
ungesehen verwellt
vielleicht
bewegt sie
eine Muschel.

Allegorie der Barmherzigkeit, 1972, Kugelschreiber

Sieben Tage in Kuks

Noch immer spürbar der Meißelhieb

Das Kuks-Tagebuch ist noch weniger als seine beiden Vorgänger im Hinblick auf eine Veröffentlichung geschrieben: es wurde beiseite gelegt, ebenso wie die zeichnerischen Studien. Das Thema war abgeschlossen, und ich habe auch nie den Wunsch verspürt, dem Werk Matthias Brauns weiter nachzuforschen und meine Kenntnisse zu vervollständigen.

Aus sehr persönlichen Gründen mußte ich einen möglichst wenig aufregenden Herbstmonat, in Einsamkeit und Stille, auf dem Lande verbringen. Neue, problematische Arbeiten mußten vermieden werden, und so war es meinem Zustand angemessen, in den elf Jahre alten, mir sehr fernen Notizen herumzukorrigieren, Sätze lesbar zu machen und einiges, was im Ansatz vorhanden war, aber damals aus Zeitmangel nicht ausgeführt werden konnte, zu ergänzen. Dabei war ich bemüht, den damaligen Gedankenkreis nicht durch spätere Erfahrung zu erweitern. Nicht ohne Bedenken nahm ich längere Bibelzitate und Hinweise zum Leben der Heiligen in den Text auf, denn diese Einschübe verletzen die vorgegebenen Proportionen. Aber da sie zum Verständnis der Inhalte der Plastiken notwendig sind und ich nicht voraussetzen kann, daß jeder Leser die betreffenden Bibelstellen und Heiligenviten kennt oder nachliest, überwand ich diese Skrupel.

Diese vergangenen Wochen, als Genesung gedacht, als Leben in Zurückgezogenheit, waren überschattet vom unerwarteten Tod meiner Mutter und dem meines Freundes Paul Eliasberg. Ihrem Andenken widme ich dieses Buch in Dankbarkeit.

Ende Oktober 1983 W. F.

Vorbereitungen und Reise

Jeder Gedanke ist in dem Augenblick,
wo wir ihn zum erstenmal haben,
vollkommen wahr ...

(Max Frisch)

31. August 1972

Regen. Der Sommer stirbt langsam. Habe bis weit in den Nachmittag hinein am Porphyrpfeiler gearbeitet. Die unteren Reliefflächen sind fast fertig. Trotz Hitze, Regen und Sturm war es schön, im Freien zu arbeiten, schön, wenn der Wind den Steinstaub in Fähnchen vom Eisen über den grünen Fluß trieb, auch dann, wenn der Schweiß in den Augen brannte, das Hemd auf Rücken und Brust klebte.

Die freie Arbeit am Stein ist eine große Herausforderung; es gilt nicht nur der Witterung zu widerstehen, sondern auch den mutlos machenden Zweifeln. Allein der ständige Wechsel des Lichtes schafft erschreckende Irritationen: das Sanfte, Plastische kann plötzlich hart, kantig und blechern werden, flach, aber auch teigig, es kann verschwimmen, was gerade noch klar und deutlich war, und alles, die Arbeit von Wochen und Monaten, stürzt ins Ungewisse. Man bewegt sich ständig auf schmalem Grat. Der Meißelhieb, der in seiner Frische den Stein vibrieren ließ, wird, vom Sonnenstrahl gestreift, zur groben Verletzung, zur Furche, zum Riß, zum Stoppelfeld – zerstörerisch für das Ganze. Man verfeinert den Hieb, mildert, und es entsteht Harmonie: für Minuten. Eine Wolke zieht über den Himmel, ihr Schatten wandert über den Fluß, streift den Stein, und was körnig und gespannt war, wird weich, ledern, geleckt – der Stein hat sein Leben verloren.

Sonne oder Schatten, Helligkeit oder Dämmerung, was ist das Maß? Man muß einen Kompromiß finden, denn sicher ist es nicht die objektive Form allein, die, wie ich bisher glaubte, Festigkeit und jenes ersehnte Atmen erzeugt. Ich beginne zu ahnen, daß die Bildhauerei die lichtabhängigste Gattung der bildenden Kunst ist. Der Maler und Zeichner kann das Hell-und-Dunkel-Spiel festlegen, bis ins Letzte nuancieren, auch die Begrenzungen, und es ist, wenn schon nicht gleich, so doch nicht entscheidend, in welcher Beleuchtung man seine Arbeit betrachtet.

1. September 1972

Gestern gegen 22 Uhr zu Bett. 0.30 Uhr eine Schlaftablette. Eine Stunde später zusätzlich eine halbe, nach einer weiteren Stunde die andere Hälfte. Im Morgengrauen die dritte – wie in Tausenden von Nächten zuvor. (Die Schamanenweisheit des Arztes: Es schläft, wer ein gutes Gewissen hat.) Verzweifelt, daß die Versuche, nur *einfach schlafen* zu können, wie es anderen vergönnt ist, immer wieder fehlschlagen. Wie soll das weitergehen?

Morgen mit dem Auto nach Dresden, dann Kuks –

Was für ein seltsamer Entschluß, einen Barockmeister studieren zu wollen! – und das, nachdem ich diesen Stil wenigstens zehn Jahre, vom Anfang eigener Versuche in der Bildhauerei gerechnet, gründlich verachtet habe. Was galt, waren die Ägypter, die griechischen Archaiker, die Etrusker, gerade noch der Meister vom Naumburger Dom, Donatello, natürlich Michelangelo – und dann rasch ins XX. Jahrhundert gesprungen, zu Maillol, Brancusi, Moore und so fort: Strenge! A-Literatur! A-Illusionismus! Und jetzt – nach schon früher erwachter Neigung zu barocker Architektur – die Plastik dieser Zeit? baugebundenes, unselbständiges Dekorationswerk –

Im Grunde geht es nicht um barocke Bildhauerei, sondern um das Genie des Bildhauers namens Matthias Bernardus Braun, der, in Tirol geboren, über Italien ins für mich erreichbare Böhmen kam, nach Prag und Kuks, und dort, am heimischen, unter seinen Füßen ruhenden Sandstein, sein Werk entfaltete. Sein Genie? Ich entdeckte es nicht auf der Prager Karlsbrücke, in seinen Gruppen der *Hl. Luitgard* unter dem Kreuz, der *Hl. Ludmilla* und nicht beim *Hl. Ivo*, sie waren lediglich bessere unter schlechteren, auch nicht an der Figur, die in der Eingangshalle zur Galerie der französischen Meister steht, deren Inhalt mir entfallen ist, obwohl ich sie sehr bewunderte; eine kurze, flüchtige Zufallsbekanntschaft, der Name des Bildhauers löste kein Signal aus. Die Sinne lechzten ausschließlich nach den ›französischen‹ Meistern, damals: van Gogh sehen!, Gauguin, Renoir, Chagall, Pissarro, Utrillo, Picasso, Despiau und Rodin! Wie hätte in diese gebündelte Neugierde diese Figur eindringen können?

Vor einem Jahr erst, als ich im tschechoslowakischen Pavillon in der Friedrichstraße die Neuerscheinungen des Artia-Verlages durchging, fiel mir ein Buch in die Hände, das *Kuks* hieß und besser hätte *Matthias Braun* heißen müssen, und während ich darin blätterte, tauchte es auf, das Genie, das Einmalige, nicht Definierbare, es traf mich und machte mich betroffen, obwohl alles gegen meine Vorstellung von der Bildhauerei ging. Er war ja der ganz Andere, der Ausschweifende, und ich wußte sofort, daß ich gerade ihn aufsuchen würde. Wie fruchtlos, immer auf eigenem Weg, in eingefahrenen Spuren zu laufen. Nicht das Gehirn, der gewonnene Vorsatz sollen entscheiden, sondern das Auge. Stilistische Einordnungen und kunsthistorische Gefüge werden wertlos vor dem Erlebnis: vertraut man ihm, entsteht das Wunder der Zeitgenossenschaft.

Seitdem ich dieses Buch in mein kaltes und dunkles, zur Straße hin verbarrikadiertes Atelier trug, träumte ich in vielen schlaflosen Nächten von Böhmen, von Kuks, von Sonne über dem Hügelhang, von weißgekalkten Gehöften, von gelber Sommerreife, knisternder Stille, von Schwalbenflug im hohen endlosen Himmel, von spröde raschelnden Kornfeldern, von kühlen und weichen Waldwegen, träumte von Freude im Herzen, vom Einssein mit der Natur und von der neugewonnenen Kraft meiner Glieder, der Sicherheit meiner Hand. – *Diese* Tage wollte ich, befreit von mir, austrinken in einem Zug. Alles Bedrückende mußte ausgelöscht, aus meinem Leben gestrichen werden.

Doch jetzt, wo es soweit ist, bin ich lustlos und müde, fahre mehr aus selbstauferlegter Pflicht, weil es einfacher ist, als eine andere Entscheidung zu fällen.

2. September 1972

Reisevorbereitungen abgeschlossen. Haare geschnitten, sie hatten Christuslänge erreicht – aber vielleicht hatte er, entgegen allen Darstellungen, eine Glatze? Es gibt doch sehr nette junge Männer mit Glatze. Ich denke an R., aber mir fällt ein, daß die Frauen, vor allem die jungen Mädchen, ihn deshalb nicht sonderlich mochten. – Und was wäre Christus ohne seine Frauen?

Post erledigt. Tanken gewesen. Jetzt doch ein Hauch freudiger Erwartung. Sie keimte, als ich die beiden französischen Skizzenbücher einpackte, ein Geschenk Paul Eliasbergs aus Paris, das Papier weiß, unberührt und erwartungsvoll, das Deckblatt vergilbtes helles Grau, sie könnten alt und lange Zeit verlegt gewesen sein. Auf dem Deckel, bescheiden in die untere rechte Ecke gesetzt, der Aufdruck ›Dessin-J-‹, bervis 760, und oben der Stempel des Händlers: *A. Gattégno, 13, rue de la Grande Chaumière, Paris 6ᵉ*. Alte, schöne Buchstaben, die Tradition belegen. Ihr Anblick bezieht mich auf irrationale Weise ein in bewunderte Vergangenheit; vielleicht hat Matisse – ich sah es im Film – auf den Blöcken dieses Händlers seine Blumen- und Blätterstudien gezeichnet, vielleicht die rasche Folge der Knabenbildnisse, auf der Terrasse seines Hauses in Nizza, oder Giacometti die Zeichnungen von *Paris ohne Ende* – Träumereien, ich schäme mich nicht, ihnen nachzuhängen. Träume und Hoffnungen sind Motoren. Am Ende aber werde ich froh sein, wenn es mir gelingt, ganz einfach und ehrlich zu notieren, was ich sehe.

Die Fahrt

3. September 1972

Die Entfernung nach Kuks beträgt nicht mehr als vierhundert Kilometer. Die neuralgischen Punkte sind Städte, die Grenze, Dörfer, die nicht zu umfahren sind, schlecht beschilderte Abfahrten und Kreuzungen. Ab Dresden wahrscheinlich alles Straßen erster Ordnung. Dennoch unruhig. Beklemmungen.

Die Fahrt birgt die Gefahren einer Odyssee in sich – jedenfalls empfinde ich so. Gefahrlos und sicher ist alles nur für die Phantasiearmen. Im Augenblick beneide ich sie. Man sage mir nicht, daß solche Reise gefahrloser sei als Odysseus' Meerfahrt. Ein Nagel auf dem Asphalt kann gefährlicher sein als ein Riff, ein platzender Pneu schlimmer als der Riß eines Segels, eine Bodenwelle birgt das gleiche Risiko wie die aufgerauhte See, und wenn mir nur hundert Fahrzeuge begegnen würden, so müßte ich glauben können, daß mir hundert wachsame, niemals müde Fahrer begegnen, die keinen Meter aus der vorgegebenen Spur driften; kein Hund dürfte die Straße kreuzen, kein Reh, kein Kaninchen; kein Kind dürfte im Spiel selbstvergessen einen Torweg verlassen. Gefahren über Gefahren: eine sich lösende Schraubenmutter kann alle Zukunftspläne zerstören; ein Ball, von Kinderhand auf die Straße gerollt, zum schwer auszumalenden Verhängnis werden; – ich sehe das geringschätzige Lächeln von Dauerfahrern: Eine Reise soll das sein, dieses Stück vor die Tür? Und dennoch: Denkt man sich nur auf einen Kilometer *eine* Situation der Gefahr, dann sind das vierhundert Augenblicke unter dem Damoklesschwert; dabei gibt es Strecken, wo Gefahren von Meter zu Meter lauern, von Haus zu Haus, von Straße zu Straße – wie war das damals, als an nicht entdeckter Schadstelle die Bremsleitung riß, das Pedal ins Leere trat und der Wagen – scheinbar immer schneller werdend – die abschüssige Straße hinunter auf die Bahnschranke zuraste und nur durch Zickzackfahrt und die mäßig greifende Handbremse zum Stehen gebracht werden konnte? Glück? Umsicht? Wir können überall und zu jeder Zeit unseren Tod finden und können in jeder Sekunde der Mörder sein.

Wie viele glückliche Zufälle, die wir nie wahrnehmen, sind notwendig, um anzukommen? Gewiß, wir sind sichere Fahrer, kalkulieren, berechnen für die Zeit hinter dem Lenkrad alle denkbaren Komplikationen, wir haben ihre Lösungsarten gespeichert, sie sind abrufbar, und vor allem hegen wir keine Zweifel an unserem Glück und könnten unser Leben kaum anders bestehen; allein der Gedanke, wieviel blindes Vertrauen wir in die vielen technischen Teile, in deren unbedingte Zuverlässigkeit setzen, beweist, wie gläubig, wie technikgläubig wir sind. Ich weiß, ich weiß, die Statistiken sind gegen mich, ich fahre ja auch, aber –

Lebenstüchtig, furchtlos, glücklich sind auf Dauer allein die Weisen und die, die sich kein Bild vom Möglichen machen. Zu beiden gehöre ich nicht. Es gibt einen Mut, der nichts anderes als mangelnde Vorstellungsgabe ist. Wirklicher Mut besteht im Dennoch –

18 Uhr Ankunft in Dresden.

4. September 1972

Gegen zehn Uhr, als ich Dresden verließ, stieg der Morgennebel. Die Höhen lagen noch immer im Dunst, doch im Tal glomm jenes milchglasweiße Sonnenlicht, das heiße Nachsommertage verspricht.

Bis Pirna, und ein Stück darüber hinaus, war alles lebendige Kindheitserinnerung: die von Apfel- und Birnenbäumen gesäumten Straßen, die Siedlungen, Häuser und Gasthöfe, die Fabriken, Tankbehälter und Papiermühlen, die Elbhänge, die Pappeln, der Fluß – die abgeplatteten Häupter der ›Steine‹, Königstein, Lilienstein, Pfaffenstein; andere Namen sind mir entfallen. Erinnerungen stiegen auf, Bruchstücke von einst bedeutsamen Ereignissen, blaß wie alte Postkarten. Die Landschaft zerlegte sich in einzelne Bilder, sie flogen vorüber – die Gegenwart ist noch nicht reif für Vergangenheit –

In Bad Schandau auf die ostelbische Seite gewechselt und auf schmaler Straße vorsichtig bis zur Grenze gefahren. Altersgraue, porige, zu weichen Kissen verschliffene Sandsteinwände bedrängen die Fahrbahn. Die Sächsische Schweiz in farbenprächtiger Glut, rot, orange und tannengrün. Eine liebliche, puppenstubenhafte Landschaft, die mir, obwohl ein Teil meiner Kindheit, seltsam ferne steht. Alles erscheint mir kleiner, belangloser. Die Felsen und die Häuser wirken wie an die Straße gestellte Attrappen, in frischer Bemalung, adrett, hübsch anzusehen, ich bin versucht, aus dem Auto zu steigen und mit dem Taschenmesser an ihren Oberflächen zu kratzen – fahre weiter, denn ich weiß, daß der Stein Stein ist, die Häuser Häuser sind, bewohnt von Menschen, die ihr Leben in dieser idyllischen Enge verbringen werden, weder glücklicher noch unglücklicher als anderswo, heilsam oder heillos in ihrem Fleiß, geradezu besessen von Sauberkeit und frischen Farben, von bunten, südlich üppigen Blumen. Auf Balkonen und Fensterbänken, in den winzigen Vorgärtchen leuchten Geranien, Petunien, Ringelrosen und Astern. In den Kronen der kleinen, aber kräftigen Apfelbäume färben sich die grünen Äpfel mit Herbströte, die Pflaumen mit dem Blau der Nacht.

Kurz hinter Bad Schandau die Grenze. Man fährt zum Zollhäuschen, reicht den Ausweis durchs Fenster, ein Stempel wird in die Reiseeinlage gedrückt, und kann passieren. So einfach kann das neuerdings sein.

Vor mir liegt Niemandsland. Orientierung und Festlegen der Route nach der Karte. Ein Stück bedrucktes Papier, meist grün. Die Niederungen blasse Flecken, die Hügel und Berge dunklere Züge oder Flächen; verschieden große, verschieden farbige Kreise, Vierecke, Polygramme die Dörfer, Städtchen und Städte, und über das gesamte Blatt ein Netz von Linien gespannt, Wege, Straßen, Autobahnen; Äderchen, Venen und dicke rote, blutgefüllte Arterien mit Zahlen an den Rändern, die Entfernungen in Kilometern. – Mein Ziel ist mit der Öffnung der Handspanne erreicht. Ungeheure Abstraktion. Der Abstraktionsgrad entspricht der Schnelligkeit unserer Bewegungen (gleich ob mit Zug, Auto oder Flugzeug) und der Austrocknung sinnlicher Wahrnehmung: wir überwinden Entfernungen – das Verb ist verräterisch. Wir sind wahnsinnig schnell im Überwinden von ... geworden, funktionieren wie unsere Fahrpläne und Kilometerzähler. Darf ich die Vorteile bestreiten, da ich mich ihrer bediene? da ich so schnell, wie erregtes Blut durch die Gefäße drängt, die Kartenarterien kilometersüchtig entlangjage, denn auch ich will mein Ziel erreichen, noch heute. Und ich werde trotzdem vieles bemerken, sehen, erleben, Bilder sammeln, denn mein Auge ist in rascher Wahrnehmung geschult. Dennoch gedenke ich der unaufwiegbaren Verluste: kaum noch Reisetagebücher, keine *Winterreise*, *Les Anneés de Pélerinage*, *Lieder fahrender Gesellen*, Romanzen, Müllerinnenliebe –

Gäbe es doch noch die naiv mit Symbolen arbeitenden Karten der Erde und der Meere, wie sie das Mittelalter, in großer Schönheit das Barockzeitalter hervorbrachten und die, in hochmeisterlicher Graphik – wie sehr ich sie bewundere! – die notwendige Abstraktion eines Landes, eines Bezirkes versinnlichten, Kontinente mit winzigen Bäumchen bestückten und sie den Menschen als bewohn- und bereisbar vorstellten, als überwindbare Strecken, von Baum zu Strauch, von Welle zu Welle auf den Meeren und den Flüssen, Wogen, auf denen Koggen, Karavellen oder Kähne schwimmen, Tritonen, Wale oder Forellen auftauchen, in den Wäldern Hirsche röhren, Hasen flüchten: man unterschied die Kulturen, Wald, Pflanzung und Felder, stach oder ätzte Höhenprofile an die Blattränder, die Orte waren Häuser und Schlösser und Kirchen, man konnte sich dahin- und hineinwagen, dem Unbekannten wurden Brücken gebaut durch das Vertraute, der Phantasie Räume – Vergangenheitssehnsucht? Waren es nicht harte, fortschrittsbesessene und technikgläubige Männer, die Kosmonauten, die beim Anblick der Erde vom Wunder sprachen? in glühendromantischen Adjektiven der Postkutschenzeit.

Wer liebt, wird immer auch ungerecht sein.

Von Schmilka bis Dvůr Králové nad Labem. Die Straße liegt weiter eingezwängt zwischen Felswänden und der Uferböschung der Elbe. Zuweilen Einschnürungen und Ausbuchtungen, in die sich kleine Häuser schmiegen, Platz für meterbreite Vorgärtchen, Farbinseln im Grau und Moosgrün des Steins, deren Pracht Folge der Enge ist. Es gibt kahle, fensterlose Fassaden, Häuserkanten, die herausfordernd – wie eine verächtlich vorgeworfene Schulter – in die Straße stoßen, von schweren Fahrzeugen zerschrammt, Rinnen, rote Ziegelwunden, Narben im Putz. Mitunter Fernblicke: die Elbe windet sich, in Farbe und Glanz der Blindschleiche, bräunlich und schmal durch das Tal, die nackten, bizarren Felsengruppen treten ins Hinterland zurück, weichen gedrungenen, ineinanderfallenden Hügeln, dicht bewachsenen Kappen in spinatigem Grün, von keinem Weg durchzogen, von keiner Lichtung verletzt oder belebt, so undurchlässig und eintönig in ihrem Bewuchs, daß ich schaudere bei dem Gedanken, unter diesem Nadel- und Blätterdickicht – ohne Himmel über mir – laufen zu müssen. (Filzlausgefühl.)

Děčín glücklich passiert, die Straße bleibt schmal, leicht hügelig. Fahren in aufgelockerter Kolonne. Den Blick aufs Heck und die Bremsleuchten des vor mir fahrenden Austin geheftet. Die wunderbar weichen Pneus. – Mit der Zeit das Gefühl, in einem Simulator zu sitzen, Fahrzeuge und Landschaft streifen die Netzhaut.

Eine kleine weiße Katze springt über die Fahrbahn. Die weichen schwarzen Pneus rollen über ihren Leib, zerteilen ihn, Kopf, Becken und Schwanz legen sich nach kurzem Aufwölben auf den Asphalt, und ich kann es nicht vermeiden, durch den rosagelben Brei der Gedärme zu fahren. – Wahrnehmung in Zeitlupe, dann stehendes Bild, das ich nicht mehr verliere.

Unfallangst.

In Litoměřice in einer jener typisch tschechischen Laden-Steh-Gaststätten, die mir von Prag her wegen ihres Angebotes, sich unkompliziert und rasch, zu allen Tageszeiten, zu ernähren, in guter Erinnerung sind, Semmelknödel mit Gulasch zu Mittag gegessen.

Der Markt von L. ist ziemlich groß, und da mir die Zeit zum ausgiebigen Rundgang fehlt, werfe ich nur einen Rundblick auf die den Platz eingrenzende Architektur und stoße auf alle Stilkeime und Eigentümlichkeiten, die sich für mich mit diesem Lande verbinden; Rudimente oder Keime? – Zur Größe und Reife getrieben sind sie nur in Prag: die dem Barock entliehenen Ockeranstriche der Gründerzeithäuser, die kupferoxidgrünen, Alter vortäuschenden Hauben und Turmkronen, das Sgraffitoband, dem Schwarzenberg-Palais nachgeahmt, die schmale, aus Bruchstücken gefügte Kirche, auch sie Keim oder – was wahrscheinlicher ist – Absprengel der Teynkirche.

Es ist mir im Augenblick ganz gleichgültig, was echt oder gefälscht, vorher oder nachher ist, ich finde mich angekommen in einer Formen- und Gefühlswelt, die ich während früherer Aufenthalte eingesaugt habe, in Prag, Tábor, Písek, Budějovice, Krumlov, Telč, Hradec Králové, Pardubice und anderswo im Lande, in Prag vor allem, wo ich (1956 und 1964) jede Straße gesucht habe, die Kafka gegangen war, vor jedem Haus verweilte, in dem er gewohnt hatte, gewohnt hätte haben können, alle Gassen, Fassaden, Türen und Fenster absuchte nach Eigentümlichkeiten, nach Bildern, Merkmalen, Essenzen, Aromen, Stimmungen, Beleuchtungen, nach allem, was seine Welt färbte, seine Sprache, was die Verschattung der gebräuchlichsten Wörter bewirkte und vielleicht noch aufzufinden war – und das war ja nicht nur die Welt Kafkas, Herkunft, Gehäuse und seelisches Gefängnis – aufs Äußerste fruchtbare Gefängnisse –, sondern auch die Welt Werfels, Rilkes, Brods.

Ich fahre weiter, ins Böhmische, die Grundstimmung bleibt, an den Straßen stehen Kreuze, hier noch karge Wegzeichen, verwitterter Stein, später, tiefer im Land, vergoldete, bemalte, mit Astern-, Salvien- und Dahliensträußen geschmückt. Altes und Neues: Fabriken mit stolzen Symbolen, Zahnrad und Hammer, Sichel und Stern, und an der Wegbiegung die Madonna. Nirgends protestantische Strenge. Barock und Katholizismus, Glaubensmacht als Abglanz eines späten Festes. Auf und neben Brücken segnende Heilige. Marien, Nepomuks, wie ich sie in beschämender Unkenntnis summarisch benenne. (Was den Iren der heilige Patrick, ist, scheint's, den Tschechen der heilige Nepomuk.) Schrumpfformen großer Vorbilder zumeist, aber immer Stil, spiralig aufstrebend aus instabilem Stand, vorgeworfene Hüfte und ausladender Rückenschwung. – In X. stand einer aus guter Zeit, am Kopf einer Brücke, eingewachsen in Holundergestrüpp, die ziellos gewordene segnende Gebärde auf Schienengeleise und Signalanlagen gerichtet, Altes und Neues: Flußbett, Schotterbett.

Hinter Litoměřice ziehen sich die felsigen, die kahlen, die spärlich bewachsenen Hügel an die Horizonte zurück, weitreichende Wiesenschläge und Getreidestoppelfelder breiten sich aus, gemästet von sattgelben Sonnenstrahlen; Wohlsein – unstatthaft behagliche Bezeichnung eines Zustands – zieht in mein Herz, und der Wunsch, das Auto in den Straßengraben zu fahren, hineinzulaufen in die Ferne, sich zu verlieren – vielleicht fände sich irgendwo eine Hütte, eine Tür, die man ungestraft aufstoßen dürfte, ein Dach und ein Herd: Da-Sein, wohin der Zufall, die Laune mich trägt, die selbstgewählten und die aufgezwungenen Pflichten vergessen, bereit sein, sich bereithalten für ein nicht erwartetes, nicht geplantes Leben. Nur das heiße ich Reisen, nur das: bereit sein für das Unerwartete.

Ich fahre, wie könnte es anders sein, weiter, denke, später wirst du, und weiß, daß es nicht sein wird. Aber auch dann, wenn ich nicht vorsatzlos bin, wird Unerwartetes kommen, es kann gut sein oder schlecht, ich werde es genießen oder ertragen müssen.

Aus der Weite schieben sich Hopfenkulturen an die Straße, eine Landschaft aus Käfigen, Stangen und Netzen, eine endlose Flucht von Riesenvolieren, Bauer für Millionen Krähen, vielleicht ein Konzentrationslager für die Singvögel Europas – ein Alptraum. Ich fahre schneller, ungeduldiger, nach Südosten. Berge steigen auf und versacken in der Ebene, Kleinstädte, Fabriken, Schornsteine, Wohnhäuser, zehngeschossig und mehr, scheußlich, weil viel zu hoch für das Landschaftsprofil. Das letzte Stück Straßen zweiter Ordnung, Wald, nein, kein Wald, sondern monotones Fichtengestänge, Holzanbaugebiete, Material für Küchen, Betten und Särge, für Zeitungen und Einwickelpapier. Einzelne alte Gehöfte, balkengefügt, ausgefudert mit Lehm, lustig bemalt, grün-weiß gestreift, bewohnbar. Die Dörfer und Bauernsiedlungen sind modernisiert, unpassend große, ungeteilte Fenster, frischer Putz, bleckende Kalkwände, das Blattgrün frühlingshaft frisch, Blumen –

Am späten Nachmittag Ankunft in Dvůr Králové nad Labem. Gesichtsloses Hotel. Untere Klasse. Das Zimmer, zweiter Stock, nur durch die Kneipe erreichbar. Wie so oft keine zuziehbaren

Übergardinen am Fenster. Mein Trauma: ins Auge stechendes Morgenlicht. Der Hotelier als Eigentümer des Schlafes!

Gegenüber Wohnhäuserfront, Jahrhundertwende. Unter mir die *Straße der Revolution*. Es ist eine Gasse. Im Klo rauscht Spülwasser. Die Glühbirne der Deckenleuchte kaputt. Ganz normal alles. Gewaschen, die durchgeschwitzten Hemden an die Schranktüren zum Trocknen gehängt.

Später auf den Markt gegangen. Sonnenuntergang. Die Sonnengröße: ein Kronenstück, zwischen Daumen und Zeigefinger gehalten bei ausgestrecktem Arm. Eine Mariensäule, Marienstein, von vielen Heiligen mit schematisierten Gesten umstanden, markiert die Platzmitte. Schwache Arbeit, schwammige Formen. Peinlich die eingeschraubt wirkenden, schiefgestellten Köpfe mit theatralischem Gen-Himmel-Blick. Ringsum, das ist angenehm, stehen Bänke. Schnell kommt die Nacht.

Der erste Tag

5. September 1972

Kuks. Angekommen am Ziel. Es sind nur wenige Kilometer von Dvůr Králové zu fahren gewesen: die Landschaft im diesigen Sonnenlicht, bergig, Wechsel von Feldern und Wiesen. In Elbnähe Weiden und Kerbblattgehölz. Zwei oder drei Dörfer, dann, aufsteigend aus dem Elbtal, das Dorf. Drüben als Bergkrone das Spital. – Wolken und wasserziehende Sonne.

Da hat also einer seine Herkunft nicht vergessen und seinen kranken und greisen Untertanen ein Spital und Altenheim gebaut; zwar hatte sein Schloß – das des II. Grafen Franz Anton Sporck, Nachkomme eines Heerführers der Habsburger – schon gestanden, samt einer außerordentlichen Bibliothek, Rennbahn und Kurbad, mit allem, was zum bewegten Leben eines Badeortes gehört. Aber dann, nachdem er für sich und seinen Hofstaat gesorgt hatte, entsann er sich – vielleicht – der bäuerlichen Herkunft seines Vaters, der sich im Krieg gegen die Türken zum

General hinaufgesäbelt hatte und zum Dank von seinem Herrscher mit Adelsprädikat und Lehen belohnt wurde. –

Das Schloß, auf dem ostelbischen hohen Ufer gelegen, ist, bis auf ein paar Treppen, der Zeit zum Opfer gefallen; erhalten blieb, westlich der Elbe, auf ansehnlicher Höhe thronend, das Spital mit gräflicher Grabeskirche und abgeschleppten Seitenflügeln sowie dem nur rechtsseitig stehengebliebenen Eckbau.

Der erste Eindruck ist ernüchternd. »*Das unstreitig bedeutendste Ensemble des 18. Jahrhunderts in Böhmen*« (J. D. Kolpinski) ist aus nicht recht zusammenklingen wollenden Bauteilen gefügt, die Kirche springt unbillig hervor, die Seitenflügel sind barocker Gutsherrenstil, nur der Giebel des Eckbaus ist formenreich, graziös, aber zu leicht. – Bröckelnder Putz, glitzernde Salpeterkulturen, Verfall. – Die Restaurierung ist eingeleitet. Ein Steinmetz scharriert eine Führung für die Balustrade der *Terrasse der Seligen*. Gerüste werden aufgerichtet, Skulpturen eingeschalt. (*Der Engel des beklagenswerten, der Engel des glücklichen Todes.*)

Das Zauberwort in Kuks heißt: *Skulpturen.*

Kuks müßte den Namen des Bildhauers Braun tragen, denn der Ort wäre längst vergessen ohne seine Figuren, seine unendliche Freiheit im Stein, seine unerschöpfliche Erfindungsgabe, vor allem im Detail.

Matthias Braun war ein Genie – und es gehört zum Wesen des Genies, daß es in der ersten Begegnung Verwirrung stiftet, gewohnte Maßstäbe zerstört. Braun ist ein Genie der Expansion, des Reichtums, der Verschwendung. – (Voreiliger Satz? besser kein Urteil heute.)

Natürlich weiß ich nicht erst jetzt, vor den Originalen, daß ich einen Antipoden aufgesucht, bewußt aufgesucht habe, denn nur indem man das tut, festigen sich eigne Ansichten, oder man muß sie aufgeben: Es ist eine Feuerprobe, sich dem ganz Anderen zu stellen. Die Brücke zu ihm ist die Bewunderung seiner Hemmungs- und Maßlosigkeit, die das Verwegenste für machbar hält – aus ihr will ich mir herausfiltern, was meine Natur aufnehmen und verarbeiten kann. Die Gefahr der Selbstaufgabe besteht nicht.

Einschläfernde warme Sonne, empfunden als Last. Ich verlangsame meinen Rundgang, spüre, daß ich mich nur sehr vorsichtig seiner Welt nähern darf, behutsam, unbedingt gedankenlos –

Nach einer Stunde verlasse ich Kuks und fahre nach *Bethlehem*.

Mittags zum Essen ins Hotel, danach zurück zum Spital. Müde. Mittagsruhe im offenen Auto, im Schatten einer Mauer, unter der Krone eines Apfelbaumes. Fliegensummen, Wärme, Schlaf.

Im Augenblick des Erwachens unbeschreibbares Glücksgefühl.

Danach schlaftrunken, in langsamer Ausnüchterung, auf dem Feldstuhl, den Zeichenblock auf den Knien, vor der Galerie der *Laster* gesessen. Kumuluswolken mit platinglänzenden Rändern zogen über den Kirchgiebel: einer Stunde zur Feier.

Viel später erste Skizze: Kopf der *Verzweiflung*.

Abends, mit dem Lauf der untergehenden Sonne, über die Hügel gegangen. Mittelgebirgslandschaft. Die Berge, in der Nähe in satten Aquatintatönen, hellten sich mit zunehmender Entfernung immer mehr auf. Keine Binnenzeichnung.

Hotelzimmer, 21 Uhr (Nachtrag zu den Tagesnotizen).

Habe mir, um nicht ungerecht zu urteilen, noch einmal den alten Kupferstich (1724) im *Kuksbuch* angesehen. Er ist gewiß kein Meisterwerk der Gattung der Übersichtspanoramen, versucht aber, höchst detailfreudig, einen Überblick der Gesamtanlage und ihres Zwecks zu geben. Wenn man davon absieht, daß das Blatt in zwei Teile zerfällt, in der oberen Hälfte Landschafts-Architektur-Vedute, die untere dem gesellschaftlichen Treiben, Spazieren, Kutschieren, zeremonieller Begegnung, der Jagd und so fort, vorbehalten, ist herauszulesen, daß meine Ernüchterung, wäre der Gesamtkomplex erhalten, nicht ganz zu begründen, sondern eher eine Folge der Voreingenommenheit ist. Denn: erstens ist meine Kenntnis von Barockanlagen äußerst spärlich, beschränkt sich auf den Zwinger in Dresden, Schloß Pillnitz, Potsdam, Prags köstliche Ensembles nicht zu vergessen, und Großsedlitz! – zu ihr gibt es sogar Landschaftsbezüge. Der gewaltige Überhang ist Buchwissen – also sinnlich ungeprüft, nicht abgeschritten. Diesen Faktor werde ich bei allen Notizen berücksichtigen müssen, er trifft ebenso auf die Bildhauerei zu. Zweitens: alle diese Anlagen haben eines gemeinsam und erklären dadurch ihre konsequentere, strengere Durchführung, daß sie eine eindeutige Bestimmung, die der höfischen Repräsentanz und Lustbarkeit, haben.

Im Skelett der Anlage von Kuks, hohes Elbufer mit dem Schloß, mittelachsiger Treppenabstieg zum Flüßchen, Brücke und langsamer, geschmeidiger Aufstieg zum höheren Kirch- und Hospitalberg mit der in der Achse aufgerichteten Grabkirche und dem Riegel der Seitenflügel, den optisch befestigenden Eckhäusern und dem dahinterliegenden Barockgarten, in diesem Skelett ist der strenge, geometrisch-zeremonielle Charakter erhalten. Aber Graf Sporck war zu aufgeklärt, zu verweltlicht (was auch ›aufgeweicht‹ heißt), trotz katholischer Missionswut, um seine Baulust auf diese Konzeption zu beschränken. Die landschaftliche Vorgabe, allein schon ihr Profil, hätte eine der großzügigsten Anlagen, geradezu ihre Vollendung, hergeben können. Er hätte sich allerdings eines Architekten vom Rang eines Dientzenhofer versichern und auf vollendende Geschlechterfolge bauen müssen.

Sporcks Eifer demokratisierte das hierarchische Grundkonzept, er überbaute eine angeblich heilkräftige Quelle, gründete, sicher nicht nur aus demokratischer Gesinnung, sondern weil er Geld brauchte, um seine ausfernden Interessen zu verwirklichen, einen Badeort mit allem, was den Betrieb möglich und lukrativ, den Aufenthalt angenehm machte: Badehäuser, Promenaden, Gasthäuser, Wäschereien, ein Theater, legte Spazierwege an, errichtete, in der Landschaft verstreut, Pavillons und Lusthäuschen, überließ weite Gebiete, Wiesen und Wäldchen dem natürlichen Wachstum und wies damit, wahrscheinlich unbeabsichtigt, in nachfolgende Zeit. – Schwer zu sagen, ob ihn das Gefühl des Auseinanderfließens der Teile oder seine Besitzgier, die seine Nachbarn zum Streit, zu Übergriffen auf seine Domänen veranlaßte, bewogen, das ganze Areal mit einer Mauer zusammenzuschließen und so durch den Hintereingang etwas wie Geschlossenheit zu erzielen. – Es ist vieles untergegangen. Was an Architektur blieb, ist Fragment. Ganz anders steht es um die Skulpturen, sie widerstanden weitgehend der Zeit, und es ist ein Glücksfall, daß Sporck das Spital, und nicht das Schloß, mit dem Braunschen Figurenschmuck versah. – Doch darüber morgen.

2 Uhr in der Frühe. Bis nach Mitternacht Kneipenlärm. Gäste rennen durch den Gang, knallen die Türen zu. Lärm als Okkupation friedlicher Bezirke.

Das bestürzende Glücksgefühl von heute mittag hat sich nicht wie sonst, wenn es überhaupt eintraf, sofort und gänzlich verflüchtigt oder, wie es zumeist geschieht, wenn mir die Wirklichkeit wieder zum Bewußtsein kommt – und das geschieht in Bruchteilen von Sekunden –, ins Gegenteil verkehrt (Sturz in den Abgrund). Ein Rest blieb anwesend, wirkt fort als Helligkeit, Weichgestimmtheit, spürbar zwischen den Zellen. Der Vorgang erstaunt mich, weil er *Glücksfähigkeit* signalisiert. Sie zu erhalten, müßte ich außerhalb der Wirklichkeit bleiben können.

3 Uhr. Kalt im Zimmer. Das Deckbett klumpig, die feuchten Federn rutschen zur Seite, so daß der Körper nur mit Inlett und Bezug bedeckt ist. Ich friere. In kurzen Schlafphasen kehrt in Traumdichte, zur Wollust gesteigert, die Mittagsfreude zurück; der erste Blick in den fruchtschweren Apfelbaumzweig, die Äpfel grasgrün, mit hektisch-roten Flecken, in den Durchblicken Himmelsblau, und ringsum Stille. In solch einem Augenblick, in dem sich alles Glück der Erde im Herzen sammelt, müßte man sterben dürfen – nicht im aussichtslosen Kampf mit dem Tod, nicht verseucht, zerschnitten, von Krämpfen und Angst geschüttelt, von Tumoren zerfressen, mit bitterer Zunge, die alles erfahrene Glück auflöst in Galle. Ich lebe dem Unglück des Todes entgegen mit zusammengebissenen Zähnen, von Niederlage zu Niederlage, und es gibt dem Tod gegenüber keinen Trost als den, daß man ihn selbst vollziehen könnte, vielleicht unter einem Apfelbaum –

Der zweite Tag

6. September 1972

Schlechte Nacht. Hotelwut. Es muß, neben der Gaststätte, einen Tanzsaal geben. Es lärmte, kreischte, brüllte bis weit nach Mitternacht, eine Kapelle machte Radau, nicht einmal rhythmusfest. Gejohle und Gegröle wie überall in derartigen Hotels. Es ist gleich, wohin man fährt. – Wie damals, wie damals ... In solchen Stunden wäre ich zu Gewalttaten fähig.

Früh nach *Bethlehem*. Bethlehem ist kein Ortsname, was immerhin möglich wäre – bei Dresden gibt es ein Dörfchen, das Amerika heißt, und Bobrowski erwähnt in einer Geschichte ein Dorf Groß-Brittanien –, jeder kennt solche Kuriositäten; es ist vielmehr eine bewaldete Anhöhe: der *Neuwald,* der westlich von Kuks liegt und vom Spital auf einem etwa einen Kilometer langen Waldweg zu erreichen ist. Der Weg mündet in eine ›Prozessionsstraße‹, die von einem Brunnen, kriechenden Heiligen und Einsiedlern, in loser Anordnung, gebildet wird und deren Mittelpunkt eben jenes namengebende Relief der Anbetung des Jesuskindes durch die Hirten und die nahenden Weisen aus dem Morgenlande ist. Es ist heute, im Zustand des Verfalls, schwer auszumachen, welcher Grad bewußter Ordnung dieser am Wege verstreuten Ansammlung von Skulpturen einst zugrunde lag; viele sind zerstört, manche umgesetzt, einige stehen jetzt im Spitalgarten. Sicher ist, daß kein geschlossenes religiöses Bildkonzept bestand, daß keine einheitliche Geschichte erzählt werden sollte, sondern daß der Zufall und die Willkür Sporckschen Denkens regierten, daß Braun dem gegebenen Angebot an naturgewachsenen Sandsteinblöcken, die aus den Flanken des Hügels ragen, folgte und sie in Skulpturen verwandelte. – Wenigstens beim *Bethlehemrelief,* beim aus seiner Höhle kriechenden *Garinus,* der ruhenden *Maria Magdalena* stellt sich das Gefühl untrennbarer Einheit mit der Landschaft ein – es sind gestaltgewordene Findlinge. Möglich, daß sie das Grundgerüst der Achse hergaben, die durch versetzte Blöcke ergänzt wurde. Aber schließlich wuchsen auch sie ein, gehörten dem Waldboden, den Bäumen, den Wurzeln: der Reiz, das Ungewöhnliche dieses Weges besteht in der Einheit von Natur und Skulptur. – Die menschliche Gestalt tritt hervor als Sublimierung alles Wachsenden, Gewänder überwuchern die Leiber wie Efeuranken den Baum, Haare, Beine, Zehen werden zu bloßliegenden Wurzeln, Kissen sind Steine, und Steine werden zu Kissen, und die Rinde des Birkenstamms ist zerklüfteter Bart.

Auch: Es kann ebensogut Täuschung sein, inszeniert alles, hergestellt, listig, zumal, wenn man bedenkt, daß die Skulpturen in prunkhafter barocker Farbigkeit – rot, weiß, violett – gefaßt waren. – Eine schwer nachzuvollziehende Vorstellung: *Bethlehem* als bunte Karussell- und Drehorgelwelt. Die beschworene Einheit wäre dahin, war gar nicht vorhanden. Sie ist ein Produkt meines Zeitgefühls. Trotzdem: die Grundidee muß Einheit gewesen sein, sie ist da, nachempfindbar in jeder einzelnen Form, die Polychromie mag Zutat, Geschmack, Überhöhung gewesen sein, aber nicht das Wesen. Ich stehe vor der gleichen Vorstellungssperre wie bei den Antiken, Farbe und Freiplastik wollen sich mir nicht selbstverständlich zusammenfügen; seltsame Unfähigkeit zur Korrektur erster Eindrücke.

Maria Magdalena gezeichnet.

Maria, das Weib, lagernd in gelassener Ruhe, den Blick in Himmelshöhen gerichtet, erwartungsvoll oder verzückt von Erinnerungen; ihr Lächeln ist diesseitig, sinnlich, ihr über die entblößte Schulter zur nackten Brust hin gelocktes Haar, das derb-üppige Gewand im Rücken ausschweifend, der Kopf auf Stein, einen Baumstumpf, gebettet, sündhaft und bußfertig, ein Totenschädel als Lagergenosse. – Beglücktsein durch das Wunder ihrer Auszeichnung durch Jesus Christus? Ambivalenz von Fleisch und Geist: ER ließ sie, geläutert, in ihrem irdischen Dasein zurück.

Die Skizze mißlingt, entbehrt innerer Dynamik. Die Bruchstellen zerstören den Linienfluß.

Zum Mittagessen ins Hotel. Knödel mit Rinderbraten. Im Zimmer in der Bibel Aussagen über *Maria Magdalena* gesucht. Ergriffen von der grandiosen, bildhaften Bibelsprache; sie war, konnte sein, Erlebnissubstanz für Braun. Welche Vorgabe! Könnten unsere verdünnten Informationssätze unsere Sinne in ähnlicher Weise in Brand setzen? (Sprache als Verführung zum Bild und zum Glauben.) Erstaunt, wie verschieden die vier Evangelisten die Begebenheiten und ihre Einzelheiten bewerten. *Maria Magdalena* ausführlich bei Lukas (Kap. 7):

»... Und siehe, ein Weib war in der Stadt, die war eine Sünderin. Da die vernahm, daß er [Jesus] zu Tische saß in des Pharisäers Hause, brachte sie ein Glas mit Salbe und trat hinten zu seinen Füßen und weinte und fing an, seine Füße zu netzen mit Tränen und mit den Haaren ihres Hauptes zu trocknen, und küßte seine Füße und salbte sie mit Salbe. Da aber das der Pharisäer sah, der ihn geladen hatte, sprach er bei sich selbst und sagte: Wenn dieser ein Prophet wäre, so wüßte er, wer und welch ein Weib das ist, die ihn anrührt; denn sie ist eine Sünderin. Jesus antwortete und sprach zu ihm: Simon, ich habe dir etwas zu sagen. Er aber sprach: Meister, sage an. Es hatte ein Gläubiger zwei Schuldner. Einer war schuldig fünfhundert Groschen, der andere fünfzig. Da sie aber nicht hatten, zu bezahlen, schenkte er's beiden. Sage an, welcher unter denen wird ihn am meisten lieben? Simon antwortete und sprach: Ich achte, dem er am meisten geschenkt hat. Er aber sprach zu ihm: Du hast recht gerichtet.«

Simon, ich habe dir etwas zu sagen ...; – Brecht und die Bibel! man denke nur an die Einführung der Parabel und die praktische, einleuchtende materialistische Folgerung! Kein Wort von gleicher Liebe für die nur graduell unterschiedene, im Grunde gleiche Handlung. Der Wert, die *Höhe* des Geschenks bestimmt das Maß der Liebe!

Weiter unten heißt es dann:

»Du hast mir keinen Kuß gegeben; diese aber, nachdem sie hereingekommen ist, hat sie nicht abgelassen, meine Füße zu küssen.«

Und weiter:

»Ihr sind viele Sünden vergeben, denn sie hat viel geliebt; ...«

Aus diesem Geist ist die Skulptur der *Maria Magdalena* gemacht.

Nachmittags wieder *Bethlehem*. Über Stanovice gefahren und zu früh abgebogen. Steiler steiniger Waldweg. Fichtenanpflanzung, Wäschestangenwald. Am ehesten im Winter erträglich, wenn der Schnee die Äste niederdrückt und den Himmel einläßt.

Morgens Waschhausdunst, jetzt, in der Sonne, Geruch von Dachböden alter Mietshäuser.

Der Wächter, Kassierer und Führer in *Bethlehem,* empfängt mich erbost. Es gibt einen offiziellen Weg, mit Parkplatz. Verständigung schwierig, ich kann, außer »ahoj«, gleich gut für Begrüßung und Abschied, kein Wort Tschechisch und er kaum Deutsch; versteht aber offensichtlich mehr, als er vorgibt. Er erläßt mir den Eintrittspreis, nachdem ich ihm erklärt habe, daß ich Bildhauer bin und die Plastiken zeichnen werde, täglich. Aber er beobachtet mich.

Zweite Skizze der *Maria Magdalena.* Schon besser. Der Wächter schaut sie sich an, ist befriedigt, sagt »Marchi Magschallenna, prima, prima«. Er klopft mir, als Zeichen seiner Anerkennung, auf die Schulter und läßt mich von nun an unbeaufsichtigt im Gelände herumstreunen; ich darf die Steine berühren, den frischen, noch immer spürbaren Meißelhieb Brauns ertasten. – Nähe, Zeitgenossenschaft stellt sich her, zweihundert Jahre verlöschen wie eine ausgeblasene Kerze.

Die Kompliziertheit der Bewegung, die irritierende Fülle der Details des *Onufrius,* der *Garinus,* der Reste *Johannes' des Täufers* lähmen mich, ich kann sie vorerst weder begreifen noch zeichnen, das Auge verirrt sich in Gebirgen, in Höhlen, Löchern, Gängen, gleitet über Buckel und Grate, ein dämonischer, manchmal naiver Weltentwurf, aber immer überwältigend.

Ich muß mich erst aushärten – um sie nicht komisch zu finden – gegenüber dieser kriechenden, stöhnenden, von Geißelungen gezeichneten Büßerwelt: überlebensgroße steinerne Vorwürfe gegen das Leben.

Leichter ist der Zugang zum etwas zurückliegenden Reliefteil der Bethlehemszene. Flaches Relief, »römisch« in der Auffassung (Triumphbögen!). Pferdeköpfe, Pferde- und Mohrenkopf skizziert. (Zug der Weisen aus dem Morgenlande)

Morgen Genaueres. Sich unbefangener nähern.

Der Heimfahrt über Kuks. Mildes, warmes Spätsommerlicht. Sehr weiß die Birkenstämme des Wäldchens unterhalb des Spitals, sie sind so strahlend weiß, daß sie optisch vor ihre Baumkronen rücken. Geruch sumpfiger Wiesen.

Die Elbe unterhalb des Spitals ist ein rasch fließender, graphitgrauer, schmutziger Bach, ein stinkendes Abwasser. Sie ist so schmal, daß ein umgestürzter, etwa zehnjähriger Baum mit dem Wipfel das andere Ufer erreicht. Trauriger Anblick.

Nachtrag, Herbst 1983. Als ich vor elf Jahren, unter anderem, den kriechenden *Onufrius,* den am Höhleneingang sich mühsam aufrichtenden *Garinus, Johannes mit dem Lamm* zeichnete, sah ich in ihnen, und das hat sich wenig geändert, bildhauerische Variationen über Körper alter Männer, unheimliche Waldmenschen, Sonderlinge, verzweifelte Eremiten – eine geschlagene Schar, nie aber, was der Plastik sowieso nicht besonders gelingt, Personifizierungen unaustauschbarer Schicksale, Darstellungen sehr eigner, oft bizarrer Lebens-Läufe.

Sie wurden zu Schablonen, deren Leben hinter dem Glaubensvorbild versank, denn die Institution braucht Leitbilder, Heilige und Märtyrer; es gehört zum Gang der Geschichte – so lehrt die Erfahrung –, daß das reiche, komplizierte Leben derer, die eine Bewegung trugen, durch die Institutionalisierung Opfer der Verklärung und auf den Herzeige-Effekt verkürzt wird. Man vergißt, daß »Helden und Heilige« Menschen ganz eigner Prägung waren, unverwechselbarer Herkunft und Entwicklung, Individuen, deren einmalige Vita als Teil eines Musters eingewebt wird in den langen Teppich der Geschichte. – Wissen wir, wenn wir es jemals gewußt haben, daß – nehmen wir die Evangelisten, die ich voreilig als uneinig bezeichnete – sie ganz unterschiedliche Betrachtungsweisen vertraten, bedingt durch den Beruf und die Art ihrer Berufung, daß Matthäus Zolleinnehmer, Lukas, als Heide geboren, Arzt, Johannes der Theologe Glaubenssäule war? Ihre Anlagen und Neigungen reichen vom Erzähler bis zum Ideologen. – Und die ungezählten Heiligen? Sie rekrutieren sich aus allen Schichten der Gesellschaft, saßen auf Thronen, waren Hirten, Fischer, Taugenichtse, Händler, Betrüger, sie waren Minister, Gelehrte, Funktionäre – und um mir das ins Bewußtsein zu rücken, unterziehe ich mich der Mühe, einige Lebensläufe aus dem Handbuch der Heiligen herauszuschreiben, wenigstens derer, die mir im *Neuwald* begegneten.

Onufrius: ägyptischer Beiname des ägyptischen Gottes der Fruchtbarkeit, *der immer Glückliche,* Heiliger, Sohn eines Stammesfürsten, lebte, dem Vorbild des Elias und Johannes' des Täufers folgend, sechzig Jahre als Einsiedler, streng, asketisch und fern den Menschen, bis ihm um 400 der heilige Paphnutius beim Sterben beistand und seine Biographie schrieb. Darstellung als langhaariger Einsiedler, mit Blättern oder Fellen bedeckt oder ganz mit Haaren bewachsen, auf allen vieren kriechend.

Johannes der Täufer: Heiliger, Sohn des jüdischen Priesters Zacharias und der Elisabeth, geboren sechs Monate vor der Geburt Jesu Christi in einer Gebirgsstadt von Juda, trat nach einem strengen Wüstenleben mit über 30 Jahren als Buß- und Gerichtsprediger, Prophet, Täufer und Wegbereiter des Messias im Jordangebiet auf. Während des Wirkens Jesu ließ ihn der ehebrecherische König Herodes Antipas einkerkern und enthaupten, als dessen unrechtmäßige Gattin Herodias durch ihre Tochter Salome das Haupt des Johannes forderte; ... Jesus nannte ihn »den Größten unter den Weibgeborenen« und kanonisierte ihn selbst. Darstellung in Verbindung mit der Taufe Jesu, als Asket in Fellkleidung, ein Lamm an der Seite, oder das Haupt allein auf einer Schüssel, etc.

Garinus: lebte zur Buße wie ein Tier in einer Höhle. ... Er büßte für eine Sünde, die er an der Tochter des Grafen von Katalonien begangen hatte. Auf Grund der Buße, die ihm der Papst auferlegt hatte, mußte er wie ein Tier auf der Erde kriechen und durfte seinen Blick nicht zum Himmel erheben. Seine Einsamkeit auf dem Berg Montserrat hob der Vater des Mädchens bei einer Jagd auf. Die Hunde spürten den Büßer in seiner Höhle auf, der Graf brachte ihn als Besonderheit nach Barcelona, wo ihm ein unschuldiges Kind während eines Gastmahls verkündete, daß seine Schuld verziehen sei (laut V. V. Štech).

Der später erwähnte, nur etwa lebensgroße *Hieronymus* soll ebenfalls in *Bethlehem* gestanden haben. Jetzt ist er an der Mauer des Spitalgartens, gegen Verwitterung geschützt, aufgestellt. Seine Darstellung hält sich ziemlich genau an die Vorschriften: ein abgemagerter, kaum bekleideter Asket, vor einer Höhle kniend, mit Kruzifix und Totenkopf. Als Büßer seine Brust mit einem

Stein schlagend. Einem Löwen einen Dorn ausziehend. (Bei Braun schon geschehen, der Löwe liegt, sehr zufrieden, an seiner Seite.) Zum Leben des *Hieronymus:*

»geb. 347, studierte in Rom Grammatik, Rhetorik und Philosophie, wurde Mönch, Einsiedler, Priester, von 382–385 Sekretär und Beirat des heiligen Papstes Damasus I. in Rom, revidierte den lateinischen Bibeltext, Vulgata genannt, die bis heute Geltung besitzt, lebte danach 34 Jahre in strenger Askese, starb am 30. September 420 zu Bethlehem.« Sein Naturell wird als »feurig und tatkräftig«, seine Schaffenskraft als »unverwüstlich« charakterisiert, er war ein »gefürchteter Polemiker, ein Sprachgenie, Philologe, der dem Abendland das Wissen der griechischen und jüdischen Welt vermittelte«.

Gegen neunzehn Uhr zurück aus *Bethlehem.* Auf dem Zimmer trockenes Brot und ledernen Schmelzkäse zu Abend gegessen, mit dem kleinen Reisetauchsieder Pfefferminztee im Plastikgurgelbecher gekocht. Erschöpft und frierend aufs knarrende Hotelmöbel-Sparbett, diese Luxuspritsche für durchreisende Sträflinge, gelegt, zuviel geraucht, Herzschmerzen beim Durchblättern der Skizzen: mager, sehr mager. Versuch der Selbsttröstung durch den Gedanken, daß der Kopf mehr speichert, als die Hand aufs Papier brachte –

Zähe, unwürdige Vereinsamung, in der man sein Ich verliert, den Glauben an sich. (Nicht zu verwechseln mit Einsamkeit!) Wunsch: die Mitte, das mittelmäßige Leben zu verlassen, zu sterben, oder, was besser wäre, sich in wilde Exzesse zu stürzen, ohne Sublimierung.

Spaziergang durch den Ort. Trist. Menschenleer. Die Revolutionsstraße hinunter bis zur versudelten *Teynkirche* (1900 erbaut, auf einem Fundament von 1410) gegangen, am Sockel sehr schöne Grabplatte eines breitbeinig stehenden Ritters entdeckt, zwingend die reinen Formen der Rüstung, Details sind verschliffen von der Zeit, die plastische Kraft *einer* Form macht die ganze Kirche zunichte.

Zurück zum Markt. Er ist ein quadratisches, flaches Becken, in das die Nacht fällt. Die Häuser verarmen zu Fassaden, die

Fassaden zu Wänden, ihr Zeitgesicht verschwimmt, das kaltgeleckte der Jahrhundertwende ebenso wie das der Sezessionsbauten. Allein die Renaissancehäuser der Westseite des Platzes bewahren ihr Antlitz, gewinnen Größe, Subjektivität, ihre aufstrebenden Giebel verhärten sich in kühner Selbstbehauptung gegen den Nachthimmel, in ihren Arkadenbögen verstofflicht sich Raum zur sicheren, schützenden Höhle, in der die gehortete Zeit der Vergangenheit lagert.

Meine Schritte werden von den Gewölben der Kolonnade verschluckt und aufbewahrt, ich denke: für immer; hier höre ich die Geräusche von Jahrhunderten, Schritte, Schüsse, Schwertgeklirr, höre Seufzer, die der Liebe und die des Todes – sie nisten im Gemäuer, hängen in den Gewölben wie in vollgestopften Arsenalen, denn nichts vergeht endgültig, es gibt nur Verwandlungen, Kristallisierungen, Metamorphosen, jeder Laut ist gespeichert in den Poren des Steins. Verloren für immer, das ist eine grobe Vorstellung, mehr für Kinder gedacht, die das meiste vom Leben übers Anfassen, In-den-Mund-Nehmen, Saugen und Lutschen erfahren, so grob wie unsere abgeschliffenen Sinnesorgane Auge Ohr Nase: es findet, dessen bin ich sicher, bei jedem Geräusch eine unvorstellbar kleine Verformung der Materie, eine Prägung oder Einlagerung statt, und ihre Winzigkeit steht im umgekehrten Verhältnis zu den Dimensionen des Weltalls und entzieht sich im gleichen Maße unserer Vorstellungskraft.

Dem Stein, auf dem ich stehe, der Säule, an der ich lehne, prägt sich jeder Atemzug ein, jeder Laut, solange die Erde besteht: er ist gespeichert, vorhanden; der Meißelschlag, der ihn zurichtete, so gut wie ein Musketenschuß, das Fluchen der Droschkenkutscher von vor hundert Jahren wie das Rufen des Eismannes von gestern – alles Gerede, Getuschel, Gejammer und Schreien –; es gibt keine Zeit für das Gedächtnis des Steins, keine Vergangenheit und Gegenwart, nur das Sein, solange das Sein ist, noch ist, und alles ist gegenwärtig, mein Husten liegt im Weinen der Zofe, welche die Börse verlor, im Gekicher unreifer Jungfern … und immer so fort.

Offensichtlich bedarf niemand der Kenntnis dieser gesammelten Sätze; die Wörter, Anrufe, Lieder, die Gespräche der längst Verstorbenen, sie müßten leicht hörbar zu machen sein, aber es beunruhigt niemanden das Stummsein der Steine, denn Geschichte ist etwas Totes für uns; dafür fallen wir in Verzükkung, wenn es uns gelingt, eine Schallplatte, ein Magnetband abzuhören, grobe, ganz grobe Arbeit, lächerlich der Stolz, den wir unseren Erfindungen abringen, Verlustgeschäfte auf den meisten Gebieten!, gemessen am geschlossenen Kreislauf aller Einlagerungen und Umwandlungen der Zeit, vorausgesetzt, daß man die Erde nicht in bloßer rascher Abnutzung sehen will. Wir verbrauchen die Vorräte – erhalten sie nicht, sondern zehren sie auf. Ich vergesse das nicht: Um hierher zu fahren, habe ich den Bauchspeck eines Sauriers verheizt, nur 23 Prozent meines Kraftstoffs in Bewegungsenergie umgewandelt, die Spanne als Abwärme und Giftschwaden über die Wiesen, in die Häuser gegast – und da sollte ich nicht denken, daß ...

Morgen nehme ich meinen Skizzenblock und werde den Steingestalt gewordenen Geist, den Herzschlag, die Erregung und die Ermüdung eines vor zweihundertfünfzig Jahren lebenden Zunftgenossen nachzeichnen, ich werde seinen Puls abhören, seine Gedanken, Freuden und Enttäuschungen – und wenn ich abreise, werde ich auf zwanzig oder dreißig bedeutungslosen Blättern nicht nur mehr oder weniger gute Zeichnungen mitnehmen, sondern Psychogramme, genaue Niederschriften auch meines Zustandes während des Zeichnens, Kardiogramme der Angst, des Zögerns, des von Extrasystolen geplagten Herzens, der Lust, der Zuneigung, der Begeisterung, der Langeweile, des Desinteresses, des Versagens meiner Augen; der Unfähigkeit auch, die auf mich überspringenden Energien zu empfangen und niederzuschreiben; nach hundert Jahren noch könnte, hinunter bis zur Pulsfrequenz, mein Zustand entschlüsselt werden – jede Sekunde entspricht etwa einer zehn Zentimeter langen Linie. – Aber es werden ganz andere Erfindungen bestaunt werden, sofern sie die Menschheit überlebt. –

Gleichnis, Fernsehinterview: In Großaufnahme ein sympathisches, quadratschädliges Gesicht eines jungen Profi-Boxers, colafrisch lächelnd. Eine Reporterin (wehendes langes Blondhaar) fragt ihn mit rauchiger Stimme: Sie wissen, daß jeder Schlag, der ihren Kopf trifft, Gehirnzellen zerstört und daß die Zahl der Gehirntoten im Ring erschreckend im Ansteigen begriffen ist? – von den Spätfolgen zu schweigen. Wie werden Sie mit diesen Aussichten, der ganz persönlichen Gefahr fertig? Antwort des Boxers, noch immer colafrisch lächelnd: Ach, so kann man nicht rechnen – man will leben, genießen, alles hat seinen Preis; aber soviel ich hörte, brauchte Einstein nur drei Prozent seines Gehirns, und ich brauche von diesen drei Prozent nicht mal die Hälfte. Oder?

Die Entstehungsimpulse von Zeichnungen, Malereien, Formen kann ich lesen, das Sensorium ist entwickelt, aber wer hört den Stein für mich ab, die Sprüche der Tempelpriesterinnen, die Lieder der Töpfer, den Schrei der Niobe, die Gastmahlgespräche des Tiberius Nero Caesar in der Villa des Sestius Gallus, die geheimen Beschlüsse der Dogen, die Gebete von Kindern in Konzentrationslagern, die Gesänge der Troubadoure, die Madrigale; – wie wäre es bitte mit ein paar Worten von Goethe, und sei es nur aus dem Hausflur.

Gute Nacht also – und hoffentlich regnet es morgen nicht.

Der dritte Tag

7. September 1972

Im Imbißladen gefrühstückt. Vanillemilch mit Quarkgebäck. Das Wetter noch immer schön, leicht bewölkter Himmel und Sonne. Etwas erkältet. Fieber? Nachts wieder Musik. Es ist eine *Tex-Bar* im Haus. Tex, wahrscheinlich die verschämte Abkürzung von Texas. Habe gleich, als ich zu Bett ging, eine Tablette genommen und mir die Ohren mit Wachs verstopft. Also doch Odyssee.
    Es ist dennoch anregend, von Zeit zu Zeit einmal im Hotel zu wohnen, es schärft die Optik. Reisen macht sinnlich.

Hermlin im Gespräch: »... im Hotel wohnen? Wunderbar.«
Reisen, das ist für mich Extravaganz, Austritt aus dem Alltag, der aufregend genug ist: jeden Tag das Abenteuer Arbeit. Wenn schon reisen müssen, dann komfortabel, als Kontrast zur Askese des Alltags, zur zellenhaften Enge des Ateliers, zu Schmutz und Staub, der stickigen Luft. Das Luxushotel erlaubt den Rückzug aus der Menge: Doppeltüren als Lärmpuffer, Garderobe und Toilette sind Schleusen, die Anonymität ermöglichen. Hier ist es fast unerträglich. Schlecht schließende Papptür, man schläft akustisch so gut wie auf dem Gang, die anderen Gäste trampeln einem gleichsam übers Kopfkissen; ein leises Räuspern dringt drei, vier Zimmer weit; man wird als Ohrenzeuge verpflichtet.

Die ideale Variante vom Wohnen anderswo war Vilmnitz, das kleine, leicht bestellbare Haus. Stephan Hermlin vermutete gewiß Snobismus, als ich ihm erklärte, nur dann gern zu reisen, wenn mich ein Haus erwarte: Ich dachte an Hütte, an Abgeschlossensein, Unabhängigkeit von den Launen des Personals. Ausdruck schlechter Erfahrungen, zu großer Verletzbarkeit. Für Hermlin ist das Wohnen im Luxushotel Beschwörung von Kindheitserinnerung, das zärtliche, proustische Sonderuniversum Balbec, die samtige Atmosphäre der großen Häuser in Marienbad, St. Moritz, Lübeck vielleicht, das Hotel garni seiner Emigrationszeit jedoch nur Höhle, Schlupfwinkel, barbarisch und fremd.

Vor- und nachmittags in *Bethlehem* gezeichnet.
Der Wächter, Typ Anthony Quinn (als Alexis Sorbas), sehr herzlich. Er raucht pausenlos Zigaretten, Marke *Lipa*, die billigste und am lockersten gestopfte Zigarette der Welt und laut UN-Statistik die zweitungefährlichste. Ihr beizender Rauch durchzieht das ganze Land. Der typisch bitterliche Geruch von Balkantabak. (Man erkennt Länder an ihren Gerüchen.) Er liebt seine Heimat, seine Frau, sein heruntergekommenes Haus gleich neben der Bahnlinie, das Rauchen – hustet aber sehr stark –, den Sliwowitz, seine Arbeit, den Wald, die frische Luft, liebt die Bildhauerei Brauns. Zwischen zwei Zigaretten holt er ein Schilfröhrchen aus seinem Wächterhäuschen und verschwindet in einer Höhle, die zwischen den Reliefteilen der *Anbetung* und des *Hu-*

bertus ins Dunkel führt und eine kleine Wanne mit Quellwasser schützt. Saugt am Rohr, schluckt und versichert mir, daß alles prima-prima sei, das Wasser, die Frau, die Luft ... alles prima-prima. Ich nenne ihn ›Prima-prima‹ (denn Namen entfallen mir, bevor ich sie nicht geschrieben gesehen habe), und er empfindet diese Anrede so freundschaftlich, wie ich sie meine.

Lange und unschlüssig zwischen den Skulpturen auf und ab gegangen, eingeschüchtert vom Reichtum der Formen. Schließlich mit dem *Onufrius* begonnen: sein Leib ist eine wilde, zügellose Felslandschaft, die eher gewachsen als gehauen wirkt, Schöpfung eines Genies. Versuch bestandsaufnehmender Zeichnung.

Meine Angst vor dem unberührten Papier.

Das unberührte Papier ist die pure Hoffnung. Auch noch der erste Strich: er ist Erwartung, entscheidet, ob Zutrauen oder Entfremdung entsteht, zärtliche Berührung oder schon Verletzung, ob das Papier zum verwüsteten Acker oder zur Oase fürs Auge wird. Immer wird es zum Bett der Leidenschaft, was sie auch zeugt. Das Glück ist Selbstvergessensein, Schweben im Bodenlosen, im Ungewissen, nur Auge und Hand sein, Festhaltenmüssen, Gestaltfinden, es kann immer Schöpfung geschehen, kann –

Zum Mittagessen nach Jaroměř gefahren. 13 Kilometer. Länglicher alter Markt. Renaissancehäuser, Barockhäuser, gefälschte Renaissance der Jahrhundertwende. Arkadengänge. Eine Kirche mit karminroter Turmhaube. (Die Gesäßfarbe von Pavianen.) Alte gemütliche Gaststube mit Stammtisch. Am Fenster Zweiertische. Blick auf den Markt. Ortstagesschau. Der Wunsch, böhmisch zu essen. Verzweifelte Suche in den tschechischen Wörtern der Speisekarte nach einer verständlichen Silbe, die mir ihre Bedeutung entschlüsseln helfen könnte.

    Hilfe von einer alten Dame, die mir den Fremden angesehen haben muß und wohl auf solch seltene Gelegenheit wartet. Setzt sich zu mir. Sie ist eine jener alten Frauen, die täglich gegen ihr vorrückendes Alter ankämpfen; frisch onduliert, der faltige schmale Mund tiefrot und fettig über die Ränder geschminkt, die eingefallenen Wangen mit Rouge ›durchblutet‹ – es ist das verzweifelte Nachleben einer als glänzend erinnerten Vergangenheit. Sie tragen ihren vergeblich aufgesetzten Glanz jeden Tag auf den Markt, in ihr Café, rauchen Zigaretten aus abgegriffenen Alpaka-Etuis, sitzen stundenlang vor einem Kännchen Kaffee. Zu Hause sparen sie. Ihre Mittel sind kärglich, eine bescheidene Rente, von Zeit zu Zeit wird ein Schmuckstück versetzt, weniger Glanz, aber der Schein bleibt gewahrt, die Erinnerung kann weiter ausgestellt werden. (Es gibt alte Künstler, denen die Gnade des zu höchster Reife gedeihenden Alterswerkes versagt ist, die lange ihren Zenit überschritten haben und ohne Potenz dahinmurkeln, von Nachsicht geschont.) Diese Frauen stimmen mich traurig, ich lächle nicht über sie, sie haben ihre Jugend, ihre Reize, ihre Hoffnungen beerdigt und gehen täglich mit vertrockneten Blumen an ihr Grab.

Die Dame spricht deutsch. Empfiehlt mir, Schweinebraten, Sauerkraut und Knödel zu nehmen, es sei noch das beste. Ich mag keinen Schweinebraten, bestelle ihn trotzdem, dazu Limonade, in Waldmeisterleuchtfarbe.

Sie ist 1919, »fast noch ein Kind«, aus Bayern nach Königinhof gekommen, als Servirerin bei einem Fabrikanten – »eigentlich mehr Gesellschafterin« –, in ein »nobles Haus«, das müsse ich wissen, das seien andere Zeiten gewesen, und der letzte Graf Sporck – er verschied gegen Ende des Krieges – sei immer zum Musizieren gekommen. Glänzende Abende. Er habe sie später zu sich genommen –

Ich: (neugierig) Sie kannten Graf Sporck?

Sie: O ja –

Ich: Hat er Ihnen von Matthias Braun erzählt?

Sie: Graf Braun?

Ich: Nein, dem Bildhauer.

Sie: Ich – ich erinnere mich nicht –

Ich: Entschuldigen Sie, ich vergaß die Zeit. – Aber hat er nicht vom alten Grafen gesprochen?

Sie: O ja, – denn er war ein Ritter!

Ich: Ein Ritter? Kein Bücherwurm? Kein –

Sie: Nein, nein, ein Ritter –

Ich: Wieso, ich las –

Sie: Er war ein Ritter, er schlug einer Dame das Haupt ab, weil sie es wünschte –

Ich: Sie verzeihen, aber –

Sie: Nein, Sie können das nicht verstehen, sie war seine Gefangene, und als er an ihrem Kerker vorüberging, bat sie ihn, wenigstens ihr Haupt in ihre Heimat zu schicken, in die Gruft, Sie wissen schon – und der Graf schlug ihr den Kopf ab, legte ihn in einen Sarg und schickte ihn in ihre Heimat – wie ich sage, er war ein echter Ritter. –

Ich: – (schweige)

Es ist unerklärlich, wie wenig ich mir bisher über meine landschaftliche Herkunft Gedanken gemacht und wohl nie erwogen habe, inwieweit sie mich geformt hat. Ich stehe hier an einem dreckigen Bach, der tschechisch Labe, deutsch Elbe genannt wird, und die erste Reaktion ist ein Achselzucken, denn ich bin nicht wegen dieses Baches gekommen. Aber das Unterbewußtsein geht eigene Wege, es wird wider Willen aktiv, durchschießt zuerst mit winzigen Bilderteilchen, später mit kompakteren Erinnerungen das aufs Handeln gerichtete Denken, und im erstbesten Augenblick der Ruhe, der Gedankenlosigkeit schießt es hervor, das Vakuum zu besetzen. –

Man hat sich an Gemeinplätze gewöhnt, immer wieder gehört und schließlich geglaubt, daß das Meer wortkarge, besonnene, schwermütige Menschen erzieht, die Bergwelt harte, bedächtige; die Rede dieser Menschen, sagt man, ist von ihrer Landschaft geformt, schleppt sich dahin im Nacheinander der Wellen, ist schroff und kantig wie der Berggrat.

Ich habe mit Sehnsucht und Furcht vom Leben auf und an den großen Strömen gelesen, von Strömen, so groß, daß sie Länder teilen, – trieb als Gorkis Mitja beleidigt und leidverzehrt auf dem Floß die Wolga hinab, gleichermaßen ohnmächtig vor dem Strom wie vor dem Vater, der mir die Frau nahm – war der an die Schwangere gefesselte flüchtige Sträfling, ein Ausgestoßener, der das Boot zwischen bärtige Bäume trieb, preisgegeben der Wasserwüste und der Einsamkeit, den schlammigen Fluten des Mississippi – war Faulkners verdammtes Geschöpf, Opfer mächtiger, grauenvoller Geschicke, gedemütigt von Elementargewalten – und vergaß, daß ich selbst Flußbürger bin. Geboren in einem Haus, das auf aufgeschüttetem Grund über dem alten, natürlichen Bett der Elbe stand: auch Flüsse werden verstümmelt – der Arm wurde siebzig Jahre zuvor amputiert, aber von Zeit zu Zeit regt er sich wieder –

An der Elbe geboren und die Kindheit verbracht. Vergessen?

Ein Fluß ist kein heller, lustiger Bach, an den man mit Zärtlichkeit denkt, aber er ist auch kein Strom, der Ehrfurcht erzwingt. Der Fluß steht dazwischen; sein Anblick ist angenehm, seine Natur meist sanft, er ist weder lieblich noch majestätisch, in manchen Abschnitten schön, zum Beispiel an meinem Geburtsort. Er fließt geschmeidig zwischen grünen Ufern, zuweilen gleicht er einem Kanal, und da er in allem von mittlerem Maß ist, seiner Breite, seiner Tiefe, seinen Wellen, erregt er keine besondere Aufmerksamkeit und hat selten Macht über die Menschen. Er kann über niemanden, außer in Hochwasserzeiten, die ungezogenen Wutausbrüchen gleichen, ein schweres oder unwiderrufliches Schicksal verhängen. (Es ist immer das sehr Große oder sehr Kleine, das unsere Beachtung erzwingt.) Das mag der Grund sein, daß man mit ihm lebt wie mit einem beliebigen Nachbarn, ohne viel Anteilnahme. Trotzdem: es wäre töricht, nur an die Macht großer Ereignisse zu glauben; unmerklich bilden, verändern, modeln auch die kleinen Begebenheiten. Schwertstreiche sieht man kommen und sucht sie abzuwehren, Nadelstiche verletzen unbemerkt.

Auch ein Fluß greift in das Leben seiner Anwohner ein. Ufermauern und Häuser tragen Wasserstandsmarken mit Jahreszahlen, die für die Bewohner die Bedeutung von Geschichtszahlen haben, folgenreiche, wie Kriegsausbrüche oder die Sterbejahre auf Gedenk- und Grabsteinen – der Fremde liest sie gedankenlos im Vorübergehen.

In Laubegast, meinem Geburtsort, gibt es kleine, sehr alte Fischerhäuser, an deren Türlaibungen und über ihnen – bei vier bis fünf Meter hohem Ufer! – die Pegelstände von zwei Jahrhunderten abzulesen sind. Ja, ich erinnere mich, daß zu Anfang des Krieges, im März 1940, ein großes Hochwasser den Ort einschloß, daß die Elbe zum Strome anschwoll, ab Zschachwitz ihr altes Bett wieder eroberte und die Leubener Wiese, die bis dicht an unser Haus reichte, in einen See verwandelte. Das Wasser überflutete den Sportplatz, ersäufte die Nerz- und Hühnerfarmen, die Schrebergärten, die Gärtnereien, und vereinigte sich erst wieder in Tolkewitz, am Wasserwerk, mit dem Hauptstrom. Wir waren eingeschlossen, lebten auf einer Insel! Für uns Kinder eine herrliche Zeit. Die Straßen und Gassen zum Elbufer wurden zu Kanälen, und wer ein Boot hatte, konnte zwischen den Häusern dahinpaddeln, in die Fenster spähen und staunen, wie das Wasser die zurückgelassenen Möbel in den Zimmern schwimmen, tanzen und schaukeln ließ, konnte Treibgut ans Land ziehen, nicht nur ertrunkene Hunde und Hühner, auch herrenlose Boote, Dächer, Balken, Stühle, alles, was der Fluß auf seinem Weg durch die Gebirgstäler mit sich gerissen hatte. Am Anfang entsetzte mich die unheimliche Fracht, die Lauben, Kaninchenställe, Schränke, Pontons, Kinderwagen und entwurzelten Bäume; es waren die sichtbaren Zeichen einer Katastrophe, die sich den Fluß hinabwälzten. – Die sanfte Elbe als gefräßiges Ungeheuer. – Mit der Zeit wurde das Treibgut seltener, die Menschen hatten sich retten können, und aus dem Unglück entstanden die Voraussetzungen für ein langes, glückliches Abenteuer.

Wir bauten flache, kistenförmige Kähne aus zu schwachen und morschen Brettern, verpichten sie mit Öllappen, und da sie allesamt Wasser nahmen, soffen sie nicht allmählich ab, sondern gingen rasch, kleine sprudelnde Fontänen ins Bootsinnere spritzend, in wenigen Minuten unter. Um die Fahrt zu verlängern, stapelten wir Kisten auf den Boden, paddelten, stolz auf den wackligen Türmen thronend, vor der staunenden Menge, die sich an den Wiesenrändern versammelte, im strömungslosen Gewässer, stakten über die Dächer der Schrebergartenlauben, die Latten der Fußballtore, und da die Boote unaufhaltsam sanken, beeilten wir uns, Gelassenheit vortäuschend, ans Ufer zu gelangen. Die letzten zehn, zwanzig Meter trugen uns nur noch die Kisten – sie waren Kommandobrücken unserer Korsarenschiffe –

Die Wiesen hinter dem Haus sind während meiner Kindheit an einigen Stellen sumpfig geblieben. Schilf wuchs, übermannshoch, und nur wir kannten sichere Pfade durch den Morast, bauten Schilfhütten, rauchten den feinen Grus der Binsenblüten, wir zogen uns zurück aus der Welt, in die den Erwachsenen und den Mädchen verschlossenen Reservate. Wir siedelten aus der Gegenwart aus, wurden Indianer, Flußjäger, Fallensteller. Der Krieg ging uns nichts an, wie alles, was von oben und außen kam.

Wahrscheinlich waren unsere Jagdgründe nicht so weitläufig, wie sie die Erinnerung vorgaukelt – ich habe sie nie wieder gesehen; gewiß keine Prärien, die wir mit eingelegtem Pfeil, mit dem Tomahawk durchstreiften; es gab Hasen und Rebhühner, die wir erlegen wollten und die uns leider alle entwischten. Die Wiesen und das Schilf waren jedoch groß genug, um den letzten blutigen Zuckungen des Krieges als Schauplatz zu dienen, den Tiefflügen der Spitfires, die aus dem euphorischen Himmelsblau des April herabstürzten und mit weißglühenden Feuergarben Kinder und Frauen jagten. Im Mai dann, 1945, grasten kleine, struppige Tatarenpferdchen an den Schilfrändern – ein friedliches Bild; aber die Kindheit war vom Phosphor verschlungen, die Träume verbrannt, wir trugen die Kreuze der Gezeichneten auf der Stirn.

Hotelzimmer, abends.

Die Straße der Revolution ist schmal, so daß ich, ohne es zu wollen, am Leben der Bewohner des gegenüberliegenden Hauses teilnehme. Die Zimmer zweier Etagen liegen vor mir, wie eine über- und nebeneinander gebaute Guckkastenbühne. Das Erstaunliche ist, daß in den Wohnungen fast nichts geschieht, daß nichts anderes geschieht als am Tage zuvor: es ist wie bei Beckett, »Warten auf...«

Jeden Abend, wenn ich mein Zimmer betrete, lehnt ein älteres Ehepaar, die Ellbogen auf bunte Kissen gestützt, aus dem Fenster, sie sprechen nicht miteinander, starren in die Gasse hinunter, und manchmal, sehr selten, zieht ein Geschehen auf der

Gasse ihre Köpfe nach der einen oder anderen Seite, sehr langsam, gleichzeitig und gleichmäßig, marionettenhaft. Danach verharren sie wieder in der Ausgangsstellung. Sie frieren nicht, sie schwitzen nicht, sie bewegen sich kaum, sie sind ein Stilleben (nature morte). In der Nachbarwohnung – dem Zimmer nebenan – liegt reglos ein Junge auf einem Sofa und sieht fern. In gleichen zeitlichen Abständen wirft er einen erwartungsvollen Blick zur Tür, aber es kommt niemand. Er bleibt allein. Mit zunehmender Dunkelheit verwandelt das blaue Mattscheibenlicht den Raum in ein Aquarium: blaues Wasser steigt die Wände empor bis unter die Decke. Die Umrisse von Schrank, Tisch und Stühlen verschwimmen, und alle Gegenstände scheinen sich in träger Strömung zu wiegen wie Wasserpflanzen. Die Oberbühne ist ein ausgebauter Giebel. Im Fenster steht – über dem Aquarium – ein grauhaariger Mann mit langen, buschigen Koteletten und raucht mit tiefen Lungenzügen Zigarette um Zigarette, zerdrückt die Kippen auf dem Fensterblech und schnippt sie in die Gasse.

Wie lebt der Mensch?

Der vierte Tag

8. September 1972

Hochsommerlicher Tag. Gläsern. Der Himmel blaßblau, im Westen ziehen Faserwolken dahin, Drachen aus Seide.

Den *Hieronymus* zu zeichnen versucht. Vielleicht etwas zu zaghaft, zu besorgt um Einzelheiten, aber dieses Zeichnen kann gar nicht mehr sein als ein sehr genaues Sehen. – Sehen, um zu begreifen, Zeichnen, um schärfer zu sehen.

Der mit dem Totenschädel Zwiesprache haltende *Hieronymus* und der dösigzufriedene Löwe sind als Gruppe kaum akzeptabel. Mißverhältnisse in den Maßen von Mensch und Tier, im Grad der Durchführung. Brauns Interesse erschöpft sich am nackten, der Bekleidung bedürftigen Greisenkörper; keine stilistische Veredelung, sondern, und das ist erstaunlich!, krasser Naturalismus. Die barocke Verbrämung der Gruppe scheint er seinen Gesellen als Übungsfeld überlassen zu haben. – Der helle Sandstein assoziiert bleiche, gelbliche Haut. Kopf und Körper sind porträthaft. Für das Gesicht wäre leicht eine Beziehung zu Dürers Apostel Paulus, der Kopfstudie zum Heller-Altar, herzustellen. Aber das ist unwichtig. Viel mehr verfolgt mich die Frage, ob selbstbildnishafte Züge in ihm oder irgendeiner anderen Figur versteckt sind, denn kein Künstler kann sich ganz aus seinem Werke heraushalten. In welchen Figuren finde ich ihn?

Bei längerer Betrachtung zerfallen Brauns Figuren in floskelhaften Manierismus von Haar, Gewand und Attribut und einen ausgeprägten Realismus nackter Körperteile, sehr ›individuelle‹ Hände, Knie, Ellenbogen, Füße; die plastische Durchführung der Gelenke ist so verführerisch schön wie – verräterisch: Denn *anwesend* in seinem Werk ist der Künstler allemal, direkt, wenn er aus dem Rhythmus seines Körpers arbeitet – ähnlich dem Tänzer, der sein Denken und seine Empfindungen in Bewegung, in Gestalt und Figuration umsetzt, im komplizierten Zusammenspiel der Muskeln, der Sehnen, der Atmung, dergestalt, daß der Zeh, der Ballen eines Fußes zum *Ausgangspunkt* der ausgestreckten Hand, der Krümmung des Fingers wird. – Die Hand, die den Meißel führt, den Pinsel, die Feder, den Stift, wurzelt in der Stellung des Beckens, der Beine, im Fuß, bei dem einen in den Boden gerammt, als gußeisernes Fundament, beim anderen leicht, tänzerisch, als federndes Lager; der Hieb, der Pinselduktus, die Linie sind Ausfluß der Körperbeteiligung. Sie wird so frei, bewegt, in Vibration sein oder so erstarrt, verkrampft, verkümmert wie der Leib. Es gibt aber auch den anderen Typ des Künstlers – und natürlich beide in gradueller Vermischung –, den, der sich *körperlich* seiner Kunstarbeit verweigert, der sich sein Werk, im Wortsinn, vom Leibe hält, der nur Finger und Hand zur Ausführung delegiert – das ist ganz ohne Wertung gesagt, denn dahinter steht ein weiteres Faktum, nämlich, daß die naturgegebene Ausbildung des Körpers, seine Formen, seine Fähigkeiten und Unfähigkeiten sich unbewußt der von ihm geschaffenen Gestalt mitteilen, bei dem einen direkter, als ungehemmte Übernahme eigener Haltung und Gestik, beim anderen als verdeckte Eigenart, die unterschwellig mitschwingt, sie sind Ausdruck uneingestandenen Einverständnisses mit sich selbst. Es herrscht dann, obenhin betrachtet, die Umkehrung: indem der Künstler seinen Körper seinem Werk verweigert, entwirft er eine aus dem Kopf gesteuerte Gegenwelt, die jedoch immer wieder von den physischen Vorgängen unterwandert werden wird.

Das Problem liegt in der Annahme oder Ablehnung des eigenen, nicht zu verändernden Lebens, der individuellen Anlagen als auch der Zeitzustände, in denen es sich bewegt; die Entscheidung gegen sich selbst löst einen lebenslangen Kampf aus. Es gibt schwere, massige Künstler mit ungelenken Bewegungsabläufen, holzgeschnitzten Gesichtern, die nichts so sehr ersehnen, wie ihr Gegenbild zu schaffen, Grazie, Anmut und Eleganz; Athleten, gesegnet mit der Kraft von Stieren, die in innigster Versenkung winzige Figürchen tuschen und modellieren, Kinderchen, Mädchen mit koketten Hüftschwüngen, Zärteleien, – Künstler, die aus Angst, vielleicht sogar Ekel vor ihrer physischen Präsenz Puppenwelten aufbauen, Porzellanträumen nachhängen, – und es gibt kleine, unauffällige Erscheinungen, Menzel, Maillol, Moore, Picasso gehören zu ihnen, die nicht nur in den Maßen große, zuweilen enorme Werke angingen und bewältigten. Man weiß, was da wirkt.

Aber dann gibt es immer wieder die Beispiele fraglosen Einverständnisses mit sich und seiner angeborenen Natur und Kultur – Modigliani gehört zu ihnen, dessen schönlinige, botticellihafte Grazie selbstverständlicher Ausdruck seiner Gestalt, seiner Bewegungen und Gesten war: seine Zeichnungen und Bilder sind Niederschriften körperlicher Anmut.

Spekulationen und unabweisbare Zusammenhänge.

Nicht anders mit dem, was der Künstler in seiner Umgebung duldet oder ansammelt. Kein Zufall, daß unter den wenigen Gegenständen, die Cézanne in seinem Atelier litt, ein Totenschädel zu finden ist. Bestimmt kein mystisches Symbol, sondern Beispiel organischer Kugelform, zu der er in seinen besten Selbstbildnissen den eignen Schädel ausformte, den er in Tausenden unbewußt ausgeführten Bewegungen, beim Abtrocknen, Schweißabwischen erfuhr, eine Form, die sich ihm, sagt man, als haptische Erfahrung ständig mitteilte, einschliff, die hineinglitt in all seine Bildbauten, in den Fels, den Baum, den Viadukt, den Apfel – die Form war ihm nicht nur vertraut, sie war das Feste, Greifbare, das formgewordene Selbst, das, was nicht anzuzweifeln war, das eigene Gesetz: stirngewölbte Kontur und Gerade, der Stift, der Pinsel setzen aus, wo das als Form nicht Greifbare beginnt, im Haar vielleicht, gewiß im Atmosphärischen – man muß es überprüfen –; jedenfalls beginnt die Unsicherheit dort, wo sich das Flüchtige dem Umsetzungswillen in den erfahrenen Kanon widersetzt. –

Und Braun? Ist er anwesend im *Hieronymus*, im *David*, in den *Eremiten*? Wahrscheinlich in keinem und in allen. Auffällig ist, daß sich in den späteren männlichen Figuren ein Grundtypus durchsetzt, der zusehends allen höfischen Impetus verliert, der sehnig, knochig und muskulös ist (der Thorax des *Invaliden*!), vor allem in den wohl nie bedeckten Armen, die fast immer im offenen Winkel gestellt, als hielten die Hände Meißel und Fäustel, gleich, ob sie beten oder den Stein halten, der die Brust schlägt, sich dreist in die Hüfte stützt: das sind keine Kunstposen mehr, nicht Schablone, sondern natürliche, selbsterfahrene Haltungen. Die Armgelenke, das sollte man anmerken, die Muskulatur der Unterarme entsprechen genau den belasteten Muskelgruppen, die sich beim steinhauenden Bildhauer ausprägen: es sind die Arme Brauns, ein Teil seines Porträts.

Erschöpft. Herzschmerzen.
   Mittags lange unter den Weiden an der Elbe gelegen.
   Die Wolkenfasern haben sich verdichtet, graublau heranrückende Heerzüge, in weißes Feuer von weißer Sonne getaucht. Das Laub zittert in der Hitze –

Den Nachmittag vor der Galerie der *Tugenden* und *Laster* zugebracht, auf müden Füßen, auf wackligem Feldstuhl – unfähig zu zeichnen. Die *Glaubensallegorien* langweilten mich, viel Frömmelei, oft ohne den Funken des Genies. Brav die *Liebe* zur Mutterliebe entschärft. Kindchen auf dem Arm, Kindchen an der Hand, das kennt man aus allen und viel späteren Zeiten – ich will nicht ungerecht werden aus lauter Müdigkeit und seh' schon, was es da zu studieren gäbe, aber es springt heut' kein Funke über.

Braun, das scheint mir gewiß, war kein Erotiker – weder in der Verherrlichung des Leibes noch in anspielender Symbolik, im Gewand, im Attribut usf., wie wir sie von den großen Meistern, auch und gerade in christlicher Kunst, kennen; nirgends erotische Hintergründigkeit, kein Doppelspiel. Braun kommt frontal, einschichtig, zeitgemäß, kostümkundlich und geziert, wie im *Zorn*, der *Unmäßigkeit*, der *Geduld*, dem *Fleiß*, alle mit Biederkeit und Geschick gemacht wahrscheinlich Werkstattarbeit – frontal auch formal in der Vorderansichtigkeit; alle Figuren sind auf den blockausnützenden Umriß hin entworfen, die Rückseiten bleiben zumeist bossiert. Man hat sich gefälligst mit der, allerdings sehr bewegten, oft bewegend schönen, Schauseite zu begnügen. Das Zeitgefühl des Illusionismus dominiert in diesem Punkt: die Plastik als malerischer Fassadenschmuck! Hinreißend allein das Zusammenspiel, der von Figur zu Figur weitergegebene dynamische Impuls –

Barock, das ist *Beinfreiheit*, Leichtigkeit des Schritts!

Die notwendigen Stützen, denn im Stein mußte Braun die Statik beachten, die er im Holz souverän beiseite schieben konnte, sind geschickt in Draperien, Baumstümpfe, Hunde, Wildschweine, Pfauen, Kisten und Kasten verwandelt, dienen als Symbole und Überhöhungen der Figuren, mitunter als ironisch widersprüchlicher Kontrapunkt, sind wenigstens kompositorisches Spannungselement, horizontaler Anker von vertikal aufsteigender Körperspirale –

Brauns Verhältnis zum Tier? Spielerisch-tändelnd.

Die düsteren Wolkenheerzüge haben den ganzen Himmel besetzt, zuweilen, wenn einzelne Kolonnen ihre Richtungen ändern, bilden sich an ihren Flanken weißglühende Säume – es ist schwül geworden, Wirbelwinde zausen die Kronen des Birkenwäldchens unter dem Spital, tragen das erste gelbe Laub hangaufwärts, es ist ein Verwirrspiel, ein Sichjagen, Steigen, Fallenlassen, Taumeln. – Auf das Zeichenpapier fällt der Flugsamen der Birken: kleine, flache, tabakfarbene Bourbonenlilien –

Ein Gewitter zieht auf, ist noch fern, hinter den Hügeln. Donnergrollen, Blitze leuchten auf wie Mündungsfeuer schwerer Geschütze, aber bevor ich der Himmelsgewalt weiche, reißt mich der Aufruhr aus meiner Lethargie, ich stelle mich den Allegorien des *Neids*, des *Geizes*, schreibe sie bedenkenlos mit dem Filzstift aufs Papier, mitgerissen von Brauns exzessiver Kraft: der *Neid* ist gelbe ätzende Galle, die das Antlitz verwüstet, die Glieder verdirbt, das Geschlecht neutralisiert, männlicher Körper und sackende Beutelbrust. Der *Neid* ist eines der hemmungslosesten Werke Brauns, ein großes auffahrendes S, vom Zeh bis zur Stirnlocke *ein* Zug, an die Erde gebunden durch Faltenquerzüge, der Hund, der sich erschrocken unters vorgeschobene Knie duckt, blendend eingebundenes Kompositionselement; verwirrender Wechsel von Höhle und Buckel, Falte, Knoten, Furche: Früchte des Winds und doch nicht Illusion, sondern gefestigt von bildhauerischen Gesetzen, jenen Früchten, die dem Barock von seinen Vorgängern, der Antike, der Renaissance, dem Manierismus, bereitgestellt wurden und die Braun, wie kaum ein anderer Meister seiner Zeit, zu nutzen, auszubeuten wußte; er, darüber besteht kein Zweifel, war der alles Kennende, alles Durchschauende, alle Erkenntnisse Sammelnde, der berechnendste Raumbildner, Statiker, Dynamiker, der Geometrie verfallen, den spirituellen, Magie ausstrahlenden Achsen, Ebenen, Kurven, Spiralen, er konnte materielle Schwere in immaterielle Leichtigkeit verwandeln; ein Mann, der über das Wasser laufen konnte: aber das alles ist ihm nur Basis seines Genies. Braun ist das bis zum Rande gefüllte Gefäß. Er ließ sich anzapfen, zuzeiten leertrinken, für Geld, für Macht, für Ruhm, er übernahm sich, vergeudete sein Talent, schuf Belangloses, jedoch nie bar jeden Glanzes; Braun war der Erste, der Gefragteste seiner Zeit im kunsthungrigen, repräsentationssüchtigen, genußfähigen, glaubenseifernden Böhmen, und er fand immer wieder die ihm gemäße Höhe, wenn sein Genie herausgefordert wurde. Wehe seinen Zeit- und Zunftgenossen, wenn seine Hand zum Meißel, zum Stechbeitel, in den Ton griff zum kühnen Entwurf, wenn seine ungezügelte Leidenschaft losbrach, wenn er am Werk blieb – mit vehementen Hieben in die Arbeit eines Gesellen, eines Nebenmeisters einbrach –

Der *Geiz* ist zwar herausfordernd in seiner kompositorischen Anlage, seinem Expressionismus, aber viel weniger inspiriert, die Durchführung ist stellenweise müde, schablonenhaft, so daß wohl nicht viel mehr als der Entwurf auf Braun zurückgehen wird. – Die Wächter und grimmigen Gralshüter der Historie der Künste mögen meinem raschen Auge verzeihen.

18 Uhr. Hotelzimmer. Draußen wütet ein großes, opernhaftes Gewitter mit vielen Variationen des Donners, farbigen Lichteffekten und Regenarten: Gießen, Strippen, Schütten – Sturzbäche und Sprühregenhosen.
Abendbrot: Pfefferminztee im Plastbecher, der mich an die Grenzen meiner Fähigkeit zur Askese treibt – Brotkanten und Mortadella aus der Büchse, glibbrig.

Noch Elbe: Es gehört zu meinen nie angezweifelten Kindheitsvorstellungen, einen Fluß mit dem Lauf eines Menschenlebens zu vergleichen.
Die Quelle ist Ort und Stunde seiner Geburt, er springt aus feuchter Steinspalte hervor, plätschernd, murmelnd, beschützt von Springkraut, Milchlattich und Farn, ist Rinnsal zwischen Teufelsbast und Siebenstern, wird gespeist von weniger kräftigen Nachbarquellen, so daß sein kleines Leben rasch stark genug ist, auf Kosten der Schwächeren sich seinen Weg durch Lehm und Sand, durch Steine und Felsen zu suchen. Seine Kindheit mußte klar und ungetrübt sein, übermütig und unberechenbar, sein Wasser durchsichtig, glashell. Irgendwann würde er den schützenden Wald verlassen, sich sein Bett durch Auen, von Trollblumen und elfenbeinfarbenem Geißblatt bewachsen, bahnen und seine Erziehung erdulden müssen. Wehre würden ihm eingesetzt, Brückenpfeiler in den Leib gerammt, seine Ufer begradigt und befestigt, er wird Kähne tragen, Mühlen treiben müssen, und seine Nahrung wird immer der Tod jüngerer Geschwister sein, kleiner Flüsse, die ihr Leben und ihren Namen an ihn verlieren, er wird zunehmend breiter, stärker und wehrloser, Kot und Schlamm muß er schlucken, Laugen, Spülwasser, Säuren, seine Haut wird ihm aufgerissen von Rudern, scharfen Kielen; Schiffsschrauben zerreißen ihm Leib

und Gedärme, und er wird schließlich, wenn sein Lauf und Leben zu Ende gehen, behäbig und breit werden, er wird aufgeben, sich verströmen im Meer. Er wird geschunden, aber unsterblich sein.

In Kuks ist der Elbe schon ihre früheste Kindheit verdorben. Ihr Lauf ist noch ungestüm, ihre Ufer, von Weiden, Birken und Erlen bewachsen, sind lieblich anzusehen, aber ihr Wasser ist bereits vergiftet, es stinkt, es ist ölig und schiefergrau, ein Forellengrab.

Schmerzlich zerrinnt der Kindertraum.

Ein Fluß prägt das Leben seiner Anwohner. Einige lebten von ihm, die Elbfischer, die von ihren flachen, schwarzgeteerten Booten Taucherglocken ins Wasser senkten, Netze auslegten, Reusen leerten und den Fang in kleinen Geschäften verkauften, die Fährleute auch, die Dampferkapitäne, die Matrosen, die Schiffsführer der Lastkähne, der Zillen, die Schiffsbauer, Netzehersteller, Bootsverleiher – sie lebten von, mit und auf dem Fluß und beherrschten ihn, genauso wie früher die trainierten Schwimmer, die mühelos die Ufer wechselten, die sich gegen die Strömung von Dresden, dem Blauen Wunder in Blasewitz, bis Pillnitz, Heidenau oder Pirna hinaufkämpften und sich als ›toter Mann‹ wieder abwärts treiben ließen – nicht zu vergessen die Paddler, Segler, Kanuten und Ruderer. – Die anderen lebten und leben neben ihm, sind Anrainer, denn man wird zufällig geboren am Fluß wie andere in den Ebenen, in den Bergen; sie erben ein Häuschen und bleiben, sie lieben seinen Anblick, ohne sich dessen bewußt zu sein, seine glänzende Oberfläche im Sonnenlicht, seine Wellen im Wind, die aufsteigenden Morgennebel, sitzen angelnd am Ufer und träumen den Flößen und Frachtkähnen nach – manche mit Fernweh im Herzen, einer schmerzlichen Sehnsucht nach dem ganz Anderen.

(Als Kinder schworen wir uns, an Bord einer Zille einmal auf große Fahrt nach Hamburg zu gehen. Wie viele haben es getan? einer von Tausend? von Zehntausend? Es hielt keiner acht Tage seines Lebens bereit, um sich diesen Kindheitstraum zu erfüllen.)

Wer das Geld oder die Macht oder auch nur Glück hat, besetzt die Elbhöhen, baut dort Schlösser und Villen, Häuser mit großen Terrassen und nimmt die Schönheit des Tals in Besitz, er schaut von einem hohen Rang über das Land, stromabwärts über die Stadt bis ins Ostragehege, zu den Radebeuler Weinbergen, und stromaufwärts, bei klarem Wetter, bis in die Sächsische Schweiz und zu den fernen Ausläufern des Erzgebirges – Eigentümer königlicher Ausblicke –

Ich bin ein Kind des Ufers und der immer feuchten Talsohle.

Ich liebte den Fluß, wenn wir an heißen Sommertagen die Schiffszieherpfade entlangzogen und im Schutze von Fliederbüschen und Erlengehölz die kamelhaarene Decke ausbreiteten, Hemd und Hose zu Kopfkissen zusammenrollten, die Tasche mit den Malzkaffeeflaschen, den Margarinebroten – wir sagten Bemmen – und Handtüchern ins Gebüsch schoben und ermüdet vom Fußweg ausruhten, in der Sonne lagen, im Schneidersitz saßen und den Schiffen nachsahen – die Zeit verging langsam, schien stehenzubleiben, sie rückte in großen Intervallen jedesmal dann ein Stück vor, wenn die Pillnitzer Motorfähre den Fluß schnitt oder, so weit reichte der Blick, die »Fliegende Fähre«, an ihrem langen Querseil gegen die Strömung gestellt, sacht über den Fluß trieb, beladen mit Handwagen, Autos und Pferdefuhrwerken, dem weißen, kutschenähnlichen Gefährt des Milchhändlers, der jeden Morgen nach dem Melken von den Höhen, auf denen sein Hof lag, hinunter ins Tal und über die Elbe kam und die Produkte seiner Arbeit ausfuhr, vor jedem Haus die kleine, am Kutschbock befestigte Schiffsglocke läutend: Vollmilch, Magermilch, Buttermilch, Käse und Quark. Es war eine schöne alte Fähre (leider nach fast hundertjährigem Dienst voreilig abgewrackt), sie setzte über zur dicht mit Pappeln umstandenen »Schanze«, damals ein Gasthof, der seinen Namen auf die im Dreißigjährigen Krieg von den Schweden aufgeworfene Wehr zurückführte – ach, es war nicht immer so friedlich an diesen Ufern wie an diesen hellen, stillen, staubigen Nachmittagen, an denen wir das steinige Flußbett absuchten nach Butterbemmen, den ganz flachen Steinen, die wir im ehrgeizigen Wettkampf über den Wasserspiegel springen ließen; geschickten Werfern gelangen zwanzig, dreißig Sprünge, ehe die Steine in der Elbmitte versanken. – Nachmittage, an denen wir, kaum daß die Badehose getrocknet war, zur Abkühlung erneut in die »kalte Brühe gingen«, eine Schar kleiner, magerer, aber zäher Knaben- und Mädchenkörper, deren Haut und Haar den strengen, bitteren Duft des fauligen Flußwassers verströmten, den Geruch abgestorbener Algen, die wie Bärte, weißlichbraun, in der Farbe anatomischer Präparate, an den Rändern der Steine wuchsen und wie Windfähnchen in der Strömung zitterten, – an denen wir unsere geschnitzten Rindenschiffchen, ausgerüstet mit Papiersegeln, der Flut preisgaben; später waren es tüchtigere Segelboote, aus Zigarrenkisten gebaut, mit Leinentakelage, die, gehalten und gesteuert von der Drachenschnur, Wind und Strömung zur Fahrt nutzen konnten; wir setzten sie den gefährlichen Wellen und Strudeln aus, wir waren Windjammerkapitäne, Lotsen, Biskaya- und Kapbezwinger, wir standen auf ihren Kommandobrücken, unter sturmgepeitschten Segeln, von Brechern überrollt, in flockigem Gischt, wurden von Bord gespült, ertranken –

Ich liebte den Fluß, ohne mir dieser Liebe bewußt zu sein. Seine Ufer waren die Ferienorte der Armen, ihre Sommerfrischen; ihre Pensionen eine Decke, ihre Buffets eine Kunstledertasche, ein Rucksack mit Teeflaschen, einem Geschirr Kartoffelsalat, der immer nach Aluminium schmeckte, Quarkkeulchen vor allem. Erschwingliche Urlaubstage, die Fahrkosten entfielen, ein gut halbstündiger Fußweg im Staub, und man war in der Stille. Kein Radio, nur die menschliche Stimme drang über den Fluß und die Ufer entlang; die kreischenden Gatter der Sägemühle, das bellende Rattern der Niethämmer der Schiffswerft, das dumpfe Tuckern der Dieselmotoren der Zillen verstärkten eher das Gefühl ruhiger Geborgenheit, es gab keinen Lärm, nur Lebensgeräusche – und es gab keine dominierenden Männer, die uns Knaben auf die Plätze verwiesen, keine Väter, sie waren gestorben oder auf Truppenübungsplätzen, in Kasernen, auf Schlacht-Feldern, sie waren gefallen, abgestellt, deportiert, wir lebten in einer Kinder- und Frauenwelt ohne angestrengte Vorbilder, gefühlsstärker, irgendwie weicher, einer Welt von Halbwüchsigen, auch bös und von Platzkämpfen bestimmt, aber doch mehr von Sehnsüchten erfüllt, von Liebeserwartungen, von scheuen Berührungen, flüchtigen Küssen, von Spaziergängen auf Uferpfaden, von keuscher rascher Umarmung –

Ich haßte den Fluß, weil er der geduldig wartende Geliebte meiner Mutter war, aus dessen Armen, ginge sie jemals zu ihm, sie nie mehr zu mir zurückkehren würde – es waren furchtbare Stunden, wenn die Not ihre Widerstandskraft brach, wenn sie, von Verzweiflung geschüttelt, den letzten, endgültigen Ausweg suchte, den Weg in den Fluß. Die Drohung, in die Elbe zu gehen, einmal unvorsichtig von ihren Lippen gekommen, war lebenslange Folter, die Ursache vieler Ängste und Verstörungen –

Nachtrag, Herbst 1983. Zufällig, beim Durchblättern des ersten Bandes, der Handzeichnungen »Deutsche Romantik«, Henschelverlag Berlin, in der Auswahl von Werken Caspar David Friedrichs ein unbezeichnetes Aquarell seiner Hand, »Elbquelle im Riesengebirge« (1810), entdeckt. Die Darstellung widerspricht der früher notierten Kindheitsvorstellung. Sie soll dennoch stehenbleiben. Auf Friedrichs Blatt entspringt die Elbe ganz undramatisch, und von ihm geradezu nebensächlich in die rechte untere Bildecke gesetzt, auf einer hohen, flachen Bergwiese, einer dunklen Matte, welche die untere Bildhälfte besetzt und auf der linken Seite in ferne, helle Berge übergeht. Die Quelle ist von Balken befestigt, auf denen ein Wanderer sitzt. Ihr Wasser rinnt unsichtbar in einer Schrunde, die sich erst später öffnet: eine kleine, längliche, spiegelnde Lache. Das Blatt ist ganz Stille, Weite und Gelassenheit.

Der fünfte Tag

9. September 1972

6 Uhr. Zerrissene Nacht. Schreckensträume. Kurze Schlafphasen, eher Ohnmachten, man rutscht in einen Schacht, Dunkelheit und Aufprall – der aber nicht schmerzt – und Verlust des Bewußtseins, von Entsetzen durchbebtes Erwachen, weil unfähig, ans Licht zu gelangen. Angst vor dem Tag.

Meine Tage hier laufen ab, und ich habe immer noch nicht den Mut aufgebracht, die Reliefs im *Neuwald* (Bethlehem) zu zeichnen. (Zu hohe Erwartungshaltung)

Der Himmel ist grau, Nieselregen. Bis 8 Uhr im Bett geblieben und in den Evangelien nach den textlichen Vorgaben für die Darstellungen in Bethlehem gesucht. Angaben nur bei Matthäus und Lukas gefunden. Die Unbefleckte Empfängnis, die Stellung Josephs scheinen den Evangelisten heikel zu sein, sie verlassen sich auf die Glaubensaussage. Viel ausführlicher dann die Geschichte der Anbetung, sie ist Erzählstoff, farbig, anschaulich. Bei Matthäus (Kap. I) klingt etwas von Spannungen durch: »Als Maria, seine Mutter, dem Joseph vertrauet war, fand sich's, ehe er sie heimholte, daß sie schwanger war von dem Heiligen Geist. Joseph aber, ihr Mann, war fromm und wollte sie nicht in Schande bringen, gedachte aber, sie heimlich zu verlassen.« Im Traum erklärt ein Engel Joseph die Vaterschaft des Heiligen Geistes, und »da nun Joseph vom Schlaf erwachte, tat er, wie ihm des Herrn Engel befohlen hatte, und nahm sein Gemahl zu sich. Und er erkannte sie nicht, bis sie ihren ersten Sohn gebar; und hieß seinen Namen Jesus«. Danach durfte Joseph mit seinem Weibe als Mann umgehen, er hatte Söhne mit ihr, die aber für die weitere Geschichte, auch für die von Jesus, nicht von Interesse sind. Maria ist Durchgangsgefäß und wird dann dem irdischen Leben freigegeben.

Lukas berichtet von der Verkündigung an Maria, der Volkszählung, die vom Kaiser Augustus angeordnet wurde und zu der sich jeder in seine Stadt zu begeben hatte: »Da machte sich auf auch Joseph …, auf daß er sich schätzen ließe mit Maria, seinem vertrauten Weibe, die war schwanger. Und als sie daselbst waren, kam die Zeit, daß sie gebären sollte. Und sie gebar ihren ersten Sohn und wickelte ihn in Windeln und legte ihn in eine Krippe; denn sie hatten sonst keinen Raum in der Herberge.«

Das mag das Material, der Auftrag gewesen sein, aus dem Braun die *Geburt des Herrn* zu gestalten hatte. Mit Verwunderung lese ich, wie Jesus später seine Familie betrachtete; er verwirft die Blutsbande und postuliert die alleinige Bindung durch den Glauben. Bei Brecht heißt es: »Die Kinder den Mütterlichen, damit sie gedeihen.« Also nicht um jeden Preis der leiblichen

Mutter. Analogie kaum zu übersehen. Siehe Markus (Kap. 3): »Und es kam seine Mutter und seine Brüder und standen draußen, schickten zu ihm und ließen ihn rufen. Und das Volk saß um ihn. Und sie sprachen zu ihm: Siehe, deine Mutter und deine Brüder draußen fragen nach dir. Und er antwortete ihnen und sprach: Wer ist meine Mutter und meine Brüder? Und er sah rings um sich auf die Jünger, die um ihn im Kreise saßen, und sprach: Siehe, das ist meine Mutter und meine Brüder! Denn wer Gottes Willen tut, der ist mein Bruder und meine Schwester und meine Mutter.«

Später Vormittag. Nun hat mich, während des Lesens, doch wieder die Trauer eingeholt. Sie hat keinen Namen und keine feste Gestalt, ist am ehesten als Ohnmacht vor den Anforderungen des Tages zu umschreiben. Der Körper erkaltet, das Hirn, das Herz, der Magen frieren ein, werden unfähig zu Reaktionen. Es ist, als söffe ein in den Gedärmen gewachsenes Tier, von Zeit zu Zeit von rasendem Durst befallen, mir alles Blut aus dem Leib; was übrig bleibt, ist Leere. Die Haut kalt, die Adern verödet, der Kopf ein hohles, dröhnendes Gefäß.

Die grauenhafte Unfähigkeit, sich zu bewegen, die einfachsten Verrichtungen vorzunehmen: sich zu erheben, das Hemd, die Schuhe anzuziehen, hinunter zum Frühstück zu gehen – alles baut sich zu unüberwindbaren Mauern auf. Unfaßbare und unbegründbare Trauer.

Therapieversuch. Ich teile einen Zettel in zwei Rubriken: Positiv und Negativ; schreibe darunter mit buchhalterischer Genauigkeit alles, was mich erfreuen müßte, und alles, was mich quält. Die Listen werden lang, enthalten kleine Mißliebigkeiten und große, weit zurückreichende Verletzungen. Das Positive überwiegt. Die Summe spricht gegen meinen Zustand, hebt ihn aber nicht auf. Die Addition positiver Faktoren ergibt nicht selbstverständlich Freude, Lebensmut, die zahlenmäßig stärkere Seite überwindet die schwächere nicht – denn es gibt keine mathematische Logik für die Psyche. Die Unfähigkeit, zu bestimmten Zeiten Freude zu empfinden, bleibt, ebenso die Unfähigkeit, ein Glas Tee zu bestellen, über den Markt zum Auto zu gehen. Feststehende Maßstäbe, Gewißheiten verhindern nicht die Aushöhlung durch die Umgebung, die Furcht, eine falsche Bewegung zu machen. Selbst glücklichere Erinnerungen lähmen, denn es zählt nicht und niemals, was war, geschehen, geleistet und getan ist, es bedrängt immer nur, was noch nicht getan, unbetretenes Land ist. Der Zustand ist dennoch nicht ohne Hoffnung, sondern Sammlung noch nicht freigesetzter Energien.

Ortswechsel löst die Substanz Schmerz nicht auf.

Der Himmel liegt heute wie eine ehemals weiße, vom Gebrauch, von Kratzspuren erblindete Emailleschüssel über der Landschaft. Die Luft, feuchte Stallwärme, stockt in den Lungen, und oben im *Neuwald* dampft der Waldboden, hängen Nebelschwaden wie wehende Bettücher zwischen den schwarzen Stämmen, von den schweren, triefenden Ästen – es riecht nach Fäulnis und Dung, bitterem Pilz. Im Wegegras blitzen Tautropfen, und die Steine leuchten im Schuppenglanz bläulicher Fische.

Der Weg, vom Parkplatz aus betreten, führt zur Höhle des Büßers *Garinus*, der, von Hunden aus seiner Höhle verbissen, mühsam und in pathetischer Verzweiflung ins Freie kriecht; der gelbgraue, stellenweise rötliche Steinleib ist von Nässe gedunkelt, vom Regenwasser gestriemt; der Weg führt weiter zu dem Eremiten *Onufrius*, seinem Bruder im Geiste, in Form und Gestalt, beide unter der Knute des Himmels, gedemütigt und in Hoffnung, der menschlichen Würde, des aufrechten Ganges beraubt, ungewiß der Gnade wie der Erlösung – so großartig sie als Skulpturen, so hoffnungslos ihr Dasein. Braun zelebriert Verdammnis, aber er identifiziert sich nicht mit jenem eigensinnigen Egoismus, der sich das Himmelreich zu erzwingen sucht, denn in keiner Geste wirkt da Aufruf zur Nachfolge: das Leben stand dem Bildner zu hoch, denn er war selbst Schöpfer, zu reich begabt, um sein Dasein rascher Vergänglichkeit hinzuwerfen.

Brauns stürmisches Herz schlug der selbstherrlichen Schöpfung, der Begierde, Gestalt zu finden für die Liebe, die Hoffnung, die Zärtlichkeit, einen heiteren, diesseitigen Glauben, denn mit Kunstfertigkeit allein ist die geradezu dokumentarische Kraft seiner *Anbetung der Hirten*, des Zuges der *Heiligen Drei Könige* nicht zu erklären, nicht einmal an diesem bedrückenden Tag, nicht in dieser dämmrigen Waldlichtung. Zumal das Sanfte, Hingebungsvolle und Schöne so schwer zu machen ist.

Sicher, ich bin anfällig für die zyklopische Wucht, mit der der Fels aus dem Hügel bricht, aber sie bliebe Naturereignis, hundertmal gesehen und in ganz anderen Dimensionen; – es ist also nicht das Gebirgige, was mich magisch anzieht, sondern der Block, der, mit dem Auge des Bildhauers betrachtet, seine Urgestalt hergeben mußte zum Bild, und dessen Verwandlung so ganz ohne Gewalt geschah; an keiner Stelle wurde er Opfer von Willkür, bloßem Erzählwillen; hier in *Bethlehem* begegne ich *Wirklichkeit* und vergesse den theologischen Auftrag, der das Kultbild nun einmal ist, finde keine Spur sakraler Überhöhung, die letztlich jeder Darstellung von Christi Geburt anhaftet – es war immer Kunstwirklichkeit –, hier, vor diesem Stein, bin ich ergriffen von der naiven Freude über die Geburt eines Kindes. Sie ist nicht Mittelpunkt, sondern fast nebensächlich plaziert, rechts, seitlich von den die Bild- und Reliefmitte bestimmenden Tieren, dem ruhenden Ochsen und dem Esel, die in zeitlos realistischen Formen dem Naturbild nachstreben, ohne barocke Aufheizung: sie sind ganz Ruhe und animalische Wärme, und nur die Köpfe weisen in Haltung und Blick zum Zentrum: der Krippe. Man könnte auch hier in schöner Bildungsbeflissenheit die Wurzeln Braunscher Kunst bloßzulegen versuchen, könnte bei dem Ochsen, dem Esel, dem Zug der morgenländischen Reiter, den Pferden leicht Vorbilder römischer Reliefs von Triumphbögen nachweisen, am *Invaliden* dem Einfluß Michelangelos nachsinnen, dem Illusionismus eines Bernini, der italienischen Kunst, die ihn während früher Wanderschaft in die Geheimnisse der Bildhauerei einführte, in den Kreis der Eingeweihten zog, wie kaum einen seiner Zeitgenossen.

Brauns handwerkliche Entwicklung, wahrscheinlich ausgehend von der Holzschnitzerei – die er sein Leben lang weiter betrieb –, zum Modellieren im Ton, dem Hauen des Marmors mit seiner grenzenlosen Verführung zum Effekt, dem Lichtreiz, der Entmaterialisierung, das alles ist zugleich anwesend und abgewiesen. Hier dient der Bildhauer dem Inhalt, unterwirft sich dem porösen, lichtschluckenden, grobkörnigen Sandstein, der, wenn er schon keine stoffliche und farbliche Schönheit besitzt, doch immer ein verlockendes Angebot zu feiner Verformung bereithält; Braun bedient sich dieses Angebots aber nur, um den sich steigernden Wechsel von Großform und Detail herauszustellen, die Spannung von Akt und Gewand; gut, er läßt Tücher, Gewänder wehen, entwickelt Bewegung, erregte Kurven, simuliert Stofflichkeit, er läßt sein Können aufleuchten und bleibt dennoch demütig vor dem Stein, er entläßt alles Fliehende, Flatternde – Engelsflügel, Federbüsche, Umhänge – aus dem unzerstörten bildhauerischen Kern.

Es gibt, das sei eingestanden, noch genug opernhafte Züge, vor allem in dem zurückliegenden Relief der Reiter, Ritter, Mohren und Könige, der Hirten und Neugierigen, ein Szenarium, das von prospekthafter Zeichnung des Reliefgrundes (dem byzantinisch gereihten Zug von geschmückten Kamelköpfen) zu den stärker ins Relief getriebenen Reitern (zweizügig, in Gegenbewegung) und dem *Invaliden* reicht, der schon als Vollplastik vor der schichtweise herausrückenden Wand liegt – ein Prinzip, das der Geburtsszene ihre ›Wirklichkeit‹ schafft; stufenweises Heraustreten, Lösen aus dem Block, zu hand-greiflicher Körperlichkeit.

Es existiert das Wissen, daß der Strenge des naturfarbenen Steins bunte Farbigkeit aufgelegt war; ich darf sie nicht höhnisch verreden; das Barock bedurfte, wie die Machtentfaltung anderer großer Stile auch, zur Gewinnung seiner Identität der Überredung und der Pracht, der Illumination, des Farbfeuerwerks; das gehörte zu seiner Selbstdarstellung, wie es unserem Empfinden (meinem) entspricht, den Verlust der Farbigkeit nicht zu bedauern.

Zum Inszenatorischen dieser Anlage gehörte, daß über der Krippe, wo jetzt Birken und Erlen aus dem Block streben, eine unverhältnismäßig große, überaus kokette Engelgruppe thronte (sie steht jetzt im Spitalgarten) – man sucht vergebens einen Platz, der einen formalen Zusammenhang zuließe, aber so geht's halt, wenn das Programm die kompositorischen Möglichkeiten der Gattung überfordert. – Die Zeit aber, die Macht der Zeit wusch die Bemalung vom Stein, die Schminke und die glättende Fassung: der Regen, der Frost, die Sonne und der Schnee tilgten den hoffärtigen Glanz, schwemmten die Spalten aus, Lager und Risse trieben auseinander und sprengten dem Ochsen, dem Esel die Mäuler vom Schädel, brutale Amputationen, die sie stumpf und verblödet dreinschauen lassen; Schwefelflechten treiben aus den Poren des Steines, grüngelbe Schwären, Pusteln, chlorophyllarme Moose besetzen die Tiefen der Falten, wachsen auf abgetreppten Flächen, und der Alaun blüht in weißen Kristallfeldern, glitzernd wie Morgenreif.

Janusköpfige Stunde. Das schmerzlich verzogene Antlitz der Trauer wendet sich in den Rücken, für diese Stunde darf ich die Kehrseite, die lächelnde Maske, in den Wind tragen, bin stark wie die Lende des Stiers, gelassen und ungefährdet wie der Stein, bin der behutsame Hirte, der das Lamm aufhebt zur Krippe, bin Johannes, und mein ist die zärtliche Hand – eines Engels? – auf dem Rücken des Esels; ich bin das flügelförmige, wehende Tuch, der Mantel, das Kleid, die Falte, die den anmutigen Leib, die Brüste der Maria umspielt, denn hier nun ist sie nicht Medium der Prophetie, höchstens Gefäß, keusch, verhalten, von erregender Grazie – ihr Leib ist stille, innige Wonne. Neben und unter ihr drängen, wenden sich auf den in Kaskaden immer weiter vorspringenden Treppen die Körper der Anbeter, sind Stufen und Vorsprünge, auslaufende Woge im knienden Schafhirten, seinen Tieren: es ist ein Sturz in den Raum, zur Erde hin, und kein Teil, keine Achse ist Willkür oder Leichtfertigkeit, sondern gebunden von strenger Diagonale, alle Winkel und Brechungen weisen zur Mitte, dem Jesuskopf – das schöne, malerische Spiel ist gehalten von planender Ordnung.

Unaufhaltsam zog die Zeit ihre Spuren über den Stein; was weich und anfällig war, verfiel, das Harte widerstand; seine Epidermis trägt die Zeichen seiner Geschichte, es sind Zeichen der Würde; sie ähneln den Fältchen, den Falten eines Gesichtes, die nicht immer, sogar selten, seine eigentliche Schönheit zerstören. Das Altern, das ja nichts anderes ist als Fortbestehen in der Zeit, hat nichts Zerstörerisches, es wächst heran als immer neue und andere Wirklichkeit, und es ist kein Schmerz für mich in ihrem Anblick. Schmerzlich allein sind die Spuren der Gewalt, der mutwilligen Zerstörungen: schrecklich die Schnittfläche, die das Fallbeil hinterläßt, der Stumpf des von einer Granate abgefetzten Arms, schrecklich sind und waren die Menschen, die dem Johannes, der Maria, den unschuldigen Hirten und Lämmern, dem Kind die Köpfe abschlugen, die Arme, die Finger – die Täter sollen verflucht sein, sollen an allen Gliedern verfaulen, und verfaulen soll endlich das ganze Geschlecht der Zerstörer. –

Von Faszination gepackt, den *Invaliden* gezeichnet. Diese staunenswürdige Durchbildung des Brustkorbes! In ihm funkelt Brauns wunderbares Genie: *ein* Thorax verweist fünf Pferde, zehn Reiter und Diener, Kamele, Schatullen, Schabracken, Helme, Turbane, Kronen, Gewänder, Spitzen, Palmen und Wedel auf zweit- und drittrangige Plätze – sie sind Theaterdonner vor diesem Torso –, und hier offenbart sich das Geheimnis der Kunst, ihre wirkliche Überzeugungskraft, die nie und niemals im Aufwand liegt, in der Vielfalt und thematischen Fülle, sondern allein in der Sublimierung, der dem Inhalt wesensgleichen Form – wann endlich wird sich das herumsprechen?

Rilke, denken an Rilke!: »Wir kannten nicht sein unerhörtes Haupt, / darin die Augenäpfel reiften…« – »und bräche nicht aus allen seinen Rändern / aus wie ein Stern: denn da ist keine Stelle, / die dich nicht sieht. Du mußt dein Leben ändern.« (»Archaischer Torso Apollos«)

Aufriß der gesamten Anlage versucht, man kann diese Expansion an Figuren und Beiwerk kaum zusammenhalten, dennoch –

Primaprima kommt hustend die steile Schneise durch den Fichtenstangenwald herauf, hat zu Haus gegessen und ein Nickerchen gemacht. Er zieht ein wehleidiges Gesicht, zeigt auf seine leicht geschwollene linke Wange und jammert: Zahnschmerzen. Lange wird er nicht mehr unter seinen Zähnen zu leiden haben, denn soweit ich erkennen kann, stehen nur noch einige Ruinen im Kiefer, von den Schneidezähnen ist jedenfalls nur noch einer zu sehen, konserviert vom Rauchen.

Primaprima ist ein so netter Kerl, daß ich bedaure, seine Einladung zum Abendbrot ablehnen zu müssen, aber die Tage vergehen zu rasch. »Dann kommen du wieder, ich habe viel Deitsch überlegt«, und dann solle ich bei ihm wohnen, er habe ein zweites Haus gekauft. »Wird prima prima und du für dich ganz allein wohnen.« Ich danke ihm herzlich und nehme mir fest vor zu kommen. Wir reden und rauchen, er Lipa und ich Camel, die angebotene Camel mag er nicht, nimmt sie aus Höflichkeit, reißt dann aber den Filter ab, bevor er sie anzündet. – Auf meine Frage, woher er denn deutsch sprechen könne, wird er schweigsam, spuckt nur noch Satzteile aus. Er muß, soviel Tatsache fische ich aus seinen Satzfetzen heraus, während des Krieges zwei Jahre bei Oranienburg in einem Zweigwerk von Borsig (?) in der Rüstung gearbeitet haben. Es ist besser, das Thema fallenzulassen.

Ob er wisse, frage ich ihn, wer den Figuren die Köpfe und Arme abgeschlagen hat und ob sie irgendwo aufbewahrt würden? – »ahnu«, antwortet Primaprima –, und ab jetzt verstehe ich nur noch zwei Worte, denn er ist wütend, verhaspelt sich und verfällt gänzlich ins Tschechische. Zwei Worte: »soldateska« und »Jesuskeppele«. Er holt sein Schilfröhrchen, trinkt einen Schluck Quellwasser, beruhigt sich, nimmt meine Hand und führt mich zum Rande der Lichtung, genau an die Stelle, von der aus ich vorhin meinen Aufriß des Reliefs versuchte, und zeigt auf einen der aus dem Waldboden ragenden hockergroßen Steine – es gibt unzählige davon –; dieser jedoch, ich hatte es nicht bemerkt, war oben ganz glatt und zur Sitzfläche ausgeformt, ausgewetzt, zwei Kuhlen zu seiten eines flachen Mittelsteges, gesäßtreu, passend für eine Person mittlerer Größe, einen Meter und siebzig, vielleicht fünfundsiebzig, gewiß nicht dick, soviel Kenntnis vom Maß menschlicher Körper kann man sich zutrauen; – das sei, Primaprima sagt es mit ehrfürchtig leiser Stimme, Brauns Sitz gewesen, hier habe er in den Arbeitspausen gesessen und sein Werk überschauen können. Ob er weiß, daß er mir ein Geschenk macht? Es ist mir gleichgültig, ob es Wahrheit oder Legende ist, denn die Legende ist meist die Wahrheit, weil sie dem Bedürfnis nach Wirklichkeit, nach Glaubwürdigkeit und Nähe entspringt.

Am späten Nachmittag vom *Neuwald* aus nach Jaroměř zum Abendessen gefahren, langsam, eine Spazierfahrt. Der Emailleschüsselhimmel ist durchsichtig geworden, die Sonne steht glanzlos und weiß, wie der Mond, im verlöschenden Tageslicht hinter dem Dunst, der sich im Süden zu Wolken formiert. Zwischen Kuks und Jaroměř das silbergrüne Elbtal, rötlichgraue Mauern im noch immer frischen Wiesengrün, rotbraune bis violette Äcker und brennendgelbe Stoppelfelder – die zurückgezogenen Berge in der Farbe staubiger Kiefern.

Auf dem Markt von Jaroměř steht eine Mariensäule von Braun. Die Architektur dominiert, die Skulpturen, Heilige und Engel, Wolkenklöße am Säulenschaft und selbst die krönende Maria sind formelhaft, die Gesten barocke Schablone – sie wirkt italienisierend auf mich, Nachvollzug weitaus bedeutenderer Vorbilder – welcher? Mir fällt ein, daß der Wunsch, Barockplastik zu zeichnen, bereits 1956 in Prag, im Hof des *Loreto*, vor den Brunnen aufkam. Es waren auch damals nicht die einzelnen Figuren – die mir viel zu manieristisch sind –, sondern das *unaufhaltsame Aufsteigen* aller Teile, das mich reizte, das Gefühl sinnlicher Fülle, die Verschmelzung architektonischer (kubischer) und vegetativer Formen, die Einheit von Rhythmus und Melodie.

Heimfahrt: Die untergehende Sonne, die lange wartend über den Bergen stand, im Strahlenkranz einer Monstranz, und dann, wie im Sturz, hinter Wolkenbänken versank.

Hotelzimmer. Gelesen. Mit dem Kopf ans Fußende des Bettes gelegt und den aufsteigenden Mond betrachtet. Er gleitet langsam, in flachem Bogen, über den dunklen First des gegenüberliegenden Hauses, glanzlos, halbiert, faul auf dem Rücken liegend. Das Magische ist nur dem Vollmond eigen oder der dünnen Sichel.

Mitternacht, noch Elbe: Ich habe, Muttel, gestern abend meine Erinnerung abbrechen müssen, der letzte Satz war eine so ungeheuerliche Anschuldigung, daß ich ihn ausstreichen wollte. Nachts fand ich keinen Schlaf, den Tag über war ich gelähmt von dem Bewußtsein, deine lebenslange Güte, deine immer wache Sorge, dein Wissen um meine Verletzbarkeit freventlich ausgelöscht zu haben: das sollte nicht geschehen, nicht mit diesem Satz, du weißt das. Du warst zu oft in übergroßer Not und Bedrängnis, und du warst verlassen: Kaum vierzig Jahre alt, starb dir dein Mann, unser Vater – ich habe nur ganz wenige Erinnerungen an ihn –, und du hattest fünf Kinder zu ernähren, zu verteidigen und nach deinem Verständnis auf gute und ehrliche Wege zu bringen, und an einem Abend waren sie dir – es geschah selten, und ich kenne den Grund nicht – in den Rücken gefallen, du warst wehrlos, kämpftest mit dem Rücken zur Wand, warst erschöpft, verzweifelt, konntest nicht weiter, und da – es war ein großer Streit, ich stand im Vorsaal, begriff nichts, denn ich kann nicht älter als sieben Jahre gewesen sein – rissest du deinen Mantel vom Garderobenrechen – du warst aschfahl, dein kleiner Körper zitterte, und da sagtest du diesen Satz: Ich geh in die Elbe – hastig und entschlossen, wahrscheinlich ohne den ganzen Sinn und seine Folgen zu begreifen. – Heute weiß ich: Du hättest uns niemals verlassen – du hast später erstaunliche Kräfte bewiesen, – aber dieser Satz fraß sich wie rauchende Säure in mein Herz; du schlossest uns ein und gingst. – Jene dünne, äußerst zerbrechliche Schale, die das Innerste eines Kindes vor den Zugriffen der Welt schützt, zerbrach – ich denke, für immer.

Aber du gebrauchtest nur den gängigen Satz, den Menschen, die an den Flüssen wohnen, gedankenlos, weil überkommen, gebrauchen: – ich geh ins Wasser, – ich geh in die Elbe, – lieber gehe ich in die Elbe: und das ist schon scherzhafte Floskel, das sagte doch jeder, der vor eine unzumutbare Aufgabe oder eine Entscheidung gestellt wird: Mit *dem* Hut, mit *dem* Ranzen, mit *den* Schuhen gehe ich nicht, »lieber gehe ich in die Elbe« – lieber! –, so leichtfertig ging allen der Satz von den Lippen.

Ich war immer zu empfindlich. Meine Phantasie produzierte ständig immer schrecklicher werdende Bilder, ich konnte sie nie zügeln, bremsen, rückgängig machen, auslöschen, das ist mein Fluch und meine Stärke – und die Träume, die viele Jahre meine Nächte zerrissen!: ich träumte nicht dein Ertrinken, deinen Tod, sondern meinen; über mir schlugen die schwarzen Wasser zusammen, mich rissen sie fort, schleiften mich über die kalten, glitschigen Steine des Flußbettes, mich fesselten die zähen, unzerreißbaren Schlingpflanzengewächse, in meine Lungen drang das ekelhaft modrige Wasser und erstickte mich – jeder Atemzug Wasser! –, ich kämpfte, erreichte aber fast nie die Oberfläche, der Fluß war stärker, war finster und schwarzgrün, voll von Fangarmen, von Schlamm, von Steinen, er zog mich durch einen Morast aus toten Fischen, Muscheln, Krebsen, Knochen, toten Ratten; mein Körper, meine Arme und Beine erschlafften, erstarrten in der Kälte, der Eiseskälte des Wassers, ich wurde zur Alge, eine Schmutzfaser –

Aber der Fluß lehrte mich nicht nur das Gefühl der Ohnmacht kennen, sondern auch meine Fähigkeit zum Widerstand. Zehnjährig, neunzehnhundertvierzig, mußten wir während oder nach der Schulzeit die Freischwimmerprüfung ablegen. Der Unterricht fand im *Antonbad*, einem am Ufer vertäuten Elbfloß, statt, in dessen Boden ein etwa zwölf Meter langes und vielleicht acht Meter breites Rechteck ausgespart war, ein Käfigbecken, dessen Wände aus Maschendraht bestanden, den ich in der Aufregung aber nicht sah, weil ich sofort, als ich das Floß betrat, von dem Gedanken heimgesucht und gefangengehalten wurde, daß ich, wenn ich nicht früh genug auftauchte, unweigerlich unter das Floß gespült und ertrinken würde.

Es war ein regnerischer Tag. Die Elbe roch stark nach Kadavern und Fäulnis, war undurchsichtig und braun, von bleichen Fasern durchsetzt; die Bohlen des Floßes schlüpfrig, die Kabinen, das Geländer, der Beckenrand von Schleim überzogen. – Der Bademeister, ein großer, fetter Kerl, dessen Brust und Rücken von dichtem rötlichgrauem Haarfilz überwuchert waren, stand auf eine mehr als wäschestützenlange, dicke Stange gelehnt und erklärte im splittrigen Befehlston, daß wir mit der »Fähre« beginnen würden: zwölf Meter tauchen, und wer eher hochkäme oder nur den Arsch zeige, sei ein Feigling, dem würde er helfen!, und zur Demonstration stieß er die Stange ins Wasser. Also: Aufstellen, Startsprung und los. Ich hielt mich am Ende der Klasse, von Ekel und Furcht gewürgt, überwand mich und sprang. Unter Wasser öffnete ich die Augen, war eingeschlossen in undurchdringliche Dunkelheit, die Muskeln verkrampften sich mir, um den Brustkorb legte sich ein eiserner Ring, ich kämpfte mit Atemnot, mußte auftauchen, sah die erlösende Helligkeit der Wasseroberfläche – gleich würde ich Luft holen können –, da traf mich ein Schlag gegen den Kopf, ich ging unter, soff ab, schluckte das elende Elbwasser. Mit verzweifeltem Hundepaddeln erreichte ich den schlüpfrigen, den schleimigen Beckenrand. Aber dort erwartete mich der widerwärtige Kerl, und der stieß mir zum zweiten Male seine Stange gegen den Kopf, stieß mich zurück in die Jauche, ich sank, verlor die Orientierung, kein Unten, kein Oben, die Hand verfing sich zufällig im Maschendraht, ich zog mich hoch, kippte in halber Rolle auf die glitschigen Planken, blieb liegen, stand auf und ging sehr langsam, sehr entschlossen, durchtränkt von unbändigem Haß, in die Kabine – (es war der Haß gegen jede Gewalt, und der sollte mich niemals mehr verlassen). Die Gewalt brüllte: »He, komm zurück, du Pfeife, komm zurück!« Aber es gab kein Zurück mehr, auch wenn ich es noch so sehr gewollt hätte. ES ging nicht, das ES in mir konnte weder umkehren noch gehorchen.

Die Schulstrafe war hart: Aufsässigkeit, Pflichtverweigerung – ich fürchtete mich nicht. Ein Feigling, kein deutscher Junge! – gut, dann würde ich etwas anderes sein müssen: ich.

Der sechste Tag

10. September 1972

Im Morgengrauen erwacht. Das Zimmer ist kalt, Pullover und Hose angezogen und wieder hingelegt. Das Haus wird schon laut, Stühlerücken unten in der Gaststätte, Kisten schleifen über das Hofpflaster, Flaschen scheppern, Wasserhähne kreischen, Schrank- und Zimmertüren quietschen, Klospülungen rauschen. Ich ziehe mir das Kopfkissen über die Ohren, die Schenkel an den Leib, erwärme mich langsam, döse müde und mißgelaunt dahin, schlafe noch einmal kurz ein, träume:

Ich kreise als Vogel, die Flügel vom warmen Aufwind getragen, über dem Elbtal, dem Hospital, dessen Gebäude, Front-, Seiten- und die nicht geschlossenen Rückflügel, sich wie eine

Zange in den Hang beißen, in den Zähnen den dahinterliegenden Garten, axialer Weg, Heckengevierte, ein Rondell und die einschnürende Weinbergsmauer, – ich steige, die Kreise weiter ziehend, noch immer ohne Flügelschlag über Wiesen, Brachland, und streiche dann ab, überfliege bewaldete Bergkuppen, den *Neuwald*, bis das überscharfe Auge in die Lichtung von *Bethlehem* sticht, stehe, von raschen Flügelschlägen gehalten, über der Lichtung, bis der Blick die Sträucher, den Farn, das Geröll dicht hinter Brauns Steinsitz durchdringt und unter der Erde, in einem halben Meter Tiefe, das kaum mehr als zwei zusammengelegte Fäuste große Jesusköpfchen entdeckt.

Ich reiße mich aus dem Traum, wie immer, wenn Glück oder Schrecken unerträglich werden, springe auf, ziehe mich, ohne Waschen und Zähneputzen, an, stürze mit leerem Magen zum Auto und fahre zum *Neuwald*, renne vom Parkplatz zur Lichtung. Es ist alles genau wie im Traum, die Sträucher, die Steine, das faulende Laub, der feuchte Waldboden – ich biege die Farnwedel auseinander, trage Geröll ab. Auf einen Quadratmeter genau weiß ich die Stelle, wo der Kopf zu finden ist. Man muß nur graben –

Primaprima kommt hastig den Berg herauf, und ich erzähle ihm meinen Traum. Er ist sofort überzeugt, glaubt an Zeichen und Offenbarung und beginnt ungeduldig Steine abzutragen. Er schuftet, feuert sich an, jauchzt »Jesuskeppele! prima, prima« –

Zurück zum Hotel. Waschen, Frühstück im Imbißladen, zum Hospital gefahren.

Den Vormittag über die *Unkeuschheit*, *Hoffart* und *Klugheit* gezeichnet. Alles mißlungen – es sind ohnedies mäßige Skulpturen, und es hat gar keinen Sinn, andere als optische Reize zum Anlaß für Skizzen zu wählen. Wenn die Gestalt nicht bezwingt, das Spiel der Linien nicht lockt und jeden Gedanken auslöscht, wenn nicht die Lust Augen und Sinne betört, bleibt alles trokken, ohne Impuls, die Hand ist ein abgestorbener Zweig. Als Trost gedacht; ich bin ja nicht hier, um das katholisch-pädagogische Erziehungsprogramm des Grafen Sporck aufzunehmen, das teilweise – die drei Figuren beweisen es – Matthias Braun nur mit Routine abarbeitete.

Sporcks Programm scheint in sich verschwommen gewesen zu sein oder von zu großer Spitzfindigkeit, was sich leicht aus seinem ehrgeizigen Messianismus, der sich aus vielen theologischen Brunnen seine reinigenden Wasser schöpfte, erklären läßt.

An der drastischen Eindeutigkeit des *Geizes* und des *Neides* gemessen, bleibt die *Unkeuschheit*, die man sich wahrlich saftiger vorstellen könnte (das Barock war ja nicht zimperlich), merkwürdig blaß und hölzern, kraftlos, ihr mangelt jede Spur von Verruchtheit, Verführungskunst. – Statt dessen stützt sie sich, die Unkeusche!, müde und gelangweilt auf ein äffisches Wesen, das mehr von Dummheit und Dumpfheit als von Triebhaftigkeit und zielloser Begierde gezeichnet ist, glotzt dämlich in einen Spiegel, der, maskenhaft, das Gesicht eines zwischen Heulen und Grinsen unentschiedenen Mannes reflektiert. – Nicht besser steht es um die *Klugheit*, die das Spiegelmotiv wiederholt, das Gesicht jedoch, klassisch geschönt, dem verzückten Auge entgegenhält. – Ist das Klugheit? Oder weist nicht der Januskopf den Inhalt aus, die Schlange, die sich den Unterarm emporwindet? Doppelgesichtigkeit und Schlangenlist sind handfeste Indizien – dennoch, der Gesamteindruck suggeriert Eitelkeit, öde Koketterie. Lese im *Augustinus*:

»Sei nicht eitel, meine Seel', und werde nicht taub am Ohre deines Herzens vor dem Tumult deiner Eitelkeit! Vernimm auch du! Das Wort selbst ruft dir, zurückzukehren!« Wie gut, den kunstvoll berechnenden Bekenner im Gepäck zu haben. (Viertes Buch der »Bekenntnisse«, aus dem Lateinischen übersetzt von Adolf Gröninger, erschienen 1798).

Mittags zurück nach Dvůr Králové. Mit Mühe einen Parkplatz an der Mariensäule gefunden. Außer dem Hotel »Kveten«, in dem ich wohne, liegen am Markt noch ein moderneres Hotel, »Zentral«, das gerade renoviert wird, und eine schöne Jugendherberge, »Labe« genannt, mit öffentlicher Gaststätte unter und hinter dem Arkadengang, siebzehntes Jahrhundert, sie ist mit glücklicher Hand restauriert, aber geschlossen. Das schönste Haus am Platze – darüber später – beherbergt das Weinrestaurant »Denni«, klingt nach Koseform, Daniel, Danny, Denni. – Zu essen gibt es auch dort nichts, erst abends, kalt, mit Weinzwang. Im eigenen Haus also, das ich vom ersten Anblick an nicht mochte, eine braune Grießsuppe, mit Grießklößchen, die mir schon als Kind Brechreiz verursachten, lustlos heruntergelöffelt. Trost: guter, in der Tasse aufgebrühter Kaffee.

Wolkenaufzug und wasserziehende Sonne. Die farblosen Lichtbahnen schneiden Kanäle in die massive graue Wand hinter den Bergen.

Hospital. *Tugenden* und *Laster*.
   In milder, vorsatzloser Stimmung in der Nähe der *Keuschheit* gesessen. Sie ist die einzige Figur unter den Allegorien, die ihren Inhalt dem Betrachter nicht theatralisch ins Gesicht schleudert, sondern in sich gekehrt, auf sich zurückgeworfen ist. Unlösbar die Frage, ob sie Opfer, zur Enthaltsamkeit Verurteilte ist, in Furcht vor ewiger Verdammnis lebt oder ihr Haupt, als Zeichen freiwilliger Entsagung, in Abwendung von der Welt schamvoll bedeckt – »den Schleier nahm«, wie die gängige Rede ist –
   Diese Frauengestalt hat Geheimnis: ein Leib, der Liebe und Zärtlichkeit auf sich zieht, sie erwartet, sehnsüchtig ist; ein Wesen, ein Körper der Sanftmut, der sich in gegenläufigen Bögen aus der Schwere des Blocks löst, aufschwingt – schon der Fuß ist Verheißung und das Knie, Vorsprung und Ansatz zum Schritt und dann der Rückzug des Schenkels unter dem Schutz schwerer, faltenreicher Gewandung, Fassung für den seenhaft weiten, seenhaft ruhenden, atmenden Leib – alles Verlockung, der Aufstieg zu den keuschen, musselinfältchenumspielten Brüsten, betörend, und dann der jähe Einbruch der Finsternis, die schwarze Höhle unter dem Gesichtsschleier (– er gleicht den Witwenschleiern meiner Kindheit, die Mutter trug ihn zum Begräbnis des Vaters, die Schwester, als der Mann »aus dem Osten« nicht mehr zurückkehrte –), dem Schleierrand, unter dessen Kante in großer Tiefe der Hals, das Kinn und der Mund ruhen, Grabesgruft des Fleisches, Ende und Aufstieg des verhängnisvollen Tuchs, das den Kopf zu kahlschädeliger Strenge zusammenschließt, – diese Verdammung des Haars, der Nase und der Brauen, der Wangen und der seraphischen Schwingung des

Nackens, alles begraben unter dem Leichentuch – man könnte an Raffinesse glauben, denn der Widerspruch stachelt, die Verhüllung könnte perfideste Koketterie sein, Negation des Gesichts zugunsten der Leibesblüte, frivoles Spiel, wären da nicht die Augen, – die Augen, vorsichtig eingebeizt ins Tuch, in den Stein, schemenhaft und dennoch von unerträglicher Schärfe, ein Blick, der *uns* nicht sieht und in vorwurfsvoller Trauer in unbekannte Fernen gerichtet ist: Dämonie bricht durch, Grauen, ein schreckliches Urteil über die Sinne. Eros und Todeshauch.

Unbillig, diese lange Beschreibung dessen, was der Zeichnung vorbehalten sein sollte. Es war eine verwirrende Begegnung. Die Hand hat gezögert – um nicht zu verletzen – den allzu dünnen Kugelschreiberstrich über die weiße Ebene des großformatigen »Croquis-Blocks« geführt. Die Linien trockneten auf den langen Wegen aus und drohten zu versickern. Rinnsale in der Wüste. Ihre Zartheit entspricht der Empfindung, die diese Figur in mir auslöste. Keine zeichnerisch dramatisierenden Effekte wie beim vehement den Betrachter angehenden *Neid*, mit dem breiten, malerischen Filzstift, aber letztlich auch keine Auszehrung des zeichnerischen Temperaments: nur jenes leise Sagen.

Über den Hügeln um Kuks abends großer Tiepolohimmel: transparente Freskofarben, zinkweiße Sonne, Weltengerichtsferne im lichtesten Glorienschein.
   Das Elbtal füllt sich mit stofflichem orangenem Licht. Das Birkenlaub glüht, die Weiden und das Erlengehölz sind dunkle, jodfarbene Flecken – ein Beispiel, ein verlockendes Vorbild, wie Aquatinten zu drucken wären, samtig unter dem Finger, auf Japanpapier oder chinesischer Seide. Mit lautem Gekrächz fällt ein Schwarm zänkischer Krähen auf die Uferwiesen – ein Feld schwarzblauer Tulpen.

Studie nach der sich, lasziv und traumverloren, auf eine Kuh – oder ist es ein junger Stier? – lehnenden *Trägheit*.

Bei Einbruch der Dunkelheit im ungeheizten Zimmer. Müde. Erschöpft. Gegenüber füllt sich das Zimmer des Jungen, das

Aquarium, wieder mit Wasser – es gibt kein häßlicheres als das Mattscheibenlicht, die Augen überziehen sich mit Schleim, blindmachende Schneckenspur. Zigarettenglut, in die Gasse geschnipste Kippen.

Wer Tagebuch schreibt, kann mit anderen nicht sprechen; jedenfalls nicht in diesem Augenblick; aber er will auch nichts dem Vergessen preisgeben. Sein Leben ernst nehmen müssen.

Der unbewußt wirkende Wunsch, statt ich »man« zu verwenden. – Der Grund liegt nicht allein darin, daß man in der Schule ständig darauf hingewiesen wurde, das Ich tunlichst zu vermeiden, schon gar nicht an den Anfang eines Satzes zu stellen, denn das Ich müsse zurücktreten hinter dem Wir. Selbstaufgabe. Das Wir bestimmt, das Ich hat zu dienen. Aber das kann nicht die alleinige Ursache sein; das »man« schiebt sich vor, wenn ein Gedanke von einer Gruppe oder einem Teil einer Generation getragen wird – durch gemeinsame Erfahrung. Das Ich ist ganz subjektiv. Zuweilen hat das Ich den Wunsch, sich ins anonyme Man zurückziehen, immer dann, wenn man am tiefsten berührt ist. Es ist leicht zu schreiben: Ich ging über den Platz; schwer: Ich wünschte nichts so sehr wie seinen Tod –

In der Bibel gelesen. Seit dem unaufmerksam verfolgten Konfirmationsunterricht ist es wohl das erste Mal, daß ich in ihr systematisch nach Stoffen gesucht und die Texte verglichen habe. Was für eine Sprache! Gemauert, jeder Satz tragender Stein eines Gewölbes. Und diese Leuchtkraft des Wortes! Man muß das laut lesen, im Rhythmus des pochenden Herzens: »Denn die Lippen der Hure sind süß wie Honigseim, und ihre Kehle ist glätter als Öl, aber hernach bitter wie Wermut und scharf wie ein zweischneidiges Schwert. Ihre Füße laufen zum Tod hinunter; ihre Gänge führen ins Grab.« (Salomons Sprüche, 5. Kap., über die Unzucht.) Nichts dergleichen über die Keuschheit gefunden, was nicht heißt, daß es nichts Ähnliches gibt. Doch auch die Füße der Keuschheit laufen zum Tode hinunter –

Wie schreiben?

Das Wie, das angehängte, versinnlichende Bild, steht, wie ich höre, unter dem Verdikt der Literaturkritik, auch dem vieler Autoren, nicht ganz zu Unrecht: die Sprache strafft und präzisiert sich. Aber kein Gewinn ohne Verluste. In der Bildenden Kunst gibt es eine Gegenbewegung, bei Picasso zum Beispiel, der aus »harten«, eindeutigen Gegenständen, einem Fahrradsattel und einer Lenkstange, einen *Stierkopf* montiert, aus Tonkrügen ein Schafseuter, also Wie-Bilder schafft, Krüge *wie* ein Euter, Spielzeugautos *wie* ein Affengesicht, Wellpappe *wie* Feld, *wie* Falten, *wie* geriffelter Sand. – Zufall? Oder Rettungsversuch sinnlicher Assoziationen? Das Bild als Brücke in andere Zonen. Ambivalenz des Gegenstands, der Gestalt, des Zustands – eine Form der Dialektik?

Durch die dünne Trennwand zum Nachbarzimmer dringen Geräusche einer Umarmung. Quietschender Federboden. Leises Jauchzen der Frau, ein aus unauslotbarer Tiefe aufsteigender hohler Ton, der anschwillt und ziemlich rasch erstickt. Vom Mann kein Laut. Nach Minuten bellendes Husten, Abhusten mit Auswurf. Der Wasserhahn wird aufgedreht und kreischt. Wenig später wird die Zimmertür geöffnet und geschlossen. Sich entfernende Schritte, Wortwechsel ohne färbende Erinnerung, so nüchtern, wie man einkauft: noch ein Brot bitte, Zucker –

Das Zimmer wird mir zu eng. Am Fuß der Treppe drängen sich Jungen und Mädchen, Pärchen, auch ältere Leute, sie stehen und reden und rauchen – Balkan- und synthetisches Virginiaaroma. Gerötete Gesichter, die meisten breitflächig, mit hohen Wangenknochen, dunkles Haar. Die Tür zur »Tex-Bar« ist geöffnet, saurer Bierdunst. Tanzpause. Die Notenpulte der Kapelle haben die Form von Grabsteinen, hochstehendes Rechteck mit Giebeldreieck, grauweiß gesprenkelt wie Syenit, der Name der Band, *Silver Mountains*, als Inschrift gesetzt. Bin unwiderruflich ausgeschlossen.

Auf dem Markt die Schaufenster betrachtet. Reizlos, vergilbte Verpackungen, staubbedeckt. Die Buchhandlung macht eine Ausnahme, wirkungsvoll gestaltete farbige Umschläge, Märchenzauber von Trnka, Bücher des Artia-Verlags.

Die Seitenstraßen verfallen. Balkengestützte Häuser, Bretterwände. Im morschen Aushängekasten der Sportgemeinschaft Angler von einem gänzlich ausgeblichenen Zeitschriftenfarbdruck gefesselt: ein mit dem Rücken zum Betrachter sitzender Angler; stark wie ein Atlas. Über dem Rücken fältelt sich Ölzeug. Vollkommene Synthese von Körper und Gewand: das machen können! Merken, festhalten! Hinten ins Tagebuch skizziert.

Die Straßen, die nur teilweise bewohnten und bewohnbaren Häuser, sind den Bulldozern freigegeben.

Verlaufen, in Sackgassen steckengeblieben, schließlich aufs Ende der Revolutionsstraße gestoßen. Eine Tankstelle, ein kleiner Platz mit einer Kirche, ein unverhältnismäßig großes Kino, *Palast*. Das Foyer dunkel getäfelt, hochbeinige Aschenkugeln, ein langer Tresen mit Glasvitrine, in der sich einzelne Bonbontüten und Schokoladenriegel verlieren wie die wenigen Besucher im Saal. – Der Vorfilm, »Wunder Disneyland«, läuft, Glenn-Miller-Sound. Dann der Hauptfilm, »Bulgarische Partisanen«, etwa. –

Wieder auf dem Markt. Märchenkulisse: der Arkadengang; das frisch restaurierte Eckhaus (im Erdgeschoß die »Denni-Bar« mit Weinzwang), 1575 erbaut, die untere Etage Sgraffitorustika (Prager Burg), aber hier mehr ein hoher Sockel, wie die Schuppenhaut eines zusammengeringelten Reptils, darüber weißes fensterloses Band, das Baujahr in kalligraphischem Schwung, Sonnenuhr und im in sich gebrochenen Giebelbogen eine ovale Öffnung, blinde, argwöhnische Augenhöhle, in der mattgolden das Pendel der Turmuhr schwingt. Perpendikel – gefangene Sonne, pendelnd von Lidecke zu Lidecke: das nie schlafende Wächterauge eines tyrannischen Beherrschers der Stadt, des Platzes, der Häuser, der Eingänge und Fenster, ein alle Zimmer, alle Winkel und Gedanken ausspähender Blick – ein Drachen, als Haus getarnt, Statthalter einer nicht zu brechenden Macht. Schwere goldene Zeiger rücken, wahrnehmbar nur dem geduldigsten Auge, über das schwarze und türkisfarbene Zifferblatt, gleiten über arabische und römische Ziffern; oben ein Turmhäubchen mit Glocke: Brentano-, Andersenstunde –

Zwei Uhr morgens. Kein Schlaf. Im *Augustinus* geblättert: »Ich kam nach Karthago, und rings umrauschte mich das Gewirr ausschweifender Liebe. Noch liebt' ich nicht, und wünschte zu lieben« (*Keuschheit*, das Täubchenpaar in deiner Hand!), »und bei meinem geheimen Bedürfnisz haszt' ichs, nicht mehr zu bedürfen. Ich suchte, was ich lieben möchte, wünschend zu lieben, und haszt' meine Sicherheit, und einen Weg ohne Fallstricke.« /... / »Lieben und geliebt zu werden war mir süszer, wann ich zugleich der liebenden Körper genosz. Der Freundschaft Ader beschmutzt' ich also mit dem Unflath der Fleischesbegier, und ihren Glanz verdunkelt' ich mit schnöder Geilheit.« Rechtfertigung für dich, *Keuschheit*? Diese Sätze mögen den moralischen Aspekt deiner Väter abgegeben haben.

Jetzt fällt mir übrigens auch ein – Wachheit der Nacht –, wieso mir dein verhangenes Antlitz als typisch tschechisch erschien. Das Gefühl ließ sich nicht unterdrücken, obwohl mir Zuweisungen, wie typisch tschechisch, typisch deutsch, immer fraglich waren; sie legen fest, beurteilen, verurteilen, trüben den Blick, schaffen Voreingenommenheit: das Makabre als nationale Eigenart, das eben nicht. Das Motiv aber, ich hatte es schon gesehen, hierzulande; es verbindet sich mir mit einem heimlichen Gang durch düstere Gassen um den Prager Altstädter Ring, nachts, Studenten in Bierlaune, mit dunklem Hausflur und Treppenstiegen; wir betraten ein schachtartiges Atelier, altes Chaiselongue, gedrechselte, schwarzlackierte Blumenständer, auf denen Plastiken standen, dunkle Vorhänge – Bohème der Jahrhundertwende. Der lange J. – in jeder Studentengruppe scheint es einen »Langen« zu geben – nahm vorsichtig feuchte Lappen vom Tonmodell eines Mädchenbildnisses von elegischer Schönheit: der Hals ein Blütenstengel, das Haar ein Bukett. Vom Mund bis in die Höhe der Augen spannte sich ein Tuch, eher eine Binde, am Hinterkopf zur Schleife gebunden. Sehr naturalistisch, der offizielle Stil der fünfziger Jahre. Locke und Falten und Augenbrauen, feine Öhrchen, aber keine noch so winzige Erhebung ließ ihre Nase ahnen. Der lange J. genoß unsere Verwirrung, erging sich in Andeutungen, bis er schließlich das Geheimnis preisgab: »Die Syphilis, Leute, die Syphilis – sie konnte nicht vergessen, daß ihr die böse Syphilis die Nas' hat abgefressen –«

Der siebente Tag

11. September 1972

Letzter Tag Kuks. Sprühregen und stellenweise Nebel. Über *Bethlehem* zum Hospital gefahren. Von Primaprima verabschiedet, versprochen wiederzukommen; man weiß, daß es nicht sein wird, das Leben treibt immer anderswohin. Wir tauschen unsere Anschriften, vielleicht kommt er einmal nach Berlin. Das Jesuskeppele war nicht zu finden gewesen, obwohl er einen halben Kubikmeter Geröll abgetragen hatte. Ich bin töricht genug zu glauben, daß es dennoch irgendwo unter den Steinen liegt. Primaprima hat zu schnell aufgegeben. Träume können eine eherne Überzeugungskraft haben.

An den *David* gewagt. Drei Blätter: Ganzfigur, Kopf, man muß Porträt sagen, Porträt im Profil, Arme und Beine, die wunderbaren formreichen Gelenke. Er steht leider zu dicht an der Wand im hofseitigen Umgang des Hospitals, so daß man sich verrenken muß, um die Seitenansichten studieren zu können. Schlechtes Licht. Touristentag. Geschiebe und Geschubse, den *David* sehen sie sich, zu meinem Glück, nicht an, dafür glotzen sie mir auf den Skizzenblock; – an den *David* gewagt, weil Wagnis, Nagelprobe für mich. Außer dem Kopf, den Ellenbogen, den Knien steht alles meinen bildhauerischen Ansichten, dem, was der Plastik zumutbar erscheint, entgegen: Schleifchen, Löckchen, Knöpfe, gesäumte (!) Knopflöcher, Tasche, Riemen, Stofflichkeit von Wams und Rock – alles Theatermätzchen. Und dennoch, dieser *David* zieht mich an wie kaum eine andere Figur. Sie steht am Anfang von Brauns Spätwerk, in ihr hat er die Repertoireteile, aus denen barocke Plastik zusammengesetzt wurde, zusammengeschmolzen zur glaubwürdigen realistischen Figur, ein Individuum hingestellt, einen frechen, aufsässigen Kerl, einen Leporello, einen unersättlichen Fresser und Säufer, dem mit Behagen die fette Speis aufstößt, einen, der unter dem Himmel schläft, nicht Haus noch Bett braucht – er könnte ein fahrender Gesell sein, immer pfiffig, listig und keck, selbstbewußt, lebend aus dem Einverständnis mit seinem Stande. David: »Ich aber bin ein armer, geringer Mann« (I. Kap. Samuel). Er ist ein entenschnabelnäsiger Dickwanst, Sancho Pansa, Lamme Goedzak und Figaro in einer Person, einer, der sich im Heu rekelt, aber wenn's eben sein muß, auch in den Kampf zieht. Brauns *David* ist keine zum Mythos aufgebaute Heldengestalt wie der des Bernini – der Himmel bewahre uns vor solchen Berufshelden! –, kein Sorge erregender »Knabe, bräunlich und schön« (Samuel). Siehe Manzù.

Gegen Mittag Aufheiterung. Wolken, schwere Himmelsfrüchte. Abseits, an der Mauer, in der Sonne gesessen. Gedöst. Gedanken ohne nachzudenken.

Das Genie schafft das Unerwartete, das *so* noch nicht Dagewesene, es erhellt das Verborgene und reißt scharfe Konturen um das Verschwommene, es faßt, mit herrischer Geste, zusammen, was verstreut herangewachsen, vorgebildet war in einer Epoche. Es gibt Genies der Überraschung, der reinen Intuition, und solche des Fleißes. In Matthias Braun sammeln sich nicht nur die Erfahrungen der Barockzeit, denn er ist Spätling, er erntet, was seine Vorgänger gepflanzt, gehegt, zu erster Blüte gebracht haben, vor ihm lagen alle großen Entdeckungen in der Bildhauerei, greifbar nah und ausgebreitet wie die Erde, aber Braun war die Sonne, die diese Erde durchglühte, er war die flimmernde, flirrende Hitze, das Lohende und der giftige Dunst über den Sümpfen.

Genie wird von jeder Zeit, von jedem Menschen anders empfunden und interpretiert, es ist das höchste Maß, das Göttliche im Menschen, aber auch das Gefährdetste, es ist für diejenigen am unfaßbarsten, die ihm am nächsten stehen, denn sie wissen, daß der winzige Schritt von der Größe zum Genie der allerweiteste ist: Bis zur Größe geht es schrittweise bergan, aber dann braucht's den Flug. –

Vom Genie kann man nichts lernen außer dem Mut zur geistigen Freiheit, dem Glauben an seine Kräfte und Vorstellungen, – das Genie ist Objekt der Bewunderung, nie der Nachahmung, nicht einmal des Anknüpfens, – der Strang und der Strick lassen sich nicht zum haltbaren Knoten zusammenbinden.

Und das Talent? Die Begabung? Noch schwerer zu bestimmen. In Berlin nachlesen, ich glaube, bei Thomas Mann.

Nachtrag 1983: »... Es [das Talent] hat noch niemals ›gesprudelt‹. – Nur bei Damen und Dilettanten sprudelt es, bei den Schnellzufriedenen und Unwissenden, die nicht unter dem Druck und der Zucht des Talents leben. Denn das Talent ist nichts Leichtes, nichts Tändelndes, es ist nicht ohne weiteres ein Können. In der Wurzel ist es *Bedürfnis*, ein kritisches Wissen um das Ideal, eine Ungenügsamkeit, die sich ihr Können nicht ohne Qual erst schafft und steigert. Und den Größten, den Ungenügsamen ist ihr Talent die schärfste Geißel.« Hinweis auf Flaubert: »Mon livre me fait beaucoup de douleurs!« (Thomas Mann, »Briefe 1889–1936«, S. 53, an Katja, Ende August 1904)

Das Gefährlichste: die ständige Produktion und Förderung von Mittelmaß. Sie mordet Gegenwart und Zukunft. –

Widerwillig einer Führung durchs Spital angeschlossen; es war die einzige Möglichkeit, sich einen Eindruck von den Innenräumen zu verschaffen. Ausnahmen wurden nicht gemacht. Meine Bitte, mich eine halbe Stunde in die Kirche einzuschließen, um in Ruhe den Kruzifixus zu zeichnen, wurde abgelehnt. Christus besaß wohl mehr Nachsicht für seine Feinde als seine Anhänger für einen Bewunderer. (Die im Morast endende Treppe vom Verkünder zum Anhänger, vom Verfechter zum Verwalter, zur Institution)

Die Führerin will die Arbeit Braun nicht zuschreiben; dennoch muß sie nahe seiner Hand entstanden sein. Wunderbar der Brustkorb, er trägt seine *Geschichte*, war verzehrender Sonne ausgesetzt, war über dem Wasser, im Sturm, war Gefäß eines großen Atems, wurde gegeißelt; der Leib war Jugend und straffe Fülle, erfuhr den Hunger, verfiel; der Kopf von der Eigenschwere gesenkt, Todeseinverständnis. Und kein krampfhaft vergöttlichtes Antlitz, sondern das Gesicht eines beliebigen Menschen.
– Dieser Mann klagt seine Wunden nicht ein.

Ich habe selten bildhauerisch ausdrucksstärkere Knie, schönere Füße gesehen – vielleicht, daß sie eine Spur zu graziös, zu unberührt sind unter der Nagelung. –

Vier Minuten gibt mir die Wächterin für die Skizze, rasselt mit ihrem verfluchten Schlüsselbund, drängt: ein Aussätziger, der aus dem Tempel gejagt wird. Trotzdem bleibe ich in der schwatzenden Menge, um die Apotheke zu sehen, ein farbenreiches Glanzstück ihrer Zeit. Ich bin gereizt. Vier Minuten für eine Studie! Und das als Gunst! Photographieren verboten, Zeichnen nicht vorgesehen. Es wird viel von den Inhalten der Plastiken geschwafelt, vor allem von den grotesken und künstlerisch mißglückten Zwergen, ehemals zum Schloß gehörig wie der *Herkomann*, Trutzfigur gegen die von Sporck gehaßten Jesuiten, eine Mißgeburt, ungestaltet, das Schwächste, was von Braun hier steht, und das wird seine Gründe haben!

Es wird mir auch zuviel von Sporcks Mäzenatentum gesprochen – ein leidiges Problem mit vielen Facetten, häufig diskutiert von Künstlern, weniger von denen, die sich für Mäzene halten. Ist denn wirklich jemand ein Mäzen, wenn er sein Geld nicht verjubeln, vertrinken und verhuren kann, wenn er sich eine Ideologie leistet, ihr verfallen ist, wie andere dem Morphium, und sie unter die Leute bringen will, wenn er sich mit Kunst schmückt, seiner Eitelkeit frönt und sich eine Schneise in die Unsterblichkeit schlagen läßt, wenn er, wie Sporck, ein religiöses Tugendprogramm entwirft und es von einem Genie in Stein hauen läßt? – Ich weiß, wir verdanken solchen und ähnlichen Gründen einen großen Teil der europäischen Kultur, aber waren da nicht mehr oder weniger gebildete, mehr oder weniger fanatische *Auftraggeber* am Werk, Leute, Institutionen, Zirkel, Bünde, die sich große Bildner hielten wie Hofdamen, wie Rassepferde und Hundemeuten? Es gab – muß man einfügen – selten reiche bildende Künstler, selten reich genug, um ihr Leben und Werk selbst finanzieren zu können – wurde nicht auch Brauns Genie auf Kandare geritten? (Wäre es ohne Zwang überhaupt aufgeblüht?) Ich sage nicht, daß er der Ideenwelt seiner Figuren ferne stand. Bestimmt war er gläubig, wenn auch auf unkomplizierte Weise als sein Reiter Sporck. Man kann's nicht nur am *Herkomann* ablesen, der, als die Umstände es erzwangen, zum *Goliath* umgearbeitet werden mußte – wie leid Braun solche Auftragsarbeiten gewesen sein müssen!

Unter den *Tugenden* und *Lastern* gibt es so manche Figur, die kaum von seinem Interesse gestreift wurde. Selbst in *Bethlehem*, das innerster Auftrag gewesen sein muß – denn soviel Demut, Zärtlichkeit und Behutsamkeit kann nur von innen kommen –, fällt das Stifterrelief, die *Vision des heiligen Hubertus*, in dessen Gestalt sich Graf Sporck in die Ewigkeit schleichen wollte, äußerst dürftig aus, ohne rechte Komposition, ohne Tiefe (das Thema wurde von Braun heruntergewurstelt), man weiß, wie das läuft –

Mäzen war Sporck, ich will seine Verdienste ja nicht schmälern, als er seinen Bildhauer, nachdem dieser ihm die Terrasse vor der Kirche mit den *Acht Seligkeiten*, die einhundertfünfzig Meter lange Front des Hospitals mit den *Tugend-* und *Laster*-Allegorien, den Engeln geschmückt hatte, aus der Pflicht entließ und, wie es die mündliche Überlieferung will, Braun im Neuwald nach freiem Willen und Programm *Bethlehem* schaffen ließ. –

Spätnachmittags Studien der *Trägheit* und der *Verzweiflung* auf einem Blatt.

Auf der Terrasse vor der Hospitalkirche den Abend erwartet. Pathetischer Sonnenuntergang. Lichtzauber, Farbenwunder. Die untergegangene Sonne schießt aus der Deckung der Berge Feuerwerksgarben in den Himmel – die Wolken sind Herden blutender Lämmer, Schlachtopfer der Nacht.

Im Elbtal Nebelbank. Die tintigen tanzenden Silhouetten der *Seligkeiten*.

Hotelzimmer.

Daß ich immer wieder die Bedeutung des Lichts vergesse!, nicht bewußt warte, bis ein Gegenstand – hier die Skulpturen Brauns – seine höchste Deutlichkeit und Schönheit erlangt. Nicht, daß ich diese Augenblicke nicht bemerke, ich bin jedesmal ergriffen, ja berauscht von der Zauberwirkung des Lichts, bin aber, wenn es ans Zeichnen geht, zu ungeduldig, diese Momente abzuwarten. Das Unterbewußtsein sagt: der Gegenstand ist da, also zeichne. Dabei drehe ich beim Arbeiten im Atelier die Plastiken fortwährend, aber das geschieht instinktiv, ist Gewohnheit geworden, zuweilen sogar Selbstmanipulation: man sucht eine Beleuchtung, eine Lichtstärke, die dem Auge wohltut, die einen tröstlichen Schleier über die Schwächen einer Arbeit senkt, denn es gibt Perioden, in der die Schärfe des grellen Lichts eine Bewußtseinshelle erzwingt, die so niederschmetternd ist, daß man aufgeben muß. Man schafft sich Schonzeiten. Aber darum geht es hier nicht.

Wenn ich mir abends die Studien des Tages ansehe, bin ich unglücklich über ihre geringe Dramatik, obwohl sie als Werkzeichnungen gedacht sind, als Studien ohne grafische Ansprüche. Sie sind nüchtern auf die formumfassende Linie gestellt, die der Kontur, die ja die äußerste Grenze eines Volumens festlegt. Die landschaftliche Weite eines Schenkels, die Höhlen und Bukkel eines Gelenks, konkave und konvexe Formen, die Täler zwischen den Falten, dem Haar, die Körnung des Steins, das Moos – alles wird domestiziert in didaktischen Linien- und Strichlagen –; nirgends das ingeniöse Wirken des Lichts, das Spiel, die Verwandlung. Und warum? Gibt es außer dem Vorsatz der Bestandsaufnahme noch andere Gründe? Bin ich von Ungeduld und Getriebensein beherrscht, der Erwartung, daß sich jedes Ding, der Gegenstand wie der Mensch, die Architektur, die Skulptur wie die Landschaft, allein, weil sie da, anwesend sind, sich sofort begreifen und darstellen lassen, lassen müssen? Gilt es mir als romantisch, zu warten, bis sich die Dinge ins rechte Licht setzen? (Vielleicht ist das gerade das Genaue, Präzise, das Entlarvende, Wesenhafte?) Erwarte ich nicht unbewußt, daß im Augenblick der Ankunft, der Begegnung, sich alles erschließt und darstellbar ist für die Kunst? Habe ich Angst vor dem Wandelbaren, dem Zufälligen, wie es das Licht nun einmal hervorbringt?

Wenn ich länger darüber nachdenke, sind wir in Zeiten hineingewachsen, die illusionistischen Darstellungen mißtrauisch gegenüberstehen. Historisch verständlich, denn die Illusion steht für Schein, Täuschung und Enttäuschung. Der schöne Schein – wer hat nicht genug davon? Andererseits: Scheidet der Wille, nur das Haltbare, das Objektive, den Kern, das auf das Wesen Zurückgeführte darzustellen, kurz: der Wille zur Abstraktion, nicht jenes lebensnotwendige Stück Zufall und Unbestimmbarkeit aus, so daß mit der Zeit Entfremdung zwischen der Welt und unserem Innersten entsteht?

Die reine Linie ist äußerste Begrenzung und Abstraktion des Volumens, das gilt, vereinfacht gesagt, bis zu Matisse, der allerdings eine Neubewertung vollzieht, zum Zeichen hin, zur Arabeske, zur Metapher für ... (Das freie Spiel dieser Elemente lasse ich außer acht, verbleibe jedoch in der Nähe des Gegenständlichen.) Der Bindung an den Gegenstand bedarf er zu seiner Bestätigung der Illusion nicht, denn er existiert, unabhängig vom Licht, selbst im Dunkel eines Kellers oder in einer Kiste verpackt, ist Körper, Ding, Volumen, Form, ist tastbar, begreifbar – aber lebendig, in oft überraschenden Erscheinungsformen, wird er erst im Licht! Durch das Licht widerfährt ihm Geschichte. Wir haben (berechtigte) Angst, naturalistisch zu sein, wir wollen nicht ›Menzeln‹!, selbst dort und dann nicht, wo es, wie hier in Kuks, zuweilen ganz angebracht wäre, wo ich nachzeichnend etwas lernen, etwas begreifen will. Licht und Schatten könnten, einbezogen in die Zeichnung, als Sehhilfe dienen, und wahrscheinlich würde das Einsetzen von Schatten (als Fleck), die Mischung von Linie und Fleck eine sinnlichere Abstraktion hervorbringen als die nüchterne Formbestimmung. Ich schreibe *wir*, das ist unangemessen verallgemeinert und zugleich angemessen für eine Grundtendenz unserer Generation.

Kokoschka, der die konsequentesten Ablösungsprozesse vom Naturalistischen miterlebte, soll in seiner »Salzburger Schule des Sehens« gesagt haben: »Wer den Schatten nicht ins Bild einbezieht, ist ein Rindviech.« –

Anhand der mir bekannten Entstehungsjahre der Skulpturen Brauns für Kuks und den Neuwald einen »Werkbaum« aufgezeichnet. Schon das wäre ein Lebenswerk, wenn es allein von seiner Hand stammte. Tatsächlich ist es nur ein Bruchteil des Gesamtwerks.

Böhmen, Barockland – Säulen, Kreuze, Skulpturen an jeder Wegkreuzung, oft auf dem freien Feld, unerwartete Steigerung der Landschaft. Barock, dem zwei Artikel bereitgestellt werden. Der Barock, das Barock, beides ist richtig, und wenn ich nicht darüber nachdenke, verwende ich beides wahlweise nach dem Anteil, dem Übergewicht an »maskulinen« Elementen oder an »femininen«, die sich im Neutrum verbergen. – Ob die »geschlechtliche« Zuordnung einer Anlage, Architektur, eines Bauteiles, Fensters oder Giebels und so fort, Ausfluß einer historisch gewachsenen Übereinkunft ist? Sie wäre zweifelhaft, aber denkbar. Trotzdem wirkt sie fort, und, wie es scheint, nicht ganz zu Unrecht. Obwohl männlich und weiblich außerhalb biologischer Bestimmung durch und durch ambivalente Begriffe sind. (»Die Zuweisung der Artikel zu Substantiven« wäre ein interessantes Thema!)

Im Barock durchdringen sich »feminine« und »maskuline« Formen – ich verbleibe in der Konvention – aufs innigste, mir scheint, wie in keinem Baustil zuvor. (In den Kunstgeschichtsvorlesungen über die griechische Antike wurde der dorische Stil als männlich – gedrungen, schmucklos, phallisch –, der ionische als weiblich – schlank, geschmückt, gewandgleich kanneliert – definiert. (Patriarchat und Patriarchat mit hoher Frauenverehrung.) Wie dürftig meine Kenntnisse. Ich werde dem Barock das Neutrum »das« zuordnen – in ihm sind beide Geschlechter aufgehoben.

Barock, das ist zuerst und immer eine Eigenschaft, ein Gefühl für mich. Es gibt Zeitgenossen, die ich Barockmenschen nenne, starke, weit ausgreifende Naturen, gute Esser und Trinker, Genußmenschen, Schwadronierer, kultivierte Geister oft, mit überschwenglichen Ideen, Vorstellungen und Plänen, Leute, die sich in ihrem Fleisch wohl fühlen, es nach Vermögen mästen, lustvoll und selbstsicher ihre Tage und Nächte besiegen im Vertrauen auf ihre Organe. –

Barock, das ist mir immer zuerst Adjektiv, weil es in *allen* Zeiten (und Stilen) barocke Phasen gab – Ausdruck barocker, raumgreifender Individuen. Barock, das ist die Einheit des Widersprüchlichen, von Spiel und Zucht, von freiem Fluß und Zwang, von Wasser und Stein, Mauer und Pflanze, Ratio und Wahn, Innen und Außen, Weite und Begrenzung, von Starre und Biegsamkeit, Realität und Mythos, Aufklärung und Glauben, Lust und Askese, von gebauter und gewachsener Natur, und die Illusion grenzenloser Perspektiven – Licht und Schatten, Kult und Weltlichkeit. –

Das Barock ist für mich vor allem Raum, Expansion, Schwingung, Ekstase, Prunk, Atmung, Grazie, Entfaltung, Genuß, Kubus, Geometrie, Kalkül, Irrationalität, Rausch, Verve, Exaltation,

Maske, Zeremonie, Morbidität, Metaphysik, Illusion, Pathos, Wollust, Transparenz, Exotik, Erotik, Todesverklärung – es ist Spiegel, Grotte, Höhlung, Nische, Hostie, Kelch, Fontäne, Lorbeer, Lilie, Alge, Moos, Perücke; Puder und Pferdeschweiß, Weihrauch und Bratendunst, Monstranz und Füllhorn, Samt, Taft und Spitze; – es sind die Farben Weiß, Gold, Rot und das Violett als Farbe der Macht –

Barock, das ist der Versuch, Eigenständiges zusammenzuschmelzen zum Gesamten, zum Gesamtkunstwerk, in dem sich das Öl mit dem Wasser mischen muß, die Architektur den Garten bestimmt, die Malerei die Plastik, und keines bleibt rein; es wird zurechtgeschnitten, simuliert und alles in riesigen Mengen verbraucht – es wird viel verloren, eines gewonnen: Glanz.

Möglich, daß die Barockmalerei – sie lebt wie jede Malerei sowieso von der Täuschung, abgesehen von der gegenstandslosen Moderne – weniger einbüßte an Eigenständigkeit als die Bildhauerei. – Ist das leichtfertig gesagt? Ich denke summarisch und kann kaum Namen und Beispiele anführen, die sie vertreten, denke an Permoser, Schlüter, Räntz und Wohler, deren Werke ich gesehen habe, die anderen, Bernini, Donner, Asam ... sind nichts als schemenhafte Anschauung, gewonnen aus Kunstgeschichten, die magersten Eindrücke, die sich denken lassen, *eine* Schauseite als Beleg von hundert notwendigen Ansichten, bestenfalls in Postkartengröße, meist kleiner. –

Die Bildhauer des Barock, ich wage diesen Schluß, sind die namenlosesten Künstler ihrer Epoche geblieben, sie waren Sklaven der Architektur, hatten Beiträge zu erbringen, Teile zu liefern, von der Girlande bis zur Heiligengestalt, vom Kamin bis zum Reiterstandbild, und alles immer in großen Stückzahlen. Ihre Kunst war die letzte Höhung, das »Glanzlicht im Auge«, der »vegetabilische« Ausklang des Gebäudes, der Schmuck – ihr war die Funktion der Stimmungsmache zugewiesen, das Aufflammen und Aufsteigen, das Flirren vor und über dem Festen, sie war Dienerin, und Diener mußten allezeit ihren eigenen Namen ablegen; Zügelung ist geboten, denn ich bin kein Historiker; ich habe Eindrücke, Erlebnisse, und ohne sie werde ich nicht viel wissen. Abbildungen wecken höchstens Neugierde.

Aber ich bin oft durch die Anlagen von Sanssouci gegangen, habe Plastik für Plastik das *Neue Palais* abgeschritten – es sind 358! – und habe niemals das Bedürfnis verspürt, nach den Namen der Bildhauer zu fragen, es war immer ein Abschreiten langer Kolonnen, mitunter ein Innehalten, wenn etwas »übersprang«, über der Konfektionsnorm lag, es mußte das unbestimmbar Besondere sein, wenn sich Handschriften entschlüsselten, originale Qualitäten auftauchten aus der Masse – immer nur dann, wenn *einer* am Werke gewesen, der ergriffener, tiefer, eigenartiger war.

Ignoranz ist im Spiele. Zu ihrer Entschuldigung kann nur nachgetragen werden, daß man im Barock selten auf eine, zwei oder drei Figuren zugeht und sie erleben kann, man betrachtet nicht *den* David, in dem sich ein Lebenswerk sublimiert, sondern *einen* David unter zwanzig, vierzig, sechzig Figuren – und das mag der Grund sein für das seltsame Desinteresse an Namen –

Braun steht mir nicht grundsätzlich über all seinen Zeitgenossen; was mich anzieht, ist seine maßlose Vorstellungsgabe, sein Hang zum Exzessiven, seine vulkanische Gestaltungskraft – es genügt, sich das Knie eines Eremiten anzusehen, um zu wissen, was ich meine, nur ein Knie – oder den Ellenbogen des *David*.

Rückreise

12. September 1972

Fahrt nach Dresden: Wetter wechselhaft, bewölkt, Sonne und Regenschauer.

Die Route Dvůr Králové, Jičín, Turnov, Liberec, Nový Bor, Děčín gewählt, also die nördlichste durchs Vorgebirgsland des Riesen-, Iser- und Adlergebirges. Hinter Turnov die Landschaft nahezu großartig: weiträumige Täler, und die Berge von achtunggebietender Höhe. Mehr Verständnis für die Romantiker.

In Liberec kurz ausgestiegen, eingekauft. Der Stadtkern, seine bauliche Atmosphäre – Wehrturm oder Stadttor, Wohnhäuser, Cafés, Hotels, Geschäfte – ist die von Filmkulissen: die alten, großstädtisch-eleganten Ladenschilder – in mondäner Kalligraphie, Gold, auf lackschwarzen Gründen – waren Metropolenreminiszenz für die in Mittel- und Kleinstädte, in Dörfer verschlagene bessere Gesellschaft, die Akademiker, die der tödlichen Langeweile ihrer Nester, ihren muffig gewordenen Ehebetten entflohen und hier von Zeit zu Zeit große Welt spielten: Wien, Prag und Berlin, Städte, in denen sie aufwuchsen und studierten, bevor es abging in die lebenslange Verbannung ihrer Güter, Kanzleien, Arztpraxen, Bürgermeisterämter, Apotheken. Man hört von Exzessen, aber aufgeschrieben ist sie nicht, die Sittengeschichte böhmischer Honoratioren: ihre fürchterlichen Saufzüge, Bordellfeste und Orgien. –

Vor Děčín wird die Landschaft flacher, öfter Sandsteinfelsen, aber noch immer großzügig.

An der Grenze vom tschechischen Zoll lange aufgehalten, wegen der Bibel im Kofferraum. Ungewiß, ob aus »geistigen« Gründen oder ob Verdacht auf Ausfuhr eines antiquarischen Wertes besteht. (Luther-Bibel, 1954 »zu Berlin« verlegt, außergewöhnlich schön, Dünndruckpapier, Goldschnitt, weinrotes Leder, Lizenznummer der DDR 481, allerdings im Einbandkuvert mehrere Karten des Gebietes, in dem sich die Geschichte der, des ... einstmals abgespielt haben soll.)
Ziemlich erleichtert Passageerlaubnis erhalten. Warum? weil jeder, auch der unbegründete, Verdacht irgendwie schuldig spricht.

Mit sentimentalem Heimatgefühl die Fahrt bis Bad Schandau genossen, Sonne, Spätsommerfarben, die braunglänzende Elbe, die Felsen der Sächsischen Schweiz – man müßte einmal das Brachland Kindheit mit dem scharfen Pflug der Erinnerung aufbrechen, zurückdenken, Herkunft entdecken, Zusammenhänge finden, die Wurzeln der Animositäten bloßlegen, der Sympathien: erinnern die maritimen Abenteuer auf den weißen Dampfern der »Weißen Flotte«, diesen Festtagen auf dem Fluß, von Dresden nach Schandau und zurück. Als Junge am Bug stehend, im Fahrtwind, man war Entdecker, Arktiseroberer, war Pirat, enterte die schwarzen Pontons der Landungsbrücken, mit ihren weißen Aufbauten, den Lagern von Frachtgütern und Tauen, war der Matrose, der mit schweren Bäumen, mit Enterhaken das Schiff vom Ufer hielt, warf unterarmdicke Tampen um die Poller, lancierte geschickt die Fender zwischen Schiffsrumpf und Pontonwand – das leise gepreßte Malmen des Hanfs!, der Teergeruch! –, wurde beneidet von den Passagieren um die tigerhafte Gewandtheit, die stählernen Muskeln – war mehr als der Kapitän, der von der hohen Brücke seine Befehle übers Schiff schallen ließ, in den blankpolierten Messingtrichter rief, der ihn über ein Rohr mit dem Orkus der Maschinisten verband: Volle Fahrt, halbe, Sto – op! Komplizierte Manöver; die Schaufelräder zertrümmerten unbarmherzig die glatte Wasserfläche, mahlten, fraßen die Wasser, die den Rumpf trugen, Aufruhr, Strudel, Gischtflockenfahnen, die an den Fenstern der unteren Salons vorbeiflogen, feiner stäubender Regen, der die Deckpassagiere einhüllte; angenehm kühlende Schauer an heißen Tagen, wenn die Sonne das Tal ausbrannte, unwirtlich an kalten Tagen, wenn der Abendwind übers Deck pfiff, die Elbe nach Brackwasser roch – welch fremdartige Geborgenheit, wenn man den Rücken gegen die warmen Eisenwände des Mittschiffs über den Feuerlöchern der Dampfmaschine pressen konnte und in den stampfenden Rhythmus der gewaltigen Pleuelstangen und Kolben versank – Maschinen und Kessel aus blitzendem Messing und Kupfer –, Öldämpfe und den Schweiß der Maschinisten einsog, Männer mit breiten Brüsten unter den zum Platzen gespannten Seemannshemden, sie waren Sklaven und zugleich Gebieter der Kräfte des Höllenreichs.

Heizer wollte ich nicht sein, mich beängstigte ihr Eingeschlossensein in die Stahlgruft, die ohne Ausblick auf das Wasser, die Ufer, die Wellen, die schaukelnden Boote, die nackten, von Lagerfalten und Sandohren gezeichneten Felswände war, Heizer lebten wie Geblendete, während draußen die Bastei, die Nadel des Mönchs, die Feste Königstein, die nackten gelben Felswände bei Obervogelgesang, das exotische Schloß Pillnitz, sein von ägyptisierenden Sphinxen bewachter Gondelhafen, der Urwald der gegenüberliegenden Insel vorüberglitten, für sie gab es keinen Himmel, weder die Lämmerwolken noch das schwere bleigraue Gebräu heraufziehender Gewitter –

Man müßte sich der Elbe bei Eisgang erinnern: das Knirschen, Schaben, Splittern der Schollen – die Elbe war laut wie Mahlwerk an diesen frühlingsnahen Tagen, sie stöhnte und ächzte –, an die gefährlichen Mutproben des Eisschollenspringens, die Schrecken, die Todesängste, wenn die Scholle zerbrach! – es gab glückliche Konstellationen, in denen man bis zur Flußmitte springen konnte, sich treiben ließ, bis es keine Rückkehr zum Ufer mehr gab – bange Minuten, Sturz in eisiges Wasser, Quetschungen –
Wenigstens das Bild vom mächtigen Geschiebe bei Gohlis malen, in den Farben Friedrichs, coelinblau der Himmel und gelblichweiß die meterhoch ragenden Schollen der Eisberge – ein synthetisches Bild, gläsern; beschreiben den Eisgrottengang über den Fluß.

Zu berichten wäre Apokalyptisches –
von Menschen, brennenden Phosphorfackeln, die sich in einer Februarnacht in den Fluß stürzten –
vom Anblick eines dunkelhäutigen amerikanischen Bombenfliegers, aufgespießt und durchbohrt von den Eisenspitzen des Zauns am Elbwasserwerk in Tolkewitz, es war März, ein strahlender Frühlingstag (vier weitere Besatzungsmitglieder tot im Gelände verstreut) –
von der heftigen Flut, dem enthusiastischen Sommerhimmel im Mai fünfundvierzig – da schnitt kein Kiel von Schiffen, Ausflugsdampfern und Zillen den Fluß, da trieben mit Tarnfarben gefleckte Pionierpontons, umgekippte Boote dahin, die Rümpfe durchlöchert von Maschinengewehrgarben, Schlauchboote mit lecken Kammern, zu Flößen zusammengebundene Benzinfässer und Kanister, Autoschläuche, Badewannen mit Balkenauslegern, und immer wieder Pontons, Fluchtfahrzeuge alles, tauglich nur für die Dunkelheit – am Tage bloße Schießscheiben –; jedes Floß eine Geschichte, und die Leichen fast alles Soldaten, deutsche, russische –

gegen Ende des Monats verschwand die traurige Fracht, wir gingen baden, sprangen vom Deck eines auf den Grund gebombten Lazarettschiffs der Weißen Flotte (Schiffswerft Laubegast) ins Wasser, der Schaufelradkasten verdeckte die Sicht, wir hechteten, tauchten auf, hechteten wieder, bis auf mich ein riesig aufgetriebener Kopf zuschwamm, ein Arm von der Stärke eines Schenkels, eingeschnürt am Handgelenk von einer Armbanduhr mit Metallgliederband – das Fleisch blaufleckig, gelblichgrün –

aufzuschreiben wären die Schicksale der Toten, die der Fährmann mit dem Enterhaken an Land zog, festband am Landungssteg, und die in der Strömung pendelten –

Aber das wären ganz andere Bücher. –

Braun stirbt in Prag
1738

Jakobsbrunnen
Anbetung der Heiligen Drei Könige
1731–34

Hieronymus
1731

Geburt des Herrn (Bethlehem)
1731

David, Garinus, Onuphrius, Hubertus (Relief, Bethlehem)
1729

Maria Magdalena
1728

?		?
Glaube		Hoffart
Hoffnung		Geiz
Liebe	Die Allee	Unkeuschheit
Geduld	der Tugenden und Laster	Neid
Klugheit	vor dem Hospital	Unmäßigkeit
Keuschheit		Zorn
Fleiß		Trägheit
Aufrichtigkeit		Leichtfertigkeit
Freigebigkeit		Verleumdung
Mäßigkeit		Verzweiflung
		Arglist

1719

Statue der Religion
Engelsgruppe, Genius des glücklichen und des beklagenswerten Todes
1718

Die Acht Seligen (Werkstatt?)
Tiergruppen und Zwergfiguren
1712–15

Braun wird in Sautens (Tirol) geboren
1684

Kleine Balkanlandschaft (Ausschnitt), 1975, Kohle über Bleistift

Ein Krankheitsbericht

Bulgarien-Tagebuch

20.III.75, im Flugzeug. Ich reise widerwillig und nur unter Zwang. 7 Uhr 50 Start. Maschine sowjetische TU 134 (2 Turbinen), eng und ohne Komfort. Vorausgesagte Flughöhe 10.000 Meter, das Erdgesicht verschmilzt zu Strukturen! Fluggeschwindigkeit 860 km/h. Daran ist nichts neu, und dennoch sind diese Daten die Grundlage eines enormen Abenteuers für mich. Ich verlasse die träge, in irrwitziger Selbstüberschätzung dahinlebende Erde und fliege ins Ungewisse: mich erfaßt der Rausch des Ikarus, die höchste Form körperlicher Freiheit, ich durchschneide alle Fesseln und Bindungen. Wenn auch, aber darauf kommt es nicht an, auf Zeit. Es gibt keine Falle, in die man so sicher tappte, wie die der Landung. Alles Fiktion, endgültig ist nur der Tod.

Das Sonnenlicht verströmt sich im Weltenraum, unter mir lagert es auf den Wolken. Im Steigen kippen die Horizonte, und einmal auf Kurs gebracht, beginnt die unheimliche Ereignislosigkeit des Fliegens, während draußen in gigantischen Dimensionen Wolkenwände ansteigen und versinken, Felskegel, ja ganze Gebirge aufbrechen – Montana.

9 Uhr 40 geschlossene Wolkendecke, zuweilen Archipele. Später reißt die weiße Ebene, Schneegipfel stoßen in die dunklen Spalten.

Noch nie zerstörten mir so nah fliegende Düsenjäger die Illusion von Alleinsein. Erstmals auch das Gefühl, Teil eines Luftverkehrsnetzes zu sein.

Sandanski, Hotel Spartak

22 Uhr, im Bett. Ringsum Lärm, dem Irrsinn nahe vor Hilflosigkeit, dem heftigsten Drange zu flüchten ausgeliefert. Es ist oft

mein Schicksal, krank zu werden, sobald ich mein Atelier verlasse. Die Fremde, und das ist unwirklich, jagt mir schreckliche Ängste ein, veranlaßt sind sie durch tatsächliche und psychosomatisch bedingte Ausfälle des Herzens, Arhythmien, Schwindelanfälle usf. Umgehen kann ich mit meinem Körper nur aus sicherem Stand. Dabei hämmere ich mir ein, daß ich ja nicht verbannt, sondern nur versetzt bin in eine andere Weltgegend, oft sogar eine ersehnte. Immer noch befällt mich die Angst und Seelennot, die mich erfaßte, als ich unvorbereitet aus dem Zuchthaus vertrieben wurde, kein Glücksempfinden, keine Freude. Allein das Angewiesensein auf Leute, die man, wie hier auf dem Balkan, nicht versteht, noch deren Wesen begreift, erzeugt das Gefühl, vor den Schranken eines böswilligen Tribunals zu stehen. Das gehört zum Pathologischen meines Seins, da ich ja jederzeit zurückfahren oder mir ein Haus mieten könnte, abgesondert, fern, eingeschlossen in den Kreis meiner Gedanken und in Zwiesprache mit diesem Papier: frei, »als Fremder, längs der Gehwege des Lachens«.

Nach vierzig Jahren Zwingerhaltung schabe ich mir mein Fell nicht mehr an Gitterstäben, sondern habe seit Jahrzehnten alle Weiten, die fernsten und schönsten Orte, alle erdenkliche Freiheit meinem unbändigen Herzen zuliebe nach INNEN verlegt. Ich bin so sehr zum Luxusreisenden geworden in den vielen tausend Nächten, in denen ich ALLE mir irgend etwas bedeutenden Städte, Meere, Landschaften bewohnte, daß die Wirklichkeit von unerträglicher Profanität und Vulgarität geworden ist: ich lebe ideale Bedingungen. Morast und nahezu schmerzender Glanz.

Den Flug gut überstanden. K., der Helfer, erwartete mich. Irritierende Botschaften.

16 Uhr 30 Abfahrt von Sofia mit dem Auto in die Dunkelheit, zweihundert Kilometer fremdes Land, Ortschaften, Täler und Felsüberhänge, alles in Sekundenbruchteilen des vorauseilenden Scheinwerferlichts.

Einmal angekommen, treibt mich die Neugier um. Obwohl ich mich in Beziehungen setzen muß, hasse ich alles, was mich in Ordnungsbezüge preßt, Beamte, Polizisten, Politiker, Kellner, Taxifahrer, die nun einmal in der Welt sind. Sie alle können mir nicht Nächste sein. Ihre Interessen laufen aus den natürlichsten Gründen den meinen zuwider.

Zwei Minuten lang war ich hier glücklich – beim Anflug auf Sofia, die Berge im Zauberlicht, fasziniert von den Flugbildern der in Terrassen aufsteigenden Berge, dem staubigen Grün der Bäume über dem roten Ocker der Erde.

Das Hotel ist so hellhörig, daß die Stimmen der im Nebenzimmer redenden Männer sich verstärken. Tabletten.

Sandanski, 21.III.75

Gleich 22 Uhr. Seit zwei Stunden im Hotel. Es ist ungeheizt, nicht mehr als 8-10 Grad. Unwirtlich. Müde und depressiv. Mir fehlt die Robustheit der Gelassenen und Phantasielosen, mein Hirn beleuchtet alle möglichen Szenarien, Mißgeschicke, Ketten von Tragödien. Da jetzt alles im Ungewissen liegt, gibt es keine Ruhe für mich. Hypertrophie der Ahnungen, die alle Wirklichkeit werden können. Dagegen steht, daß ich jeden Anflug von Schönheit gesteigert erlebe. Die fernen Berge im Geheimnis ihrer Zurückgezogenheit, ihre Farben und Formen.

Wie gut geht es da K.! Ihn ficht nichts an, er radebrecht sich durch dieses Land, nichtsahnend, als Herr aller Dinge, ohne irgendeinen Gedanken an Düsternisse oder Gefahr.

Hier ist Nobodyland, nirgends die große historische Wand, in die die Namen großer Menschen geritzt sind.

4 Uhr durch die Kälte erwacht, gegen 6 Uhr aufgestanden. Mit kaltem Wasser rasiert. Und das für 56 Dollar die Nacht.

Mit K.s Wartburg zum Marmorwerk an der Talstraße. 9 Uhr 30 dann endlich mit einem Jeep in den Steinbruch, 2000 Höhenmeter überwunden: eine steile, von Felsbrocken übersäte Wüste. Im Jeep ein kleiner, reizender Franzose, zehn Tage des Monats arbeitet er im Ausland, den Rest lebt er in seinem Haus in Versailles, »gleich neben Jean Gabin«, seine Zähne sind lückenhaft und braun von den täglichen sechzig Gauloises. Hier ist er alle paar Wochen, weil niemand sonst die technischen Anlagen pflegt.

Großartig die Bergwelt. Ihre Farben sind zederngrün, rotbraun (das Zwergeichenlaub), graues Gestein. Wechsel von Schroffem und Ebenem, Niederwald und oben, unter Wolken, die Gipfel im Schnee. Vereinzelte Zwergkiefern. Die südwestliche Himmelsrichtung wird von einer hohen Bergkette begrenzt. Dahinter liegt Griechenland! Im Westen Jugoslawien.

Ich gehe über griechisches Barbarenland.

Deshalb steht an der Kreuzung nach Sandanski das naiv-brutale Spartakusdenkmal. Die Legende benennt Sandanski als seinen Geburtsort.

Habe Lust zu arbeiten, zu aquarellieren, festzuhalten, was das Auge besticht, aber noch bin ich matt, zu zerrieben von den herrschenden Verhältnissen.

Oben im Steinbruch dann meinen Marmorblock gesehen. Groß wie ein Siedlungshaus wirkt er klein vor dem Pathos der ansteigenden Berge. Es ist ein frostbeständiger, harter Stein von schönem, vergrautem Weiß. Seine Seitenflächen sind von den Bohrungen kanneliert, ein fertiges Kunstwerk nach modernem Verständnis, obwohl seiner Gestalt kein Kunstwille zugrunde liegt. Er wurde gebrochen, nicht mehr.

Zum Vermessen haben wir das einen Meter lange Gipsmodell der »Gruppe« ins Rund der Marmorwände gestellt. Zu meiner Freude behauptet es sich in der Urgewalt der Umgebung, strahlt, trotz seiner geringen Größe, Ruhe und Gelassenheit aus. Eine glückliche Stunde! Nach der Vermessung des Blocks die Entscheidung gefällt, ihn zu teilen (Transport!). Wir werden also eine Standfuge einschleifen müssen; ein Aufwand, der mich schreckt.

Trotz praller, blendender Sonne gefroren.

Die Arbeiter sind rauhe, tierhafte Kerle, ihre Hände hornhäutige Klauen, vom Halten der Hämmer gekrümmt für immer. Sie sind schwerhörig vom Lärm der Preßluftbohrer. Ihr Sprechen gutturale Schreie, aber ihre Gesten freundlich, fast zart.

Zu Mittag gab es Pferdebohnensuppe mit fettem Fleisch, harte, große Schalenfrüchte, die die Mägen und Därme auftreiben. Das gleiche Essen wie alle Tage zuvor und die kommenden danach. Die Löffel kratzten in den zerbeulten Aluschüsseln und durchbrachen das Schweigen, Erinnerungen an meine Kindheitsträume als Cowboy und Trapper stiegen auf, karge Mahlzeiten unter Viehtreibern in frostiger Prärie, harte Männer, unter deren Gesetz aber zu leben war.

Es ist ein großes, ein archaisches Erlebnis, solch mächtigen Stein vor der Wand liegen zu sehen, deren Teil er seit der Erschaffung der Erde war. Bruchteil einer Formation, die Damm gegen die Urmeere gewesen sein kann und nun Skulptur werden soll. Noch ist der Kontakt nur optisch, noch fehlt mir die zwingende Vorstellung der allein möglichen Gestalt. Ungewiß auch, wie die Bearbeitung dieses Steins die Kristalle in der Form erblühen lassen wird. Jetzt ist er matt und gebrochen in seiner Struktur, verbreitet als tote Materie stumme Verzweiflung. Nur der Rhythmus meines Herzens, der Rhythmus des Eisens, mein Puls wird ihm seine Würde zurückgeben, hinüberführen in eine neue belebte Existenz.

Spät mit dem LKW ins Tal. Regen, Kälte, Frost. Abends: Brot mit Käse im feuchtkalten Zimmer.

Auf dem Berg, über dem Bruch, wilde Anemonen gesehen!

Sandanski, 22.III.75

Hotel 22 Uhr. Es regnet, 2 Grad plus, das Zimmer ungeheizt. Devisenbetrug. Haben, wie gestern, auf K.s Zimmer gegessen und geredet. Und gefroren. Unsere Nahrung: Brot, Käse, Joghurt. Diese Ernährung bekommt mir. Heute nicht mehr so fiebrig.

Bis 7 Uhr geschlafen. Nach dem Frühstück mit dem Auto nach Melnik. Bin gefahren, habe mich rasch an den Wagen gewöhnt.

Nach Süden wird die Landschaft weiträumiger. Bestimmend das Zwergeichenlaub, im Grün der Wiesen das fahle Silber der Pappeln. Weit ausgedehnte Felder fließen bruchlos in die weichen Lehmfelsen, es ist eine Landschaft der Farbe, des Hell-Dunkel auch, jedoch ohne feste Struktur.

In Melnik, es liegt im Grenzgebiet nach Griechenland, ängstlich in einen zugewachsenen Bergkessel eingedrungen. Die Gefahr, verhaftet zu werden, trieb uns zur Umkehr. In einem Folklore-Hotel Filet und Brot. Sprühregen, aber nochmals ins Tal. Ein Hund schloß sich uns an, schlief mir zu Füßen, während ich zeichnete. Durchgefroren zum Auto. In Roschen atmet die Landschaft. Schwer zu bestimmen, aber das Gefühl ist zwingend. Werde nochmals hinfahren und zeichnen. Roschen ist von unvorstellbarer Armut gezeichnet: der Baumbestand ist verheizt, die Häuser, auch die bewohnten, sind nur noch Ruinen. Dennoch, solange sie in einem Winkel noch Schutz bieten vor Regen und Wind, sind sie als Lebensort von nicht benennbarer Schönheit. Die Hausmitte bestimmt ein großes, offenes Zimmer, darüber, im ersten Stock, eine weiträumige Balkondiele, offen für das erquickende Spiel des Abendwindes.

Durch Unrat und knietiefen Matsch zum Monastir Roschen. Aus der Ferne recht ärmlich, balkengestützt, etc. Innen aber von überzeugender Logik. Das Haupthaus hat drei Etagen, die jetzt Touristenzimmer von äußerster Kargheit sind, erschlossen durch ringsum laufende Galerien. Sie bieten einen Herrschaftsblick über das kulissenhaft unwirkliche Land. In der Mitte, den Hof umfassend, die Kirche (11. Jahrhundert). Ein Holzbau, bäurische Ikonostase, zwei geometrisch strenge Ikonen, Maria und Christus, orthodox. (Gleichschenkliges Kreuz). Die Rückseite der Ikonenwand schmückt griechische Schnitzerei, grazil und artistisch. In einer Nebenkapelle eine Muttergottes mit Jenseitsblick.

Porträtgalerie der Heiligen.

Beim deutsch sprechenden Mönch Seraphim. Seine Zelle ist aus grob behauenem Holz gefügt, angefüllt mit alten Radios, Töpfen, Büchern, Zeitungen, Gläsern, Schalen, Devotionalien, eine Arche zur Rettung menschlichen Plunders. Eiserner Ofen, zwei Betten, ein deutscher Küchenschrank der 30er Jahre (Eschebach?). Kurbeltelefon, vergilbte Postkarten, ein Foto von Dimitroff. Seraphim, um die dreißig, mit ebenmäßigem Ikonengesicht und unruhigen Augen. Das grobe schwarze Priestergewand.

Im Regen zurück nach Sandanski. Die Landschaft erinnert an Ischia-Aquarelle von Gilles, selbstvergessene.

(Halsschmerzen, verkühlt.)

Sandanski, 23.III.75, Hotel Spartak

Sonntag. Diese unverständliche Trauer im Herzen. Diese Schwermut. Ringsum nistet die Angst.

Vormittag. Nach durchfrorener Nacht in K.s Zimmer, Devisen durchgerechnet. Silberlinge. Dieser unselige Betrug! Dollars für Hunger und Frost. Noch immer Regen. Der Himmel grau, ohne Aufhellung. Mittagessen im Hotel. Das Restaurant im Stil sowjetischer Parteikonferenzräume: dunkle Eiche, roter Plüsch und Teppich. Die Kronleuchter aus zaristischen Ballsälen gestohlen. Die schweren Vorhänge sind teilweise oder zur Gänze heruntergerissen. Hier wird nichts repariert. Der Blick über den noch leeren Saal ist die Essenz eines Weltsystems: Unlust und Verfall. Als mir ein hübscher junger Kellner, der Thomas Manns Entzücken gewesen wäre, meine Tomatensuppe, die seinen Daumen gefärbt hatte, servierte, sah ich sein Glied, hell wie ein Pilz, aus dem Schlitz seiner Hose leuchten. Toilette und Küche, Nahrung und Geschlecht, eine fatale Gedankenkette.

13 Uhr, bei leichtem Regen, nochmals in Richtung Melnik gefahren.

Einige Kilometer vor der im Tale liegenden Stadt erklimmt die Straße im weiten Bogen einen stumpfen Bergrücken, von dessen Höhe der Blick in jugoslawisches Land reicht; dunstige, ferne Bergwelt, weich in der Bildung, monochrom. Landeinwärts jedoch, nach Osten, schäumen die wellenförmigen Lehmwände im dichten und tiefen Hintereinander auf wie brandendes Meer.

Geparkt und gezeichnet. Das Porzellanhafte der Formen wirkt manieriert auf dem Blatt, so daß die Lust im Verdruß über das Mißlingen erlischt.

Die Sonne brach, schmerzlich auf der Haut, durch die tiefhängenden Wolken, Sonnenlanzen staken in den Bergflanken, ein glänzender, jedoch in Sekunden verlöschender Effekt.

Von Melnik, im Tale, auf einen der hohen Berge über dem Ort geklettert. Mit zunehmender Höhe tauchten immer neue, großartigere, nur von sehr schmalen Schluchten getrennte Lehmwände auf, eine fast künstlich wirkende Staffelung.

Barocke Panoramaschau. Das Formationsprinzip ähnelt den Kreidefelsen auf Rügen. Nur sind hier fast alle zu Klingen geschliffen, scharf und selten einzelne Spitzen, sondern kilometerlange Grate.

Die Farben: ocker, grün in Variationen (Kiefer, Flechte, Moos) und der Himmel heute jenes Gewitter anzeigende blaue Grau ohne gliedernde Zeichnung.

Vom Gipfel aus betrachtet, erkenne ich den Ursprung dieser höchst bizarren Gebirgsformen: einst welliges Hügelland, Wiesen und spärlicher Wald. Leicht angreifbar von Regen und Sturm bei Überweidung, heißen, zu trockenen Sommern, die den Boden aufreißen und rasch zu Flußbetten werden lassen in den Zeiten übermäßigen Regenfalls. In diese einst geschlossene Decke wuschen sich Schrunden, Rinnen, Betten, die sich zu Einbrüchen erweiterten, zu engen Schluchten und weiträumigen Tälern. Alles unterliegt diesem Gesetz, wobei es gewiß keinen Stillstand gibt. Am gefährdetsten sind die messerscharfen Grate und pflanzenstengelgleichen Stempel, auf deren Höhe sich winzige Wiesenkäppchen festkrallen.

Plan: Panoramablätter zeichnen. Nichts konzentriert sich zum Zentrum! Den Zusammenhang der auf den Gipfeln, die noch nicht zum Grat gewaschen sind, thronenden unterschiedlich großen filzigen Wiesen darstellen!

Sie schwimmen optisch wie Inselketten im Meer, und das Auge kann sie sich, kaum ist ihre Entstehung erkannt, leicht als geschlossene Ebene vorstellen. Die Höhlen, Hütten, Häuser, Gehöfte versanken. Was überlebte an Zivilisation ankerte in den Tälern, in denen schreckliche Verwahrlosung und Not herrschen, keine Wand, keine Tür, die vor dem Verfall bewahrt wird, die Wege voll Müll und Kot, selbst die staatlichen Dorfläden haben eingeschlagene Scheiben, alles zerstört, lawede, kaputt! Was für ein Land!

Aus einem Haus dringt vom Mastikagenuß unordentlich intonierter Gesang.

Zeichnungstitel: Balkanschluchten?

Sandanski, 24.III.75

22 Uhr. Tagebuchzeit. Schlimmer Tag. Herzschmerzen und Armlähmung. Medikamente.

Nach wacher Nacht 6 Uhr aus dem morgendlichen Tablettenschlaf gerissen. Schwindlig und Kreislaufstörungen. Bös. K.s Wartburg-Sessel repariert und schnell zum Marmorwerk gerast. Heftiger Regen. Die Wege zäher, tiefer Schlamm. Die Schuhe sofort durchgeweicht für den Tag. Magenübelkeit. 10 Uhr endlich ein LKW, der mich in den Steinbruch bringt, als Beiladung. Auf halber Höhe nimmt dickes Schneetreiben dem Fahrer die Sicht. Wir müssen auf genau 1920 Meter. Eine gefährliche, unbeschreiblich abenteuerliche Fahrt, die alle Krankheitssymptome beiseite schiebt. Fünfmal bleiben wir stecken und rutschen talwärts auf die Abgründe zu! Es gibt oft Tote bei diesen Fahrten. Aber solche Gefahren erhöhen mir den Puls nicht.

Im Bruch fand ich meinen Block eingesunken in einen See. Das Modell ist gerettet.

Zur Mittagspause mit den Marmorbrechern Bohnensuppe gegessen. Das sind von Not und Zwang unbeeindruckte Kerle. Fuhr nach dem Mittag mit dreißig durchnäßten, nach Knoblauch, Schweiß und bitterem Rauch stinkenden Männern im Arbeiter-Laster zurück ins Tal. Der LKW sprang und tanzte über Felsbrocken und Mulden, die Männer flogen mit den Köpfen gegen das Planengestänge, Johlen und Schmerzensschreie. Wir, die blinden Passagiere, hockten haltsuchend auf dem Boden und klammerten uns hilflos aneinander. Regen tropfte durch die Plane.

Bis jetzt waren alle Fahrten ohne Erfolg, die oberste Steinbruchleitung in Sofia verweigert uns eine der acht Preßluftleitungen, damit der Block zugerichtet und für den Transport getrennt werden kann. »Ja morgen«, lautet seit einem halben Monat das Versprechen, aber im Bruch ist keiner zuständig, der Plan sitzt allen im Nacken, es ist also nur natürlich, keine Leitung freizugeben. Sie verarbeiten, auf Teufel komm raus, diesen wunderbaren Marmor, nachdem er mühsam gebrochen, man kann sagen, unter Lebensgefahr ins Tal gefahren wurde, zu Splitt, der für Pfennige pro Tonne ins westliche Ausland geht. Füllmasse. Zuschlagstoff. Es ist eine unfaßbare Verschwendung, die nicht einmal die Unkosten deckt. Die Arbeiter werden verschlissen wie Vieh. Nach zehn Jahren Preßlufthammerarbeit haben sie kein heiles Gelenk mehr, sind zu Krüppeln gemacht worden.

Abends übermüdet und verkühlt zu Besuch bei einer deutsch sprechenden, sehr netten Geologenfamilie. Das Gespräch aber, so kindisch, weil Vorsicht und Mißtrauen im Raum stehen, wird mir zu Asche im Mund. Vertane Zeit. Warum, das frage ich mich in tiefstem Ernst, kann ich nicht generös sein, warum bringt mich dieses bißchen Fremdheit so außer meine Mitte?
Erzwinge den Aufbruch.

Sandanski, 25.III.75

7 Uhr erwacht, noch müde, von bösen Träumen zerrüttet. Morgenlicht versickert im Raum, LKW's erschüttern die Stadt.
Sonne.

Noch 25.III. 17 Uhr, Mit K. in S. an der Struma gewesen, etwa 60 km. Trostlos. Leer alle Läden, nicht einmal Brot zum Abend. Unverkäufliche Fischbüchsen in den Regalen, wie nach einer Plünderung. Die breitmäuligen Gestelle empfingen uns wie gierige Ungeheuer. Das Leben hält verzweifelt seinen Atem an, surreal, lähmend.

Das Wetter veränderte sich, der Himmel wolkenreich, von Zeit zu Zeit durchfuhren wir Sprühregenschauer. Die Straße preßt sich an den Fuß des Pirin-Gebirges, dessen Schönheit gefangen nimmt, Eile, Eile, dahin, dahin, und von jedem Standpunkt locken die fernen Schneegipfel.
Dieses Land hat nur wenige Tage gebraucht, um mich an meine Existenzgrenzen zu führen, gewiß ohne jede Voreingenommenheit. Es ist das polizeistaatliche System, das die Luft verpestet, die Menschen zu Trinkern und Dieben macht. Oder war er immer so, der Balkan?

Mein Gesicht ist fahl, müde, zerfältelt, das Herz ein schmerzender Muskel, verkrampft und ohne ordentlichen Schlag, es stolpert, hinkt, rast. Angst und Trauer gehen neben mir, sind meine Führer geworden.

Probleme über Probleme. Den Zustand des Autos bewahren, wie es schützen vor dem Diebstahl der Räder, Scheibenwischer, aller demontierbaren Teile, es gibt keinen sicheren Ort. Wie soll ich die Fahrt nach Sofia bewältigen und zurückkommen inmitten all dieser Fallen? Ohne Glück kann das alles nicht gelingen. Hier, wo ein Parkplatzwächter mächtiger ist oder das fette Mädchen am Empfang – weil sie zu den Dienern des »Schlosses« gehören: Kommandeure kaiserlicher Armeen. Das geschieht mir, im Lande der Verbote und »Nichtzuständigkeiten«, der ich sowieso nur ein Restmensch bin, herausgerissen aus der strengen Ordnung und Freiheit (weil ich nicht begehre, was des Herrn ist), meines Daseins zwischen Wohnung und Atelier. Leben, das Verbrüderung scheut. Antidepressiva und kein Ende.

Ein König meines Reiches sein kann ich nur im Licht meiner Einsamkeit. Bei Gerhart Hauptmann las ich, das ist lange her, die Frage: »Woran ist sie gestorben?«. Die Antwort lautet: »Am Leben«. Was einst so unsagbar banal klang, ist, bittere Jahre durchstanden, an Wahrheit ein funkelnder Brillant.

Ich bin nach kurzer Zeit hier krank geworden an der Unsinnigkeit dieses Aufenthaltes, der Leere aller Worte, an der Last des Seins, vor allem dem Fehlen jedes kulturellen Bezugs. All das Alltagsgerede, so gut mancher Kerl es meinen mag und gewiß auch muß, tötet die Seele. Das Zentrum jedes Gesprächs hier sind Preisvergleiche, das Nebensächlichste, Preise von Waren, die es meist gar nicht gibt, von alten und neuen Autos, von Ersatzteilen, die die Russen für die Ladas gar nicht liefern und die also organisiert, das heißt, gestohlen werden müssen, usf. Dieses geistige Vegetieren in den Grenzen von Urmenschen, die jede Bündelung der Gedanken verschmähen, macht krank. Gestern abend dieses großtuerische, den Gastgebern gegenüber rücksichtslose Schwadronieren über das DDR-Warenangebot, den Forderungen nach Kaffee und nochmals Kaffee, und immer zugeschenkt, obwohl diese Leute nichts haben. Das bleiche Gesicht von Ivans Frau, dieses unmerkliche Zucken der Braue, diese Verletzung! Bestimmte Leute merken nichts. »Manche Naturen leiden nicht, die Leute ohne Nerven. Sie sind glücklich! Aber wie vieler Dinge sind sie nicht auch beraubt!« konstatiert Flaubert. Sie sielen sich im Sprachschatz von zwanzig Vokabeln statt zu schweigen. So sieht das Leben aus, an dem ich krank werde. Dummheit und Verzettelung sind ärger als viele Verbrechen.

Heute abend muß ich allein bleiben; und gälte es nur, meine Trauer zu hätscheln. Aus dem Fenster in die Landschaft starren, wäre Versöhnung. Alles, was in Berlin geschieht, und das kann bedrückend sein, dringt nicht mehr in mein Bewußtsein.

Wenn ich in einigen Tagen allein bin, wird Friede sein.

An den Haustüren und Mauern von Sandanski kleben notizblockgroße, blaß gedruckte Handzettel: offensichtlich ein Wahltext. Der Name des Kandidaten und dessen kaum erkennbares Foto bestimmen die Mitte. Ein Mann in meinem Alter. Kommunalwahlen, denke ich, Anwärter auf einen Rayonsposten. Die schwarze Umrandung, als Hervorhebung gedacht, macht aus dem Zettel eine Todesanzeige.

Gestern, auf dem Weg zum Steinbruch, die genaue Vorlage zu Caspar David Friedrichs »Bergkiefern im Nebel« gesehen!

Wieder kurz nach Melnik zu den Lehmformationen gefahren: kiefernfarben, eichenbraun (das Winterlaub), in den Tälern gehäuft diese pappelartigen, kahlen Stämme mit ihren palmengleichen Laubständen in kränklichem Birkengrün. Sie charakterisieren das Land, eine mir gänzlich unbekannte Gattung. Was mir als Spezies erschien, kann Erle oder Linde, sogar Birke sein. All diesen Bäumchen, so die Erklärung, werden von Anfang an ihre Äste abgeschlagen, als Brennholz, bis auf jene fächerartige Spitze, die das Weiterwachsen der Arten garantiert. Schönheit als Frucht von Verstümmelung.

Sandanski, 26.III.75

6 Uhr aufgestanden! Lebensfähig durch Barbiturate. Zeitig zum Marmorwerk und mit einem LKW (SIL) hoch in den Bruch. Die Piste im Neuschnee. Was die Strecke mehr an Gefahren hatte,

wog das Strahlen des Marmors im Schnee, im Kontrast zu Kiefern, Flechten und Sträuchern, bei weitem auf. Gefroren, deshalb sofort an die Arbeit, und gegen Mittag war die Gruppe in ihren Bruchmaßen auf den Block gezeichnet.

Heute dann endlich, nachdem ich den ganzen Tag der Kälte ausgesetzt war, schon 18 Uhr im Hotel. Es bestand die Hoffnung, warmes Wasser für ein Bad zu bekommen. Aber daraus wurde nichts. Die Zimmer nach wie vor ungeheizt, trotz 1 Grad Außentemperatur, in den Räumen 6 bis 8 Grad. Wir schlottern wie die sprichwörtlich gewordenen jungen und ausgesetzten Hunde. Fieber. Grippetabletten. Gehe zeitig zu Bett.

Die Schneegrenze ist von den Sandanski umgebenden Bergen ins Tal gerutscht. Die Landschaft tröstet und bezaubert mich, ich lerne ihre Formen und Eigenarten. Es ist ja meine erste Begegnung mit voralpinen Bergen.

Morgen früh muß ich K. nach Sofia fahren. Er fliegt nach Berlin in den wohlverdienten Urlaub. Hoffentlich die letzte Anstrengung dieser Art, 400 Kilometer in Schnee und Matsch.

Sofia, 27.III.75

10 Uhr 30. Seit 4 Uhr wach. Vor sechs von Sandanski hierher. Heller, freundlicher Tag. Im Auto Übelkeit. K. ist bereits durch den Zoll. Sitze in der Sonne, mit unruhigem Herzen. Fahre sofort nach Sandanski zurück. Bis zum nächsten Steinbruchtag hoffe ich Genesung zu finden, Ruhe, Selbstbestimmung.

Erst 17 Uhr 30, Verkehr und Straßenbau, sehr ermüdet im Hotel. Von der erbarmungslosesten Polizei, die mir je begegnet ist, ein Strafmandat, 50 Lewa, mit Haftandrohung, eingehandelt. Mein Vergehen: bin durch einen »Ort«, der als solcher nicht erkennbar war, weil nur einige, weit verstreut stehende Häuser an der Straße standen, mit 60, statt mit 50 gefahren. Wegelagerer. Diese Typen hätten einem früher die Kehle durchschnitten. Ach, Lao-Tse: »Gesetz zeugt Verbrechen«. Wie wahr.

Trost waren der wolkenlose Himmel, der leuchtende Firn, die Berge, Felder, Wälder. Malte man sie, wie sie sind, es wären Bilder von unerträglicher Süße: alle nur vorstellbaren Stufen Rosa und Lind, von Kobalt und echtem Gelb, das Schneeweiß als konditorhafte Höhung.

Sandanski, 28.III.75

Karfreitag in Deutschland. Ich zeige meine Hände.
Geschlossene Wolkendecke.
Trotz langer Nacht erschöpft, verwirrt an der Welt bis in die Träume.

Leicht erkältet. Bin die wenigen Geschäfte an der Hauptstraße abgegangen, um etwas Eßbares zu ergattern. In Kriegszeiten könnten die Läden nicht leerer sein. In diese trögen, kalten Grüfte verirren sich nicht einmal die Fliegen. Wovon leben die Leute?

Suche Frieden mit den Zwängen zu machen. An den freien Tagen überkommt mich große Lust zum Zeichnen, die Erfahrung lehrt, Besserung abwarten.

Diese Fremdheit. Ich finde in diesem Land keine Regung, die mein Leben erhält. Nichts als Schweigen. Ordnung und Ergebenheit, die nur deshalb nicht lautschreiende Trauer ist, weil die Menschen, die ich kenne, von der Erlaubnis leben, ihre dringendsten Notdürfte erledigen zu können: alles Darüber und Daneben ist in Lethargie versunken. Der Rundfunk strahlt Propaganda aus, Militärmusik und Folklore, Berichte aus Fabriken. Und wo höre ich die Dichter des Landes, wo die Musik, die unser aller Erbe ist?

Mittag vor Melnik, aber auch hier war ich unglücklich. Es begann zu regnen. 16 Uhr wieder im Hotel. Eine kleine Temperamalerei begonnen, sehr schwer, die Naturschönheit, die sanfte.

Am Hoteleingang ein Botschaftswagen. Angst vor Reaktionen wegen meiner Beschwerden. Halte mich still auf dem Zimmer. Mir ergeht es wie Kafkas Landvermesser, der mit Entsetzen Klamms Boten auf sich zukommen sieht: die Realität ist hier der Dichtung voraus.

Die täglichen Anrufe in Sofia wegen der Freigabe *eines* Preßluftschlauches, damit wir unseren mit Dollars bezahlten Stein zurichten können, zermürben mich. Die Antwort ist immer die gleiche: »Wir haben den neuen Steinbruchmeister – sie wechseln per Ukas alle drei bis vier Tage – angewiesen, also morgen.« Aber an diesem kommenden Morgen ist der neue Meister schon wieder abgesetzt. Der Zar ist weit, Sandanski ist unerreichbarer als das »Schloß«.

Gehe 20 Uhr zu Bett. Lese in Camus' »Der glückliche Tod«, erstes Cahier aus dem Nachlaß, geschmuggelt, vorbei an unseren deutschen Geistwächtern. Nachts aus irgendeinem entsetzlichen Traum erwacht.

Sandanski 29.III.75, Ostersonnabend

Die Fluglinienkarte bestätigt mir, was hier keiner zu wissen vorgibt: die westlichen Gebirgszüge gehören schon zu Jugoslawien, die im Süden, greifbar nahe, zu Griechenland.

Hier ist, nach damaligem Verständnis, Thrakien, randgriechisches Barbarenland. Zweihundert Kilometer südlich, in der Ägäis, liegt Samothrake! Wie nah bin ich Eliasbergs Elysium. Seine Radierungen treten mir deutlich vor Augen und verlieren ihr exotisches Sein. Ich bin seinen Plätzen nicht mehr so fern. Gleich, ob es nur Traum ist oder die Verheißung des Lichtes.

(Abendbrot auf dem Zimmer, Brot in Joghurt getunkt).

Lehne mich aus dem Hotelzimmerfenster und beobachte den abendlichen Korso der Jugend. Sie gehen einzeln, ich erkenne den nachlässigen Kellner, der in einem auffällig breit gestreiften, dunklen Anzug, ganz wie ein Hochzeitsgast, in weißen Leinenschuhen hochmütig daherstolziert. Unter den Oberarm geklemmt, trägt er einen Tennisschläger spazieren, was offensichtlich nur mir grotesk vorkommt, denn die Gruppen und Haufen der Halbwüchsigen schenken ihm keinerlei Beachtung. Sonntäglich gekleidet sind sie alle. Es ist ja Schau- und Balzzeit, bergan und bergab flanieren sie bis zum Einbruch der Dunkelheit die Hauptstraße entlang.

Die Bulgarinnen sind, das ist mir unerklärlich, denn Jugend ist Faszination an sich, ganz ohne Interesse für mich, auch daß sich meine Neugier vor der Andersartigkeit ihrer Welt verschließt, ist nicht nachzuvollziehen, die stumme Fremdheit will mir nicht einleuchten. Zuneigung, Liebe scheint plötzlich an Verständigung gebunden zu sein, an ähnliche Herkunft. Der Begriff Kultur bekäme einen allzu dogmatischen Sinn, wenn er, das ist gewiß, sichere Muster bereit hielte. Und wenn Freunde sagen, daß sie mit Frauen fremder Kulturen in Liebe leben konnten, ohne je ein Wort getauscht zu haben, so mögen das Augenblicke von enormem erotischen Reiz und großer Leidenschaft gewesen sein – Innigkeit aber, jene Nähe, die nur das Wort als Signal verborgenster Wünsche und Sehnsüchte heraufbeschwören kann, ist auf Dauer wohl doch eher glückliche Fügung, mehr noch, ein Geschenk.

Andererseits gibt es nur eine unzerstörbare Liebe: die zur Fremdheit. Ihr Wesen ist Neugier auf das gänzlich Unbekannte, auf das, was außerhalb der eignen Erfahrung und Vorstellung liegt.

Dieses ländliche Bulgarien erscheint mir immer exemplarischer für die Folgen gewaltsamer Veränderungen. Das Land ist, historisch betrachtet, immer Spielball zwischen Orient und Okzident gewesen, beherrscht, unterdrückt, von Kriegen heimgesucht und überrollt während seines Bestehens schlechthin, und dennoch gibt es Besonderheiten, die Frucht dieser Zerrissenheit sein müssen. Die Architektur der größeren Gehöfte, das ist ein zwingendes Beispiel, überzeugt in ihrer Eigenart, leichte, offene Teile stehen gegen feste Kerne, die den raschen Wechsel von Hitze und nächtlicher Kühle auszugleichen imstande sind. Die Hausgärten, Gemüse- und Gewürzterrassen zeigen durchdachte, kluge Bauernkultur, ganz dem Alltag zugeordnet, aber reicher, als es Notdurft erzwingt, verspielter, schöner.

Ich spreche von Resten, von Randzonen, die aus der öffentlichen Lebensgestaltung längst verbannt sind. Die Häuser folgen den stalinistischen Vorstellungen, ins Großspurige gehievt, zu dem es keinen Nährboden gibt. Das ganze Dasein in allen seinen Erscheinungsformen ist auf das Niveau von Lagerhallen an Stadträndern herabgedrückt. Der erzwungene Sprung in die Neuzeit geschah, auf eine Formel gebracht, vom Eselsrücken in den Lada. Dazwischen fehlen, ich vermerke das ohne Herabsetzung, die Kutsche, das Fahrrad, der Motorroller und all die Preßpappenautos, die wir so gut kennen. Man begegnet, vor allem bei den Männern, einer aufdringlich-lauten Vordergründigkeit, einer rüden, jedoch höchst lächerlichen »Männlichkeit«, die fernen, fremden Modellen nachgespielt wird.

Es fehlt, und das ist schmerzlich, in den Gegenden, durch die die Europastraßen nach Griechenland (Thessaloniki) führen, auf denen ein winziger Teil des Verkehrs aus dem »kapitalistischen Norden« in den Süden rollt, die natürliche Resistenz, die selbstbewußte Hinnahme des und der Anderen. Der Jugend Traum ist das Fremde, das nicht Erreichbare.

Im Hotel tummeln sich für Stunden skandinavische Bustouristen, die mit ihrem harten Geld die Menschen, vor allem die Jungen, mit Gasfeuerzeugen, Sprays, glitzernden Verpackungen, Lederkoffern, und was nicht alles Wohlstandszeichen sind, begehrlich gemacht haben. Touristinnen, davon berichtet Ivan, verfallen beim Anblick von Schwarzhaar und dunklen Samtaugen lasziven Spielen. Wunderwelten brechen vor dem törichten Blick der Bauernwelt auf. Es bräuchte Jahrzehnte, um diese Zeitsprünge zu verringern.

(Entfremdung und Kulturschizophrenie).

Noch Sonnabend. 20 Uhr, vormittags auf dem Zimmer geblieben. Habe da auch gegessen, Eier, ein wenig Weißbrot, einen Zahnputzbecher Kaffee. Selbst aufgebrüht. Es gelang uns, einen winzigen Tauchsieder zu ergattern, wir müssen nicht ins Restaurant und brauchen uns durch die Verweigerung der bescheidensten Bitte nicht mehr demütigen zu lassen.

Der Tag war, trotz verschleierter Sonne, ganz licht. Mit dem Skribent in dem blauen bulgarischen Schulblock den uns gegenüberliegenden Bergrücken skizziert, eine Lehmformation, glatt wie der Rücken eines auftauchenden Wales. Aus den Bergflanken wuchern kleine Wohnhäuser mit glänzenden Dächern zur Hauptstraße im Tal, vereinzelte, nicht ihrer Äste beraubte Pappeln kontrastieren dieses kubistische Spiel. Den höchsten Punkt markieren drei hochragende Kreuze. Ich habe sie immer vor Augen, sie schenken mir Trost wie ein Amulett aus der Heimat.

Mein Golgatha.

Später dann, am frühen Nachmittag, ein kurzes Stück über den Berg gegangen. Die Kreuze versanken hinter der Kimme. Den Blick ins Tal und die sich in die Ferne ausbreitende Ebene gezeichnet. (Zwei kleine Bleistiftskizzen, leicht verlöschende Strukturen.) Die metaphorische Gleichsetzung von Leben und Raum drängt sich auf.

Das Ganze und die Teile.

Die Landschaft ist in kleine, fein strukturierte Parzellen geteilt und terrassiert. In den gartenähnlichen Anlagen wachsen üppig, in sehr schmalen Beeten, Lauch, Paprika, Kartoffeln, Bohnen, Erbsen. Dazwischen, im Mittelgrund, lagern größere Raster, kleine und kleinste Weinberge, in Wellen bewegt, die, noch in der Grünzone, zu den nahen Bergen ansteigen. Hinter ihnen jedoch schwingt sich alles zu beherrschenden Schneegipfeln auf. Eine befremdende Disharmonie zwischen sanftem, fruchtbarem Land und alles abweisender Erhabenheit. Ebene, Hügel und Berggipfel verbinden sich hier nicht zu einem großen Akkord, sondern zerfallen in zwei Teile, die sich notwendig fremd bleiben, ein seltsamer Befund in der Natur, der beim Malen beklemmend wird. Der Maler sucht das Disparate zusammenzufügen bis zur Bildwirklichkeit, doch hier bleibt alles erst einmal additiv, ein bloßes Über- und Untereinander. In der Zeichnung mildert sich das Problem, aufheben läßt es sich nicht.

Im Vordergrund jedoch blühte ein Mandelbäumchen, zart und keusch, lieblich gar. Ein Gleichnis: das Leben als Landschaftsraum, den zu durchmessen mein Auftrag ist, der Mandelbaum am Wege ist Glücksversprechen, ich kann es annehmen oder mich in meinen Schmerz eingraben, blind sein, ohne Frische und Mut. Diesen Tag zerstören und alle kommenden danach, das Leben zur Wüste machen. Oder will ich ankämpfen gegen ein Geschick, das mir die schützende Haut vom Leib riß?

Der Gang durch den Fruchtgarten dehnte sich aus, das Herz wurde mir leichter inmitten dieses Friedens.

Die Bauern hackten ihre Weinberge. Andere ernteten Gemüse, Zwiebeln und Paprika, stauten für Augenblicke das Bergwasser in die schmalen Bewässerungsgräben, die jede Parzelle durchschneiden – und von der Talsohle her schrie ein Eselhengst.

17 Uhr 45 dann zurück im Hotel.

Das immer gleiche Abendessen, Brot, Käse und Pfefferminztee. Das Zimmer ist zu kalt, um am Fenster zu zeichnen. Gehe jetzt zu Bett und lese weiter im »Glücklichen Tod«, der unmittelbar vor dem »Fremden« und mit fast identischem Inhalt entstand. Wunderbar frisch und konsequent auf der Suche nach dem Licht und dem Glück: der Held erschießt einen reichen Krüppel, der in der Armut keine Glücksmöglichkeit sieht. – Mersault (Camus) wird reich und krank. U. a. reist er nach Prag (meine einzige zweite Heimat). Zitat: »Diese ganze von Stimmen, Melodien und Gartendüften beladene Flut mit den kupferfarbenen Spiegelungen des Abendhimmels und den gewundenen grotesken Schatten der Statuen auf der Karlsbrücke trug Mersault nur das schmerzliche, brennende Bewußtsein einer Einsamkeit ohne Wärme zu, an der die Liebe keinen Anteil hatte. Und wenn er vor dem Duft von Wasser und Laub, der zu ihm aufstieg, den Schritt verhielt, glaubte er in seiner zusammengeschnürten Kehle Tränen aufsteigen zu spüren, die jedoch nicht kamen.« Und später: »Und dann war Algier da, die gemächliche Ankunft am Morgen, die schimmernde Kaskade der Kasbah über dem Meer, die Hügel und der Himmel, die Bucht, die ihre Arme ausbreitet, die Häuser zwischen den Bäumen und der schon spürbare Ruch der Quais. Da merkte Mersault, daß er seit Wien nicht ein einziges Mal an Zagreus als an den Mann gedacht hatte, den er mit eigener Hand getötet hatte. Er erkannte in sich jene Fähigkeit zu vergessen, die nur dem Kind, dem Genie und dem Unschuldigen zu eigen ist. Unschuldig, überwältigt von Freude, begriff er endlich, daß er für das Glück geschaffen war.«

Meine geradezu physische Sehnsucht nach Algier.

Unerklärbare Wehmut und die trügerische Ruhe der Sedativa.

Sandanski, 30.III.75, Ostersonntag

10 Uhr, Hotel SPARTAK: phonetisches Strammstehen!

Blieb lange, schlaflos seit dem Morgengrauen, im Bett. Brot und Tee und mehrere Zigaretten. Mehliger Himmel, staubige Sonne.

Wohin soll ich mich wenden? Die Stadt ist mir Unbehagen. Und das ist nicht Folge ihrer Lage und Bebauung, der könnte ich im Gefühl der Freiheit durchaus Geschmack abgewinnen. Allein der Weg zur Bergseite hin birgt viele Reize, Häuser, in deren Mauern römische Reliefbruchstücke gefügt wurden, Grund- und Aufrisse, die vortrefflich dem Klima entsprechen und baumeisterliche Erfahrungen und Traditionen von Jahrhunderten bewahren. Allein wie der Himmel als Kuppel oder dramatisch in sich zerrissen, ein Farbrausch sondergleichen, auf den Berg sinkt und sich, wie auch immer, hochzeitlich mit dem Fels, den Wiesen, den Bergkiefern verbindet, ist, was ich mein Motiv und Anliegen nenne: die Einheit ungleicher Materien, Stoffe und Atmosphären. Und dieser Gedanke beherrscht meine Sinne und gebiert Sehnsüchte. Liegt doch hinter dem westlichen Bergkamm Makedonien, einhundert Kilometer südlich die Insel Tassos im Thrakischen Meer und nicht viel weiter, auf griechischem Boden, Thessaloniki, Herkunftsland jeder einzelne Ort! Wie also kann ich hier mich als Fremder fühlen, so nahe an den Quellen meines geistigen Seins? Es muß die, allen meinen Charakterzügen widerstrebende, balkanische Machtausübung sein, die das größte Unglück heraufbeschwören kann, mit Sicherheit das Gefühl, daß hier – vielleicht ist das in Sofia alles anders – kein Wert gilt, der mein Leben bestimmt, die Arbeit, die Literatur, die Musik, die Künste, welche Gattung auch immer, kurz, die griechisch-lateinische Kultur. Von all dem entblößt, ergreift mich ein nicht weichen wollender Schrecken. Sicher steigert das nur zwei Jahre alte, aber schon vollkommen heruntergewirtschaftete Hotel das Gefühl, mitten im Krieg, unter Ausgestoßenen zu sein. Der Entzug jedes Services für Ostblockbewohner, die heruntergerissenen, zerschlissenen roten Gardinen, die allerspärlichsten Wasserzuteilungen, die nicht funktionierende Heizung und, das ist schwerwiegend genug, das dummdreiste Personal, das sich allein den Dollar und Westmark Besitzenden andient und entgegenkrümmt. Wir müssen unseren Tee im Bad versteckt mit dem ins Haus geschmuggelten Taschentauchsieder brühen. Schon sind wir technisch erfahren genug, im Plastikbecher ein Ei hart zu kochen! Und dann: niemand kann sicher sein, seinen Besitz zu bewahren. Das geht bis zur Angst, Auto zu fahren, weil man, ohne bulgarisch oder russisch zu sprechen, der Willkür der Polizei ausgeliefert ist. Um Bußgelder in der Höhe von einem halben Monatslohn einzutreiben, kann das Zünden des Wagens schon Anlaß sein. Derart verunsichert, bleibe ich vorerst auf dem Zimmer.

Wohin aber am Nachmittag?

18 Uhr wieder im Hotel. Vertrauen in die Welt setzen können. Ein festlicher Tag. Still-heitere Bilder längst vergangener Daseinsform. Saß lange hinter der Krone des Lehmbergs, unter einer Klippe. Zu meinen Füßen stürzte ein steiler Hang, aufgehalten von schmalen Terrassen, die winzige Gärten sind, in die Tiefe. Zur Linken halten sich, ein gefährlicher Balanceakt, letzte Häuser an der bröckelnden Talkante. Unten ein verschatteter, unzugänglicher Spalt, umkränzt von dunklem Gesträuch, das sich in Inseln, Flecken und Punkten in der Ebene verläuft. Fernhin zieht sich die sandanskische Ebene, ein Teppich aus Gemüsebeeten und von Dornengestrüpp umgrenzten Rebgärten. Der Lehm noch in kräftigem, feuchtem Ocker, mal gelblich, mal zum Rot hin getönt. Regellos durchbrechen blühende Mandelbäume, mitunter eine wilde Kirsche das strenge Muster. Pappeln im blassesten Grün stoßen in den Himmel. Heftiger Wind jagte durchs Tal, das mich versöhnlich stimmte, mein Herz einband in den Pulsschlag der Welt.

Für Minuten war ich gewiß, am Rande des Garten Eden zu stehen. Die Bauern ritten auf Eseln und Mulis zu ihren winzigen Stückchen Land, die zweizahnige Weinbergshacke hinter den Holzlattensattel gesteckt, einen Krug Wasser am Haken, und als ich ihnen begegnete, tauschten wir den Willkommensgruß.

Der Bauer im Weinberg.

Weit hallte das kehlige Schluchzen der Esel.

Der Weg führte in Kehren ins Tal. Die Sonne sank blaß unter ihren Scheitel, verströmte ihr blendendes Licht, das den Lehm bleicht, die Blumen glühen macht wie Sterne, in dem alles beherrschenden Gelb. Die Schneegipfel des Pirin prangten in der Farbe des Todes. Das Bergwasser rann über den harten, grünschiefrigen Lehm der Wege talwärts, strudelte und raunte, verlief sich, von Terrasse zu Terrasse, in den Gärten.

Die Luft war heute heiß und feucht, ich litt unter Atemnot, dem Schweiß, den der Wind in Eisschauer verwandelte und über den Leib trieb. Endlich im Tal, in dessen Sohle sich zwischen Sträuchern und hohem Gras ein mäßig breiter, rasch dahinfließender Bach gegraben hatte, empfing mich eine Gruppe Platanen, nicht viele, noch nicht ausgewachsen, aber doch schon ein hervorgehobener Ort. Ihre mit stachligen Kugeln behängten, florettdünnen Äste bildeten ein rautenförmiges Netz, das dunkel gegen den Himmel stand. Granitblöcke türmten sich zu rätselhaft bleibenden Ordnungen.

Ich setzte mich in ihren Windschatten, genoß, wie die Stille der Fruchtgärten in mein Herz zog. Der Verlauf der von Büschen und jungen Bäumen gezierten Raine beruhigte das Auge. Alles Dingliche verschmolz zur Ausgewogenheit eines Bildes, die Blüten im dunklen Saum, das brennende Rot über den Hügeln, das Staubgrün und Braun zur fernsten Ferne hin.

Dunkle Anstiege, Eroberungen, die sich in Flecken und Streifen in das selbstvergessene Weiß des Firns fressen. Ein streunender Hund ging mir zur Seite, rieb sich an mir, und als ich erstarrte, lief er achtlos davon.

Der Weg entfernte sich allmählich vom Bach, riß auf zur Erdwunde, deren Boden ein Bett aus spitzem, splittrigem Gestein war. Steinauftriebe und von zyklopischer Urkraft zu Hügeln getürmte Granitbrocken, verschliffen in Urmeeren, weich und weiblich in den Rundungen, übereinandergewürfelt von Titanen in unstillbarer Wut oder brüllender Lust. Hingeschleuderte Teile von Steinbetten oder aus Götterburgen gerissenen Stufen, ein Platz heidnischer Feste, rasender Fruchtbarkeitsorgien. Über allem aber meterdicke Platanen, zerrissen, geschändet, zehn oder zwölf gefleckte Stämme, die Leiber gekrümmt, spiralisch gedreht, im Tanze vereint, die Armäste ineinander verflochten und in den Himmel gestreckt, zu Netzen verstrickt die geilen, schwippenden Triebe. In meiner Vorstellung der glaubwürdigste Ort für die erste Vereinigung der zarten Europa mit dem gewaltigen Stier, »unter Platanen«, nachdem sie über das Meer geschwommen waren und in Kreta festen Boden gewannen. Sagen brauchen ihre Plätze. Tanz der schuppigen Torsi, deren Haut sich vom Stamm ringelt und pellt, geborsten, aufgerissen zu riesigen Geschlechtsspalten, die größten ausgebrannt von Feuern, deren Nutzen mir nicht einleuchtet. Eines der übermannshohen Brandmale, schwarzes Zeichen eines geschlachteten Widders, das mir zwingend zum faßbaren, zum einzig wirklichen goldenen Vlies wird.

Sandanski, 31.III.75

Hotel, 20 Uhr, Abendbrot. Schafskäse, Brot, Pfefferminztee. So das Nahrungsangebot der Geschäfte.

Das Wetter: 20 Grad, kühler Wind. Sonne, die Wolken farblos.

Der Tag: Gegen 10 Uhr zum Auto. Der Rückspiegel und von den Ventilen die Kappen waren gestohlen. Die Demontage schreitet fort. Bin hochgradig beunruhigt. Wann werden die Räder weg sein? Die Scheibenwischer schraube ich ab, sobald ich das Auto verlasse, und verstecke sie im Kofferraum. Das Gefühl, vollkommen ausgeliefert zu sein. Meldungen werden in der Rezeption grinsend entgegengenommen. Der Unrechtszustand ist so selbstverständlich wie das Wetter. Der Bevölkerung sind Recht und Eigentum schon lange ambivalente Begriffe. Dennoch hüte ich mich, zu denken, daß die Bulgaren ein Volk von Dieben sind. Man muß sie bei der Arbeit in ihren Gärten und Weinbergen sehen, wie behutsam sie mit ihren Tieren umgehen. Es sind die Lebensumstände, die sie kriminalisieren. Nehmen wir den organisierten Diebstahl von Autoteilen. Die bulgarischen Familien sparen, sagt der Geologe, viele, viele Jahre, um mit ihren zusammengekratzten Groschen sich ein gemeinschaftlich genutztes Auto zu kaufen. Ein legitimer Wunsch, denke ich, und, aus der Not geboren, weit sozialer und verträglicher für die Erde als die Praxis der Autoländer. Aber da ausschließlich Autos vom sowjetischen Brudervolk importiert werden, bekommen sie keine der Wirtschaftslage angemessenen Kleinwagen, wie den »Saporoshez«, sondern LADA's 1,2 Liter Mittelklasse-Limousinen, Fiatlizenz, made im Sowjetland, dessen Planwirtschaft natürlich so außer der Puste ist, daß es seit Jahren kein einziges Ersatzteil zu liefern imstande ist! Was nun, wenn ein Wischerblatt reißt, eine Felge einen Schlag auf den Holperpisten abbekommen hat oder ein Scheinwerferglas zerbricht? Sollen dann die Leute ihre Autos auf Jahre hin einmotten? Natürlich nicht. Also bilden sie mobile Gruppen, die alles zu organisieren fähig sind. Da wird dann rasch eine Stoßstange besorgt, vier Räder sind in Minuten demontiert usf. Arg wird's, wenn sich – aber in welchem Land wäre das nicht so? – räuberische Banden zusammenrotten. Man muß, so schon Schiller, »dem Menschen die Blöße bedecken«, bevor der an Geist und Moral denkt. Als Betroffenen aber macht mich dieser Zustand krank, bin noch schlafloser als ich schon war, rebelliere gegen die Ortsmächte, die Gästen aus Ostländern das Parken nur auf dem hinteren, unbeleuchteten Hof des Hotels, auf den liegengelassenen Schutt- und Müllbergen gestatten. Bundesrepublikaner, Franzosen, Dänen, der Devisenadel Europas, soweit der sich hierher verirrt, darf seine Karossen vor dem Haus unter dem Peitschenlaternenlicht stehen lassen, ein Privileg, das hoffen läßt, am Morgen mobil zu sein.

Langsam nach Melnik: »Nach Süden, nach Süden«!

Unter staubiger Sonne gemächlicher Gang durch den Ort. Einzelne alte, architektonisch herausragende, zum Teil sehr prächtige Höfe werden (mit Unesco-Unterstützung und Mitteln) sorgsam restauriert. Hier erweisen sich Langsamkeit und eine gewisse Faulheit als Tugend, die Details sind stimmig und haben handwerklichen Charakter.

Zu Mittag im Hotel »Steinhalle« gegessen, längliche, verbrannte Bouletten, Cevapcicis sollen es sein! Kein Huhn, kein Steak, kein Filet, kein Ei, nicht einmal Kaffee ist zu haben. Zum Ausgleich hat man bäurische Deckenbalken auf selbsttragenden Beton geschraubt, Flaschenkürbisse, Knoblauchzöpfe und Bauernkeramik in Trauben an jeden freien Wandfleck gehängt.

Dann, erstmals ohne Mantel, in eine der Grenzschluchten, bis zu den seltsam gefalteten, hoch aufstehenden Lehmwänden gegangen. Immer in der Furcht, von Patrouillen gestellt und verhaftet zu werden.

Gezeichnet, hoffnungslos das Groteske der Formen verfehlt. Auf dem Rückweg, am Ortsrand, schenkte mir ein Bauer ein Bund frischer Radieschen. Um mich zu bedanken, bot ich ihm eine symbolische Menge kleiner Münzen an, die er zu nehmen heftig abwehrte; auf die Freundlichkeit der Armen, nicht der Hungernden!, scheint Verlaß zu sein.

Im Zurückblicken das Tal der Lehmkulissenlandschaft zur Gänze erfaßt und von seiner Totalität berührt. Die Lehmwände, kieselversetzt, schwippen nach oben, linear und gekünstelt wie auf chinesischen Rollbildern. Glasiges, höchst Zerbrechliches dämonisiert ihre Form, und in der Tat könnte sie, da sie so dünn und zu Klingen geschliffen auslaufen, der Flügelschlag eines Vogels zum Einsturz bringen. Eine ganz realistische Vorstellung. Glaubwüdiger und in der Logik der Form müßten die Wände wie Soffiten vom Himmel herabhängen. Zwei in sich gebrochene Farbakkorde bestimmen das Bild: lehmiges Gelb fließend in rötliches Ocker und grüne Erde spitz zum saftigen Grün. Pinien- und frühlingshaftes Lindgrün, feinste Stufungen bis zum leichenhaften Grau. Das sind die Sonnenfarben des Südens.

In der Schlucht war die Stille Materie.

Kaum Gerüche. Das ist auffällig und unerklärlich. Nur auf kurze Distanzen – in Kneipen, Läden, Bussen – der Knoblauchduft.

Auf dem Rückweg eine Panoramaskizze über zwei Seiten des Skizzenblocks angelegt. Das ist ein Thema von höchster Brisanz: Raum nicht nur als Tiefenentwicklung, sondern als optische Seitenausdehnung.

In langsamer Fahrt zurück. In Sandanski einzukaufen versucht: keine Milch, keine Wurst, kein Joghurt, einen Rest Schafskäse bekommen. Aufs Zimmer. Schweißnaß. Erschöpft.

Kurz vor Einbruch der Nacht am Fenster ein kleines Aquarell begonnen, ohne Ambition, nur um meiner Umwelt zu entfliehen.

Die Arbeit ist die einzige Möglichkeit, vom Leben nicht zerstört zu werden.

Straßenlärm: wie jeden Abend trifft sich die Stadtjugend zum »Korso«. Die »Neuzeit«, die ihre Botschaften mit bunten Touristenbussen hierher sendet, hat die Jugendlichen zu Karikaturen des westlichen Lifestiles gemacht. Sie sind eitel und frech, so daß man besser jeder Begegnung ausweicht. Ein entsetzlicher Kulturverlust macht sich breit, mit Wehmut und Achtung denke ich an die alten Männer in den Gärten, die den Lauch ziehen, den Kürbis, die Paprika. Vielleicht sind fast alle Analphabeten, aber von beharrlicher Lebenskraft, weise, was das Werden und Vergehen, die Hoffnung und den Verzicht betrifft.

Drücke mich weiterhin um den Besuch des Steinbruchs. Warte auf ein Teilergebnis.

Abends ganz weiße und erloschene Sonne. Der Himmel überzogen von hauchzartem Wolkengespinst.

Sandanski, 1.IV.75

Bis 4 Uhr geschlafen, von beängstigenden Herzschmerzen gelähmt die Morgenfrühe ersehnt. Dann, so gegen 6 Uhr 30, doch noch Minutenschlaf und kurz vor halb 9 Uhr schmerzfrei und relativ frisch erwacht.

Regen. Die Wege werden Morast sein. Mittagessen im Haus. Man hat auch hier die Neigung, alles, was Fleisch ist, anbrennen zu lassen. Wie immer in Richtung Melnik gefahren. Kurz vor dem Ort, auf einer Anhöhe, erstmals die ganze Tiefe und Weite der Melniker Berge erlebt. Die Sonne brach durch die Wolken: der Rügensche Fanfareneffekt! Aus dem Auto eine Federzeichnung versucht, nicht mehr als ein Notat, die Form, der Rhythmus muß mir noch zuwachsen. Jetzt gelingt nur eine zeichnerische Bestandsaufnahme, ähnlich einem Schnittmusterbogen. Ins Tal und im Städtchen geparkt. Unzufrieden und in Selbsthaß versunken dann gleich auf den Weg zum Kloster Roschen gemacht. Das Auto halb in einen Bauernhof gestellt.

Ich begreife das Land nicht. Ich kenne sein Denken, seine Kultur, seine Lieder und Bücher nicht, nicht seine Bilder und Skulpturen, einzig die sinnvolle, bezwingende Landschaftskultur.

Auf halbem Wege umgekehrt, plötzliche Hitze, Atemnot. Schon 17 Uhr im Hotel. Pfefferminztee getrunken und danach ein kleines »aus dem Kopf«-Aquarell begonnen. Auch das erhebt keinen Anspruch. Aber, dies Malen und Zeichnen entführt mich in die tiefste Selbstvergessenheit.

Dieses Tagebuch wird ein Krankheitsbericht. Unter diesem Aspekt betrachtet, ist es sogar schöngefärbt wie eine Zeitung.

Jetzt häufiger Durchreisetouristen im Hotel, ein oder zwei Nächte besetzen sie das Haus, schnattern, rufen, trampeln, sie sind unflätig wie alle Horden, ihre Unterhaltung ist Schreien über die Säle hinweg, von Zimmer zu Zimmer, bei offenen Türen. Zivile Banden, die mich erschrecken. Gast sein kann nicht besetzen heißen. Es ist fast amüsant zu sehen, wie die Leute hinter jedem Mist herjagen. Souvenirs, folkloristische Scheußlichkeiten, die offensichtlich nur noch für die modernen Nomaden produziert werden, finden rasenden Absatz. Sie raffen zusammen, was ihre Koffer aufnehmen können. Ihre letzten Groschen, zu Hause sind sie gewiß Deklassierte, geben sie hin für einen Kelimfetzen oder einen Tontopf, Trophäen, die ihre Wohnzimmer und Flure schmücken werden. Die Spezies Tourist rechnet ständig, was günstiger im Preis ist als daheim, sie betrinken sich bis zum Umfallen, weil der russische Sekt hier zwei Mark weniger kostet als in ihren westlichen Billigläden. Am Frühstücksbuffet wird in den Magen gestopft, was hineingeht, auch dann, wenn die Folge – sie beklagen sich unüberhörbar – Übelkeit und Gallenreizung ist: eßt Leute, heißt die Devise, wir haben den Laden gekauft, deckt euch ein, versorgt euch. Auf Reisen erleben sie bedeutsame Tage. »In Sofia habe ich dreimal gekotzt und war so blau wie eine Haubitze«, höre ich. Das Bild verstehe ich nicht, aber in Berlin werde ich es wohl herausfinden.

Fotos, Fotos, Fotos.

Sehnsucht nach den Platanen.

Sandanski, 2.IV.75

Der Morgen wie alle Tage zuvor. Wetter noch unentschieden. Nebel.

Überreizte Nerven. Karten geschrieben.

Meide das Restaurant. Auf dem Zimmer zwei Eier weichgekocht, dazu Weißbrot und Kaffee.

Der Himmel regengrau, dennoch »über den Berg« zu den Platanen. Strolchende Hunde, auf den Terrassen arbeiten alte Bauern in einer Aura von Zeitlosigkeit. Der Weg ist aufgeweicht, komme in Schweiß, im Tal weht ein eisiger Wind.

Rinnsale glucksen, Basaltköpfe pflastern den Weg, junge Platanen treiben in Zeiten, für die ich keine Vorstellung mehr habe.

Ein hoher Wind fegt die teigigen Wolken vom Himmel, zerreißt sie zu Streifen, die sich in der Himmelsferne auflösen. Die Sonne wird Herrscherin über das Tal. Sie schleudert brennende Pfeile auf das unbedeckte Gesicht, das sich zum Brand rötet, sie bleicht die Farben der in großen Raumbögen und Schwingungen tanzenden Platanenkolosse, diese stampfenden Götter der Lust, deren Häute aufbrechen, sich wölben, aufrollen, die in Beugen Querfalten bilden, beingrau, beingrün, beinocker. Aber die Götter sind verletzbar, die Hirten brechen ihnen die Reiser, schlagen ihnen ihre aufstrebenden Arme ab mit ihren schmalen, scharfen Beilen in der Größe von Kinderhänden, die ihnen gleich sind in ihrer Gier zu zerstören. Sie nutzen den schmalsten Riß, weil sie ihren Leibern nicht beikommen, um ihre Stämme auszubrennen, beginnen sich Räume zu schaffen, die irgendwann die Größe von Höhlen haben, große glänzende Schreine in den Konturen von Tierhäuten.

Das ist mein Griechenland.

Eine größere Tuscheskizze gemacht, zwei kleine. Aufstieg zur Stadt. Ein alter Bulgare überholt mich mit seinem holzbeladenen Muli. Er spricht mich an, und da ich ihn nicht verstehe, sage ich, daß ich Deutscher bin. Er erzählt gestenreich von Erschießungen, die hier, im Fruchtgarten, auf der Sonnenlehne stattgefunden haben müssen. Die Toten lägen auf dem Hang, unweit, im dunklen Heckengeviert. Unklar bleibt, wer wen erschoß und wann. Eingedenk deutscher Vergangenheit, hüte ich mich zu fragen. Er schaut mich an und sagt: »Ben bir Türkim« (ich bin Türke), und ich erwidere, so einfältig hat mich das lange Schweigen gemacht: »Ah, Istanbul.« Wir lächeln uns an und sind beide zufrieden.

Es ist wie im Krieg. Vom Hunger getrieben hetze ich durch den Ort, die Läden sind leergefegt, als würden sie für immer geschlossen. Heute gibt es wieder kein Brot, kein Fleisch, kein Joghurt, der mir ohnehin längst nicht mehr bekommt. Im Hotel also aus dem Büchsenvorrat Kirschen mit alten Keksen gegessen.

Abends zunehmende Bewölkung. Die Berge sind von scharf konturierter Binnenzeichnung belebt. Westliche Ausläufer der Rhodopen? Das andere Fenster rahmt Golgatha auf dem nackten Bergrücken, die spärlichen dünnen Bäumchen am Hang. Später kriecht ein riesiger schwarzer Wolkendrachen über die Stadt, erreicht die mauerähnliche Bergkante, läuft auf ihr entlang und verwandelt sich schließlich in einen Hund.

Temperablatt begonnen. Platanen nach der Erinnerung. Aufgehört, bin müde und uneins mit der Welt.

Kurz nach 20 Uhr. Gehe zu Bett und lese. Aus der tieferliegenden Stadt dringt das Kreischen einer Kreissäge in mein Zimmer.

Sandanski, 3.IV.75

Sandanski, ich sage das ohne Verbitterung, ist eine durch und durch kranke, verseuchte Stadt. Dabei könnte sie angenehm sein. Sehe ich aus den Fenstern, so zeichnet sie sich durch klare, fließende Linien, kurze Bergzüge aus, von denen, ganz filigran, die zierlichsten Pappeln aufstreben. Zur Sonnenuntergangszeit, wenn die Häuser von den Schatten verschlungen sind, erinnern mich diese Bilder immer wieder an Ischia-Aquarelle von Gilles oder Bargheer. Mediterranes Sein, Licht und Struktur. Zartheit. Wende ich den Kopf, so steigen die Talfurchen die großen, meist karg bewachsenen Hügel hinauf, hoch, sehr hoch, um in weiter Ferne in den Schneegipfeln aufzuleuchten, oder besser: sich fremdartig zu brechen, zwei Charaktere, der Alpine und der mehr Rundlich-Karge. Wie um mich mit dem Land zu versöhnen, behaupten sich die Bergzüge in äußerster Klarheit, schwarze Konturen im Schnee, der blendend rein, sehr weiß gegen den Abendhimmel steht. Nach untergegangener Sonne verwandelt sich alles Helle in samtiges Rot. Sandanski also hätte es nicht schwer, geliebt zu werden! Aber mein Aufenthalt hier ist von Zwängen verdüstert, die Zerrüttung des Gemeinwohls durch Mißtrauen, Gewalt und Armut frißt meine Seele auf, weil kein Volk verdient, so verelendet zu sein.

Sicher ist die Tatsache beklemmend, daß in zwei Jahren ein neu errichtetes Hotel verwüstet wurde, die »Europaneubauten« aber, vom Westen gestützt, den reinen Ton der Landschaft in Mißklang verwandeln. Die alten, aus bulgarischer Traditon gewachsenen Häuser sind bedenkenlos der Vernichtung, dem Verfall ausgesetzt. Die neuen Wohnhäuser jedoch werden schlampig hochgerissen, unfertig bezogen, so daß Baureste in den Gärten vergammeln; Blech, Pappe und Holz sind auf Wegen und Straßen verstreut, verkommen zu Müll. Um die Geschäfte steht es nicht anders. Dabei sind die älteren Leute von dörflicher Freundlichkeit, ja vertraut, man wünscht sich einen guten Tag, Worte werden gewechselt, Gemüse wird verschenkt: man borgt sich Esel, Karren, Autos.

Korrekt, amtsfinster und erschreckend militant ist allein die Miliz. Ihr Auftreten ist das einer Besatzungsmacht. Sie ist angehalten – und das führt sie kalt und mit Sonderstatus versehen auch durch –, das Netz, in dem der bunte Fischschwarm Mensch gefangen ist, zusammenzuhalten und unauflösbar zu verknoten.

Aber zum Tage! Traumlos unter dem Medikamentenschirm geschlafen und nach morgendlicher Neurose vor den Unwägbarkeiten der kommenden Stunden nach dem Auto gesehen. Vier zerstochene Reifen und eingeschlagene Scheiben, so meine Erwartung, aber zu meinem Erstaunen fand ich es unversehrt.

Bei bedecktem, unfreundlich dreinschauendem Himmel nach Melnik gefahren. Das ist schon längst ein Thema mit Variationen, also der rechte Weg, um in die Tiefe einer Sache vorzudringen. Denn als Motiv ist es noch ein Geheimnis, also nicht handhabbar. Der Wind trieb den Straßenstaub vor sich her, ein großer, dramatischer Zug fegte den Himmel bis an den Horizont leer, wo sich die verdrängte Wolkendecke als Kumuluswand lagerte. Triumph der Sonne im makellosesten Blau.

Im Auto weiter nach Roschen. Nach kurzem Aufstieg auf die Klosterebene schon in Schweiß, entmutigt gegenüber dem riesigen Panorama der Berge. Sie sind nicht zu fassen mit dem Stift. Hilflos zwei kleine Steine gezeichnet von einem besseren Standort, zwei Blätter nebeneinander als Format gewählt, um der »Totalen« näher zu sein: Strukturen und so gering versetzte Überlagerungen von geometrischen Formen, daß es zum Schwindligwerden war. Zumindest habe ich nicht nur »kulinarisch« geguckt. Gefröstelt. Weiter zum Kloster. Die Nebenkirche belanglos. Charmant: die Balkendecke ganz als Himmel, mit schematischen Wölkchen bemalt, inmitten seiner Schäfchenschar thront der Himmelsherr.

Zurückrollen lassen bis Sandanski. Einkaufen: nur Schafskäse.

Heute morgen europäische Wetternachrichten gehört: Deutschland plus 4 Grad, Bayern Schnee, Italien kalt und Regen, ebenso Griechenland. In Deutschland also winterlich. Hier blüht die Forsythie, der Mandelbaum, die Wiesen stehen im saftigsten Grün. (Lese »Ein Zeitalter wird besichtigt«, Heinrich Mann, Napoleonverehrung?!)

Traf Ivan, muß erst am Montag in den Steinbruch. (...)

Mein Aufenthalt hier ist ein nicht gut zu machender Fehler. Begangen aus Stolz (weil ich mich auf das Land nicht vorbereitet habe und mich, wie immer, nur als Augenmensch verhalte) und Anstand, aus lauter Gründen, die dem Leben zuwiderlaufen. Ich bestieg unbedacht ein Flugzeug und überflog einen Meridian, hinter dem mein innerstes Sein sinnlos und gänzlich ohne Wert ist. Es hätte nur eines Augenzwinkerns bedurft bei der Einhaltung meiner Lebensmaximen, und ich säße jetzt in irgendeiner Trattoria in Rom oder Florenz, gewiß aber, dazu hätte ich das Visum mißbraucht, in Venedig! Venedig, zwischen Aschenbach und Guggenheim.

Ein bedrängender Gedanke! Einen Tag lang hatte ich die Wahl, meinen Stein (den ersten meines Lebens!) aus Italien oder eben aus Bulgarien zu holen. Der Paß lag bereit, Carrara kein Traum mehr, Italien, das Geburtsland des Individuums und des gebauten Raums. Landschaften und Städte: Tiber, Ostia, Forum, Via Appia, nein, Aufenthalte in Rom, Perugia, Florenz, Bologna, Modena, Mailand, Brescia, Verona, Venedig. Darüber zu schreiben, hieße der Genesis europäischen Geistes und Geschmacks, einem wichtigen Teil unserer Herkunft, nachzuspüren. Ein Europäer weiß, was jeder dieser Ort für einen fünfundvierzigjährigen Augenmenschen, einen Gefangenen auf Lebenszeit bedeuten muß: Rausch – und irrwitzige Lust. Aber ich, von selbstauferlegten Maximen besetzt, lehnte Italien ab, schließlich konnten meine Nächsten und Liebsten mir niemals folgen. Was da fortwirkte war die Solidarität unter Häftlingen, das Bewußtsein, daß es tödlich sein kann für DEN ANDEREN, wenn man sie einmal nicht übt: es ist mein Korczak-Syndrom. Kurz, das kann auch Selbstüberschätzung sein, ich sagte, ich wolle den bulgarischen Stein aus der Frostzone, der unserer nordischen Witterung standhält, man müsse das Material verarbeiten, auf dem man steht, keinen Stein der Sonne, aus Italiens Glut und Licht. (War ich in der Gunst? Nein, es ist die Logik autoritärer Systeme, die nach dem Prinzip handeln, wer eingeschlossen ist in eine öffentliche Aufgabe, erfährt Freiheit und Ehre, auch dann, wenn der individuelle Wille gegen herrschende Prinzipien verstößt. Die Sache, die sich dadurch adelt, daß sie beschlossen ist, steht über allem.)

Als ich es vor einem Jahr schroff ablehnte, eines der im Zentrum Berlins anstehenden Denkmäler zu machen und eine völlig neutrale Gruppe eines liegenden Paares, in dessen Trennlinie ein Kind ruhen sollte (es müßte sich einschmelzen als Form in die Körperlandschaft), vorschlug, so war das lediglich die Fortführung eines mich heftig interessierenden Stoffs: die untrennbare Verbindung mehrerer Körper, ein Ineinanderstecken und Überlappen nicht anatomisch zu klärender, sondern landschaftlichklanglicher Formen. RUHEN, mein Thema, KONTEMPLATION, Inseldasein als Rettungsort individuellen Seins. Der Entwurf ließ keinen Zweifel aufkommen: ein Paar, halbliegend, auf die Ellenbogen gestützt und die Augen – nicht zueinander! – sondern geradeaus, ÜBER ALLES hinweg, in eine unvorstellbare Ferne gerichtet. Der Blick konnte gerade noch über die zur Mauer aufgestellten Unterschenkel hinweggleiten, von vorn sollte der des Betrachters auf eine Wand stoßen. Die Leiber und Köpfe unerreichbar. Inselhafter und insichzurückgezogener kann ein Paar nicht sein. Es schließt die Welt aus in seiner Konzentration auf sich selbst. Genau das war mein Interesse der vergangenen Jahre, Untrennbarkeit, Verklammerung darzustellen, Freiheit und Bindungslosigkeit.

Sandanski, 4.IV.75

Es ist heute, Anfang April, wie im Sommer bei mir auf dem Land: die flimmernde Erde, die trockene, durstig machende Hitze und jene besondere Stille heißer Tage.

Ich gehe hinunter zum Bach, betrachte die langsamer und flacher gewordenen Strudel, Wirbel und Stauungen, die in der Strömung pendelnden Algen.

Die Minze steht hoch im Kraut, ich zerreibe die dicken, saftigen Blätter zwischen den Händen, und es ist eine große, stark duftende Frische auf meiner Haut. Jünglinge kommen von der Feldarbeit, springen behend über die Steine, knien sich hin und schöpfen Wasser aus einer mir verborgen gebliebenen Quelle. Der Jüngste, halbnackt, braun, in einem ärmellosen Sportdreß, wirft sich an anderer Stelle zur Erde. Einen Augenblick lang verharrt er auf aufgestützten Händen und sieht in die Quelle, wie einst Narziß, eine bukolische Laune. Nachdem sie weitergezogen sind, finde ich, versteckt zwischen den Steinen, kleine Mulden, in denen Laub und Vogelfedern schwimmen, die aber dennoch mit klarem Wasser gefüllt sind. Eine rostige Blechdose, als Trinkbecher genutzt, liegt auf einem Stein. Als ich den Platz am frühen Abend verlasse, ziehen Bauern und Hirten mit ihren Schafen vorbei, eine Rotte satyrhafter Gestalten. Sie werfen sich zu Boden und trinken aus den Quellen, die hier ein unermeßlicher Schatz sind. Man trinkt ihr Wasser genießerisch, wie anderswo den Wein.

(Im Steinbruch erlebte ich eine Meuterei, als die Trinkwasserversorgung unterbrochen war.)

Ein kleines Temperablatt angelegt, geblendet von der Sonne und fast blind vom reflektierenden Papier. Gezeichnet, im Windschatten der Platanen gesessen und mich dreingegeben in den großen Atem dieses Tages. Im Einklang leben ist tröstliche Erfahrung.

Beim Zeichnen werden mir die Platanen zu nahen Gefährten, ich lerne ihre Geschichte, ihren Charakter, ihre Art zu wachsen, zu widerstehen und zu sterben. Selbst die ältesten erlangen nie die heidnische Verehrung des Ölbaums, der den Menschen Nahrung, Licht und Wärme bringt. Ihr Stamm ist fleischiger. Ihr Wuchs ist Richtungswechsel, faltenbildende Beugung. Die Rinde glatt und von Schuppen überlagert, von feiner Narbe gerissen. Was sie allen Bäumen voraus haben, auch der heiligen Olive, ist die Farbigkeit ihrer Rinde, dunkel in den abgestorbenen Teilen, heller, vom Erdgrün bis zum spitzen Gelb die jungen Teile, unregelmäßige, landkartenähnliche Flecken.

Sandanski, 5.IV.75

Nacht schlimmer Träume: ein Tribunal, das mich ungerührt zum Tode verurteilt. Das Erschreckende war, daß ich die Richter, die ich in anderen Berufen kannte, über die Maßen verehrte. Mein Gang in die Todeszelle wiederholte die Bilder meiner Jugend, ich fühlte weder Entsetzen noch übermäßige Angst.

Zum Tage: Himmel wolkenlos, mittelmeerisches Blau, mäßiger Wind. Bin ziemlich früh nach Melnik gefahren, kurz ins Stadt-Dorf-Museum gegangen, ein zweistöckiges, altbulgarisches Gehöft. Verschiedene Ebenen, in der oberen mittelgroße Räume, Holzdecken und sparsam geschnitzte Schrankwände. Offene Kamine, große, hohe Feuerstellen, über denen sich die Wand zum Halbzylinder aufwölbt. Barockes Lebensgefühl.

Im »Hotel«, da keine Wahlspeisen im Angebot, den hier obligatorisch verbrannten Schaschlik gegessen. Mit Zeichen- und Malzeug über die »römische« Brücke (sie ist natürlich jünger, aber der klassische einbogige Typ), die im Melniktal über einen jetzt ausgetrockneten, mit Hausmüll, Fahrradreifen und Bauerngerät angefüllten, schmalen, flachen Fluß zum höchsten der den Ort umstehenden Berge führt. Die Luft war schwer und trocken, mühselig gewann ich Meter um Meter an Höhe, kroch oft auf Händen und Knien den steilen, von steinhartem Schafsdung übersäten Berg hinauf. Sonnendolche im Rücken, schweißgebadet. Auf halber Höhe dann Rast, das Dorf schon ganz klein und ohne Reiz. Ungeduldig weiter hinauf, langsamer, immer atemloser, bis zur kargen, kurzgefressenen, verbrannten Kammwiese. Mit jedem, dem Gipfel sich nähernden Schritt schoben sich verdeckt gebliebene Lehmfinger, mit winzigen Grasnarben versehen, empor, gezackte, lange, in den Raum laufende Lehmwandklingen, Schicht um Schicht, Bühnenversatzstücke eines surrealistischen Stückes, Bilder von Magritte, von Dali. Jede realistischere Vorstellung hätte mich verwirrt.

Oben angekommen, breitete sich vor mir ein bizarres, tief pathetisches, in die fernsten Räume vordringendes Panorama, im raschen Wechsel vom strahlend hellen Ocker der Lehmzacken und den nachtdunklen Sonnenschatten der schwarzgrünen Schluchten. Vergeblich versucht, in zwei Abschnitten die verwirrende Vielheit der eigentlich stereotypen Formen zu erfassen. Es ist die Nuance, die in der Raschheit nicht zu erfassen ist, die dem Relief dieses Landstrichs gerecht werden kann, nicht das karikierende Auf und Ab. Im Kern sind die Formationen gotisch, in Verdichtungsgebieten orgelhaft bis zum Exzeß.

Dem höchsten Grad vorgelagert eine weitere runde Bergwiese, erreichbar durch einen längst verfaulten und ruinierten Holzsteg, den zu begehen fast alle Sinne widerstrebten, ein Widerstand, den niederzuringen Abenteuer und Lust war. Das Nacheinander einer Wieseninselkette beweist deutlich den Zusammenhang der einstigen Hochebene. Kein Abgrund, der zu überspringen gewesen wäre. Und so stand ich über einer von Sonne, Wind und Wasser glänzend polierten, offenen Schale im Muschelglanz. Glimmerplättchen und weiße Kiesel als Sterne in klarer Nacht.

Das Melniker Tal bricht von hier oben fast zweihundert Meter tief, scharfgratig hinab. Dennoch erregt es keinen Schrecken, auch scheint es als Gefahr nicht bemerkt zu werden. Zurück über die zwei morschen Balken des Stegs. Die Brücke als romantisches Symbol letzter Hoffnung, ein zwingendes Todesmotiv.

Durch Meditation die Nerven zur Rückkehr fähig gemacht. Im Schatten gesessen, bis Ruhe ins unruhige Herz zog. Gewißheit und Stille. Auf dem Weg nach unten im wackligen Stand auf schiefer Ebene eine weitere Zeichnung vom »lieblichen« Talkessel versucht. Werde in Berlin ein großes Blatt machen! Bin ganz verzaubert, nachdem ich dem Berg physisch so nahe gekommen bin. Zu Tal und schnell ins Hotel gefahren. Joghurt gegessen. Pfefferminztee. Wohlig erschöpft.

Großer brennender Sonnenuntergang über der Schneegipfelseite! Opernhaft. Das Ende eines tief atmenden Sommertages.

20 Uhr 30. Geschrieben. Im Taschenradio Béla Bartók, ach, Ungarn, die Arbeit am Kodály-Porträt, das noble Essen im »Elephant«, Rebhuhn und roter Wein, die Cafés. –

In Österreich und Nordeuropa noch Frost. Höchsttemperaturen bis zehn Grad plus.

Übrigens: vor einer Stunde marschierten mit martialischem Gesang Sowjeteinheiten durch den Ort. Die Wächter der Südflanke. Dieser politische Wahnsinn zweier Machtblöcke. Perversion als Staatsmonopol.

Sandanski, 6.IV.75

Sonntag vor Mittag. Gleich 12 Uhr.

Habe gemalt. Letzter Sonntag. Noch Sonne, südlich tief gelagerte Schichtwolken. Fahre nach dem Essen in Richtung Steinbruch, die »Rocky-Mountains-Landschaft«. Großartige Motive.

19 Uhr 30. Hotel. Abendbrot wie immer. Habe noch gemalt, bin heute aber sehr müde, obwohl ich, sobald ich mich hinlege, nicht einschlafen kann.

Der Tagesverlauf: Mittagessen im Hotel. Danach mit dem Auto zum Marmorsplittwerk. Von dort aus die nach 1,5 Kilometern im Weglosen endende Asphaltstraße in die Berge gefahren. Einer kaum wahrnehmbaren Geröllpiste folgend, die dicht am Hang und über Abgründe entlangführte, verschaffte ich mir Zugang zu einem riesigen Kessel, der alle Kinderträume vom Leben in den Steinwüsten des Wilden Westens erfüllte. Die Sonne stand hoch im Zenit und brannte.

Es galt, zu Fuß die erste Felswand zu überwinden, um auf der Hochebene die Fahrspuren zum Steinbruch zu finden. Vom

LKW aus hatte ich einen mondkraterähnlichen Trichter entdeckt, der eine hinreißende Vorlage zum Zeichnen abgeben konnte. Die staubige Geröllwüste versank in viele, in ihrer Strenge einmalig schöne, steil in höhere Regionen ansteigende Felsrisse. Nach der ersten Kehre stockte der Staub und die aufsteigende Glut in den Lungen. Ich durchlief ein von Steinbrucharbeitern bewohntes Seitental. Um die Mauern der Häuser brandete das satte Grün der kleinen Gärten, schmale Ränder im Karst. In Gesteinsschichten aufsteigende Sonnenhänge im fahlen Gelb, bestanden von dornenbewehrten Flechten, letzte Botschaften, bevor die Vegetation jede Chance verliert und der Triumph des puren Gesteins beginnt.

Rasch geriet ich außer Sichtweite des Autos, vergaß es. Und während ich einen schattigen Spalt suchte, tauchte aus dem Hinterhalt, weit verstreut, eine Horde Halbwüchsiger auf, deren Absichten kaum mißzudeuten waren. Ich ging zum Auto zurück und begann, halb verstört, aber am Ort, in der Gluthitze des Mittags, bewacht von dieser Bande, der ich im Ernstfalle unterlegen gewesen wäre, zu zeichnen: eine steinübersäte, sanft ansteigende Wüste, drei bis vier Kilometer tief, an deren Rändern sich Felswände aufwarfen und zu einem Schädel zusammenschoben. Erste gute Zeichnung. An Arendts Inselwelten gedacht: steingrau, seine Metapher, was ohne Hoffnung, ohne Leben heißen mag, dem Tod jedoch nicht gleichzusetzen ist.

Die Halbstarkenrotte begleitete meine Talfahrt, sie waren flink wie Springböcke und immer um Deckung besorgt. Der Wagen rutschte in eine Rinne, allein, ohne Hilfe, verfiel ich in abgrundtiefe, schweißtreibende Furcht, der Kehlkopf verkrampfte sich, so daß ich zu ersticken glaubte. Schwindel erfaßte mich und lähmte jede Bewegung, über die Netzhaut zog sich ein Vorhang bunter Flecken, und im Kopf liefen eindringlich und unwiderlegbar die Bilder meiner Steinigung ab, nach dem Muster der ähnlich morbiden Verfilmung von Tennessee Williams »Plötzlich im letzten Sommer«. Wirklichkeit alles.

Aber natürlich gibt es keine bessere Art, diese Landschaft im Schweiß, im Staub, in der Hitze zu erleben. Denn nur so wird man Teil ihres Wesens. Strenge, Kargheit, Unzugänglichkeit sind die Voraussetzungen zu klarem Denken. Man muß sich nur einlassen können auf derartig unbedingte Weltgegenden, um die letzten Rücksichten und Schnörkel abzuwerfen: in der Kunst ist alles verfehlt, was der Vermittlung bedarf. Eine Skulptur, die »dieses oder jenes« sein könnte, kann nicht vordringen zum totalen SEIN. Die unendlichen Weiten, die Meere, deren Horizonte, die endlosen Wüsten Afrikas oder das Eis der Arktis, das sind die Prüfstände, vor denen jeder Stein, jedes Blatt, jeder Satz bestehen muß. Das Unheutige, das Gestirnhafte ist das Maß, dem alles, was man macht, standhalten muß – und nicht die gestammelten Geschichten. Die Welt verdummt durch die Schwatzhaftigkeit ihrer großen Veranstalter; dort, wo ihnen das Wort nicht zur Hand ist, kapitulieren sie.

16 Uhr 30 im Hotel. Noch gemalt. Müdigkeit und Trauer sind meine Gäste. Die Gewißheit bedrückt, daß fast nichts aufzuarbeiten ist, Fragment bleiben wird.

Die Vorstellung ist von großen archaischen Zeichen besetzt.

(S.J. Perse: »Ich sehe von einem hohen Rang.«!)

Sandanski, 7.IV.75

Hotelzimmer. Lange den Abendhimmel betrachtet. Nach völlig farblosem Sonnenuntergang zogen schmale, indigofarbene Wolkenstreifen vorüber, die sich mit der Zeit steil auffächerten in eine neapelgelbe-orangerote Skala, sehr licht. Ein Schau-Spiel über der reglosen schwarzvioletten Bergkante Golgatha.

Föhniger Wind. Schlechte körperliche Verfassung. Nachts das Haus voller Bulgaren. Lärm, Gegröle, Gitarrenspiel und Trompetenstöße. Wie im Wirtshaus. Bis 3 Uhr wach gelegen, zerfressen vom Haß gegen die Rücksichtslosigkeit der Menschen.

6 Uhr schon wieder wach. Mit Magenübelkeit und Kreislaufschwäche die nicht mehr zu umgehende Fahrt in den Steinbruch angetreten.

Vor Mittag oben. Diesmal, da der Jeep kaputt oder anderswo im Einsatz ist, mit dem russischen LKW-Riesen. KRAS. Die Steine sind aufs Maß abgebohrt und getrennt; sie scheinen, bis auf einen Stich von der Sprengung, ohne Mängel zu sein.

Mein Modell schenkt mir Hoffnung, da es sich im ungetönten Gips vor den enormen Lagern der Steinbruchwand hält. Ein langer, kaum zu bewältigender Weg liegt vor mir. Ein, zwei Jahre allein für das Gipsmodell 1:1 usf.

Für den Donnerstag noch verabredet, und danach geht es so schnell wie nur irgend möglich nach Berlin! Nach der Steinbesichtigung das lange Warten, bis ein LKW mich mit ins Tal nimmt.

Spätnachmittags im Hotel. Zwei Stunden am Platanenaquarell. Noch immer nicht fertig. Hoffe auf Stille und Schlaf.

Sandanski, 8.IV.75

Was bin ich für ein Narr! Habe nach dem Spaziergang so verzweifelt an der kleinen Platanentempera gearbeitet, daß ich böse Herzschmerzen bekam. Diese Unfähigkeit, nicht aufgeben zu können, kenne ich von Flaubert, der, um der »Schönheit« seiner Sätze willen, das Frischgeschriebene, um es auf schlechte Assonanzen abzuhören, nachts aus dem Arbeitszimmer über die Seine brüllte, »daß es mir die Brust zerreißt«. Für die Flußschiffer übrigens war die Lampe seines Schreibzimmers die verläßlichste Lichtbake.

Nach reiflicher Überlegung zu dem Entschluß gekommen, die Steine nicht abzusegnen, was die Maße und die Qualität betrifft, das soll K., der Fachmann und für diesen Part verantwortlich, tun. Ich werde abreisen.

Da die 200 Kilometer lange Autofahrt zu unwägbar und außerdem, nach so früher Abfahrt, 5 Uhr, viel zu anstrengend ist, werde ich bereits am Vortage des Heimfluges nach Sofia »chauffieren«. Nahezu drei Stunden um ein Hotelzimmer telefoniert.

Noch zum Tage: Nach gut durchschlafener Barbituratnacht gegen 9 Uhr gefrühstückt, danach gemalt. Mißt man die Aufregung am Erfolg, tut sich ein gewaltiges Mißverhältnis auf, aber Logik und Vernunft sind ungültige Kategorien in der Kunst. Der Austausch eines Wortes in einem Gedicht kann, so Peter Huchel im Gespräch, Monate verlangen. Schließlich steht jede gezogene

Linie gegen die Ewigkeit. Das nun wieder bezweifelt die Welt, und sie wird daran kaputt gehen.

Mittags, und das grenzt ans Wunderbare, ein halbes Brathähnchen im Ort bekommen und auf dem Zimmer gegessen.

Nach dem Schmaus in stechender Sonne durch Sandanskis Gärten ins Tal. Im Windschatten der Platanen gesessen, selbst Teil vom glutheißen Laub und Stamm. Abschied voller Wehmut.

Das verfilzte Gesträuch ist überzogen von steingrauem Moos. Der Wind bog die Äste in schmerzlicher Krümmung zur Erde.

Obwohl Bäume, Hecken, Unkräuter, Sträucher materiell kaum zu fassen, mehr Stimmung, Licht, Atmosphäre sind, versuchte ich dem Vergessen mit einer Zeichnung zu begegnen. Am Anfang hatte sie Rhythmus, war selbst Wuchs und innere Ordnung, aber dann stockte die Tuschezufuhr, und das Blatt erlosch im Didaktischen. Indes, was ich zu zeichnen versuchte, hat Sitz erworben in meinem Kopf, auch wenn das Blatt verdorben ist. Es wird zum Baustein unauslöschbarer Erfahrung und irgendwann unversehens auftauchen, wenn auch nur als Kriterium.

Im langsamen Eselstrott den Berg hinauf, zum Hotel. Bauern hackten ihre Weinberge, öffneten Flutgräben, verschlossen Nebenarme. Der warme, von Süden heraufkommende Wind verheißt Fruchtbarkeit.

(Morgen Abschied von Melnik. Wege, Organisatorisches.)

Sandanski, 9.IV.75, Hotel Spartak

Hatte reichlich Vorsorge für den Schlaf getroffen. Bin am Ende meiner Kräfte und darf kein Risiko mehr eingehen. Koffer vorgepackt. Im Ort nach einem Reisegeschenk umgesehen. Vergebens. Verlangsamt, mit eingeschränkter Wahrnehmung, nach Melnik gefahren. Eine Stunde unter der Pergola eines »Hotels« auf mein Essen gewartet. Die Bedienung und das Küchenpersonal stritten sich um die Art, eine Tonbandkassette in ein transportables Radio einzulegen. Gäste stören solche Aktionen.

Noch einmal die unbarmherzige Sonne. Suchte vergebens den Zugang in ein Seitental, das mir, vom Berge aus gesehen,

Eindruck gemacht hatte und von der Hauptstraße nicht zu erreichen war. Aber offenbar verschätzte ich mich in den Entfernungen. Von der Hitze ermattet, ging ich Kilometer um Kilometer auf schattenloser Straße und bog schutzsuchend in die nächste schwülfeuchte Schlucht.

Von Beklemmungen geplagt, einer nicht zu beschreibenden Angst.

19 Uhr im Hotel. Mit dem jungen, freundlichen »Fettklößchen« in der Rezeption, die ein Käfig aus dicken Eichenpfosten, Stäben und Glas ist, mit einer schmalen Durchreiche für Paß, Schlüssel und Gästebuch, meine Abreise besprochen. Ein zwergenwüchsiger Polizist schob mich beiseite und verlangte wortlos – der Befehl lag in einer herrischen Hebung des Kopfes – die Vorlage des Gästebuches. Er las es mit ungeheuer ernstem und angespanntem Gesicht. Eine Kälte verströmende, ganz und gar marionettenhafte Erscheinung, ein Angst verbreitender Bote des »Schlosses«, selbst seinen Nachbarn längst entfremdet durch Isolation und die unwirklich akkurate Uniform, die im ganzen Ostblock in ihrer blechernen Gespanntheit nicht ihresgleichen hat. So wortlos wie er kam, verließ er das Hotel, nicht ohne die grotesk überstreckte Hand zur makellosen Schirmmütze geführt zu haben. Im Foyer traf ich Ivan, den Geologen, der mir, und das geht mir zu Herzen, eine Kristallvase zum Abschied schenkte.

Die Koffer sind gepackt. Morgen nach Sofia, übermorgen Berlin.

Sofia, 10.IV.75

Hotel Sofia, 20 Uhr. Gegen 10 Uhr von Sandanski ohne Zwischenfälle hierher. Im Hause gegessen. Müde. Herzrhythmusstörungen. Hingelegt und geschlafen.

Am späten Nachmittag planlos durch die Stadt. Touristenschwärme. Das Leben eine einzige Kränkung. Auf dem Weg zum Hotel dann eine Herzattacke vom Ausmaß eines Infarktes.

Tobendes Gewitter über der Stadt.

Landschaft des Labyrinths: Anstieg, 1982, Kohle auf Tonpapier

Labyrinth

Sächsische Schweiz

1973. (Aus einem undatierten Skizzenbuch:) Lehmauswaschungen, und im Himmel dieselben Formen in den heraufziehenden Wolken. (Skizze.) Totenköpfe, Knochenstege, Bruchkanten von Schollen.

W.-dorf, 9. XI. 73. (Vor Beginn des Hauptzyklus.)
In Berlin ist eine neue Zeichnung fast fertig geworden: Blick durch ein Felstor, ein Kreis, um den sich alle Kräfte entwickeln. – Gleichnis meines Zustandes? Zweifle nicht mehr an der Beteiligung des Unterbewußtseins: so gesehen ist es Sinnbild für den Wunsch nach strengster Abkapselung und der Sehnsucht nach Ferne, Ruhe, ungestörtem Dasein.

Es wäre interessant, die Kompositionen der Zeichnungen einmal mit dem jeweiligen seelischen Zustand zu vergleichen. Ich glaube immer mehr an die – wenn auch nicht vordergründige – Übereinstimmung von Bild und Psyche.

W.-dorf, 10. XI. 73. Entwürfe für Zeichnungen: sie entstehen jetzt mehr und mehr aus dem Impuls. Wenn nur erst das Papier für den Labyrinth-Zyklus aus der Schweiz käme!

B., 12. XI. 73. /... / Früh *Felstor mit dieser Ferne* gezeichnet. Fertig? Zwei Stunden! /... / Will morgen neue Landschaft anfangen, bin gierig aufs Zeichnen.

B., 19. XI. 73. Vormittags gezeichnet – auch Sonnabend und Sonntag. *Kristallhöhle*. (Übergangsblatt, noch nicht *Labyrinth*, aber aus dem Vorfeld, Ablösung vom Rügenzyklus.)

W.-dorf, 26. XII. 73. Kein Schnee, schade. Eher frühlingshaft, +2° bis + 3°. Schöner Himmel heute nachmittag. Kleine Skizze. – Bin richtig glücklich in der märkischen Landschaft.

Landschaft – dieses Wort denke ich mit Freude und Ergriffenheit –, lebendige Stille, stoffliche Weite und große Vielfalt.

W.-dorf, 31. XII. 73. Habe draußen skizziert, ganz kleinformatig, Gehölz – es ist eine »zarte« Landschaft. Man muß ihr behutsam, ohne Erwartung begegnen, um sie zu entdecken. Es gibt da Gesträuche von ganz eignem Zauber, graubraun und – noch jetzt – von flirrendem, kaum wahrnehmbarem Ocker: glimmendes Licht. –

Überhaupt, es ist (die märkische Ebene) eine Lichtlandschaft, die ihre Schönheiten, ihre stille Eigenart aus dem Wechsel des Lichts bezieht. Alles auf die Erde geduckt: Flecken, Säume und ein paar aufstrebende Linien über der Horizontalen. /.../

Es war trüb all die Tage. Heute jedoch teilten sich die Wolken, ein Aufatmen des Himmels, der bis jetzt als grauer, schwerer Vorhang über uns schwebte.

Nachts blinken nun die Sterne, die Kassiopeia als funkelnder Drachen; der Mond liegt faul – noch nicht zur Hälfte herangewachsen – auf dem Rücken und wirft doch schon, generös, etwas Silberglanz über Wiesen und Sträucher, das Haus. Wunderschön.

B., 1. I. 74. /.../ Was bringt das Jahr? Mehr Ruhe? Mehr Frieden, mehr Ich – und etwas Glück?

B., 9. I. 74. Seit zwei Tagen geht es mir schlecht. /.../ Wie soll ich an morgen glauben, wie sollen da nicht Todesgedanken vorherrschend sein. /.../ Habe dennoch 7 bis 8 Stunden an der *Neeberger* gearbeitet. /.../ Obwohl gegen 15 Uhr erschöpft, noch, um Atem zu holen, das Relief der *Schlafenden* (nach einer alten Zeichnung) angelegt. Anlage ganz gut, aber schon schleicht sich die Angst ein. –

B., 24. I. 74. Sehr nervös, Depressionen. Zerfall mit der Umwelt. – Der Zoll beschlagnahmte das Zeichenpapier aus der Schweiz, habe es endlich freibekommen. – Konnte mich aber nicht entschließen, für die kommenden Zeichnungen weiter einheimisches Papier zu verwenden, nachdem die Tunesien- und Rügenzyklen bereits im Zeichenschrank zerfallen, d. h. bis zur Farbe von Packpapier vergilben.

W.-dorf, 3. III. 74. Die Bäume sind ungewöhnlich schwer zu zeichnen, sie verwirren mich, mir fehlt Wissen, wie ich es vom menschlichen Körper habe.

Es tut sich da, im Geäst, eine schwer greifbare, sehr differenzierte Welt auf, ein scheinbar nicht darstellbares Gefüge von Räumen, Bewegungen und festen Formen, die von ferne wie verschlungene Gitter und Netze wirken: große Ereignisse im Ereignislosen. Man müßte ein Gehölz *wochenlang* zeichnen, um es in seinem Wesen erfassen und darstellen zu können. – »Ganz eins sein«, wie Caspar David Friedrich sagt.

16. VII. 74 (Nachtrag in Berlin). /... / Dann in die Sächsische Schweiz. Steinbrüche angesehen. Fast pausenlos Regen. Uttewalder Grund. An Caspar David Friedrich und Blechen gedacht.

Später noch ins Labyrinth, war beeindruckt bis zur Erschütterung. Felsen, plastisch, glatt und gespannt, dann wieder schalig, gehöhlt, ohrig, übereinandergeschichtet wie Gebein – ein morbider Barock. Unfähig, diesen Reichtum zu zeichnen, aber im Kopf sitzt es fest. Bisher war für mich, wenn ich von meinen Kindheitserlebnissen, die ja mein Geheimnis sind, absehe, die Sächsische Schweiz mehr ein Eldorado für wandernde und aquarellierende Heimatfreunde. Jetzt ist sie eine Stärkung meines plastischen Gefühls – ein willkommenes Erlebnis. Habe Stoff zum Zeichnen und bin unruhig vor Erwartung. /... /

Auf dem Lande aus einem Sandsteinfindling einen männlichen Torso gehauen, in 3 Tagen, zu je 3 Stunden. Bin bei der Arbeit immer so erregt, als hinge von dieser Stunde meine ganze Existenz ab: die Folge Herzflattern und Armlähmung, so daß ich, wie heute, in Angst lebe: Infarktangst – die Symptome sind alle beisammen. Hoffe auch diese Krise zu überstehen. Muß nun aber zum Arzt.

Erste Felszeichnung (*Torstein*) in W.-dorf begonnen! Groß, mit Kohle.

Fände ich doch Gelassenheit – einen Weg aus dem inneren Chaos! Zeit! Muße!

Niemand wird das Zerstörerische des Schöpferischen begreifen ohne das Wissen um die Gewißheit des Künstlers, zu versagen. Denn *er* kennt den nächsthöheren Rang. Es gibt immer noch ein Darüber.

Karamasow angefangen. /.../ Dostojewski zitiert Schiller (sinngemäß): »Künstler, scheue nicht den Fehler in deinem Werk, scheue nur den Fehler der Mittelmäßigkeit!«

W.-dorf, 20. VII. 74. /.../ gestern von 13 bis 15.30 Uhr wie verrückt am 1. *Labyrinth*-Blatt gezeichnet und vollkommen versagt. Alles heruntergewischt – müde. Heut vormittag gezeichnet, $1^1/_2$ Stunden, und einen möglichen Weg gefunden. Ich werde, wie bei jedem neuen Thema, ganz von vorn anfangen müssen, vor allem: kein Abbild.

B., 3. VIII. 74. In den vergangenen 14 Tagen die ersten zwei Kohlezeichnungen des *Labyrinth* beendet, eine dritte ist in Arbeit, daneben zwei kleine auf weißem Papier: der Konflikt in dieser Arbeit liegt in der Verschmelzung von Strukturen – eine Flächenaufgabe – und Plastizität, die Perspektive und Überschneidung erzwingt (Volumen – Raum – Struktur). Ich schwanke hin und her. Immerhin ein Stoff, der mich fasziniert. Nachzutragen wäre, daß ich im Juli 10 Tage in der Sächsischen Schweiz war. Ein Erlebnis ganz eigener Art: dämonische Felsgruppierungen (Labyrinth), deren Anblick mich zittern machte! Ich fühlte mich Kräften ausgesetzt, die schwer zu beherrschen sind: Ausgeliefertsein und Nähe. – Äußerst differenzierte Steinbildungen, oft, vor allem in Erdnähe, sind die Blöcke sehr zerstört, assoziieren einen wahnwitzigen, leider nie gemachten Barock.

Die Natur übertrumpft die Vorstellungskraft des Menschen: die Wandflächen sind porös, schuppig – eine alternde Haut; sie abtastend, empfand ich ihre Vergänglichkeit. Der Stein gleicht dem Menschen, altert, erkrankt, zersetzt sich und zerfällt schließlich zu Staub. Hinter G. sah ich Felsnadeln, die wie Schornsteine unterirdischer höllischer Schmieden aufstreben.

B., 25. VIII. 74. Sehr an den neuen *Labyrinth*-Zeichnungen gearbeitet, zunehmend Trauerarbeit.

B., 30. VIII. 74. Jeden Vormittag, fast eine Woche lang, an der

3. Felszeichnung gearbeitet, habe sie gestern gegen 11 Uhr abgeschlossen: stark detaillierte Felswand. Eigentlich wollte ich mich nicht so tief in diese Arbeit einlassen, aber nun lebe ich in diesen Felshöhlen – Felsgängen – Felsenstädten.

Woher kommt die fixe Idee der schwarzen Sonne, der schwarzen Löcher?

Sächs. Schweiz, 16. IX. 74. Ein großer sonniger Tag. Stille. /…/ welche Erlösung nach der Niedergeschlagenheit der vergangenen Tage, dem Druck der Öffentlichkeit. – Hier, außer Reichweite meiner Steine, Grotten und Höhlen, in offener Landschaft, unter dem Himmel, der so blau und neugeboren über dem durchsichtigen Laub der Lichtung glänzt, hier endlich fallen alle mir widerfahrenen Kränkungen ab, ich gleiche einem sich abschminkenden Clown, der sein wahres, sein traurig-nachdenkliches Gesicht wiederfindet. Mißverständnisse und Verletzungen – der Zerfall mit der Welt entsteht immer dann, wenn man sich seelisch preisgibt, seine Arbeiten, die Zeichnungen schön in Goldrahmen gefaßt, die Plastiken auf Sockel gestellt, der Öffentlichkeit präsentiert. Nichts erinnert mehr an ihre blutige Geburt. – (Goethe war so klug, dreißig Jahre zu warten, bis er seine *Italienische Reise* für den Druck überarbeitete [literarisierte] und in klassischer Gelassenheit stilisierte. In der Reinschrift! bekennt er: »Ich kann wohl sagen: es ist kein Buchstabe drin [in seinen Schriften], der nicht gelebt, empfunden, genossen, gelitten, gedacht wäre …«)

Die Nöte der Entstehung sind ausgelöscht, alles wirkt leicht gewonnen. Und das ist gut so! Aber genau dort klafft der Abgrund: die Kämpfe während des Arbeitens sind nicht nachvollziehbar für die anderen; sie kennen den Preis nicht – auch das ist gut und allemal richtig, aber die Kämpfe hinterlassen schmerzende Narben. Vielleicht ist das ein Grund, weshalb so viele Künstler Trinker werden. Man bekommt beide Hände geschüttelt, auch das eine oder andere mißbilligende Wort zu hören, das noch am allerwenigsten schmerzt, weil man *jeden* Mangel kennt, so wie man um das Gelingen weiß. Am schlimmsten ist die Anmaßung derer, die die Kunst, die Natur, den Menschen nie wirklich *erlebt* haben, die in Theorien denken. Es verfestigt sich der Wunsch, sich nicht mehr der Öffentlichkeit zu zeigen, wenigstens nicht im Zusammenhang mit der eigenen Arbeit. Besser wäre, alles Fremden zu übergeben, anonym zu arbeiten.

B., 2. X. 74. Neuen Stein – *Gestürzter?*, *Gefolterter?* – aus einem etwas größeren Findling der Sächsischen Schweiz angefangen. Die Steinarbeit ist erfrischend, ganz anders als die in Ton oder Gips: der Stein hat Herkunftsgestalt. Die unbegrenzten Möglichkeiten der Komposition entfallen und damit viele Zweifel: *es kann immer nur nach innen, auf den Kern hin gearbeitet werden.*

Tagelang an der neuen *Labyrinth*-Zeichnung gearbeitet. Mein Problem ist die Zeit, nicht der Zwang, daß ich für jedes neue Thema / Motiv eine ihm möglichst gemäße Art zu zeichnen finden muß, sonst wäre die Arbeit langweilig und bloße Routine. Der Bleistift ist für die großen Blätter untauglich, allein die Kohle verspricht das entsprechende Mittel zu werden, aber ihr müssen neue Seiten abgewonnen werden.

Müde – der unerquickliche Tablettenschlaf. – Sehne mich nach völliger Zurückgezogenheit: ein paar Jahre nur schreiben, etwas zeichnen.

/.../ Schreibend die innere Logik eines Lebens bloßlegen – es bräuchte aber gewiß acht oder zehn Jahre, wenn es etwas werden sollte.

W.-dorf, 12. X. 74. /... / Früh viel Bossen vom Stein (*Kleist-Torso*) gehauen. Nachmittag noch 2 Stunden am *Kleist*. Sehr unzufrieden, weil keine Spannung entsteht. Der Stein hat noch zu viel Masse, aber es wäre töricht, zu früh gliedernde Details einzusetzen. Halte mich an die Geduld der frühen Griechen, an Maillol, der wußte, »daß die Zeit, die man einer Plastik nimmt, von der Zeit (in der Zukunft) der Plastik genommen wird«.

Habe noch einmal den ganzen Kleist gelesen, den geliebten *Kohlhaas*, der mir sehr nahe Kafkas *Schloß* steht: Individuum und Macht. Ist die Vermutung falsch, daß beim Aufbau seiner Erzählungen Kleists militärische Schulung unbewußt fortwirkt? Nicht zum Nachteil übrigens! Sie beginnen, er braucht nur wenige Sätze, wie ein Offiziersrapport; Feststellung von Ort, Zeit, handelnden Personen – danach entfaltet sich die Handlung, ohne daß die vorangestellten »Daten und Personen« mühsam erzählerisch eingeführt werden müssen.

B., 26. X. 74. / ... / Vorgestern Oistrach gestorben. Erst 66 Jahre. Auch er mitten in der Arbeit (Konzertreise Belgien).

>   (Entwurf)
>   Beschuldigung: Nicht das Geheimnis,
>   das dem Vogel zum Fluge verhilft,
>   nistet hinter der prahlerischen
>   Glätte
>   deiner Stirn,
>   nur die kleine, schamlose Lüge.

Zeichnen: Mir kommt es vor allem auf den *Prozeß der Entstehung* an, der mit seinen Hoffnungen und Niederlagen komprimiertes Leben ist. Man fühlt seine Kräfte und Schwächen und findet vorher *nicht* gewußte Zusammenhänge, ungeahnte Bildwelten tauchen auf, in die man versinkt und durch die man alles andere vergißt. Die Faszination liegt im Entdecken. Vor der Natur kann ich nicht zeichnen, nur notieren, weil mich das Vorbild, zumeist durch seinen ungeordneten Reichtum, verwirrt. Die Natur ist sowieso komplexer und auf ganz andere Art einheitlich als eine Zeichnung.

W.-dorf, 17. I. 75. / ... / Das zeitweilige Leben auf dem Land ist mir unentbehrlich geworden, es ist elementarer, ich spüre die Erde, den Himmel, den Wechsel von Tag und Nacht und vergesse, eingebunden in diese große einfache Ordnung, für Stunden die oft kleinlichen, dummen Kämpfe, die meine Stadttage zerstören.

Wieder einmal in den *Gesprächen Faulkners* geblättert. Es bleibt erstaunlich, wieviel Kraft und Lebenswille – der nicht ideologisch gepanzert ist – in ihm steckten. F. 1957: »Und daher glaube ich, daß wir sogar die Atom- und Wasserstoffbombe überwinden werden – ich kann im Augenblick noch nicht sagen, wie wir das tun werden, aber ich bin davon überzeugt, daß wir es tun.«

22. I. 75. (Im Zug nach Halle) /... / Lange, fasrige Wolkenbänder, rot und violett, streifen den Horizont, ziehen über das flache Land, fallen in kleine, zärtlich von Schilf gerahmte Seen, kreuzen den spiegelnden Lauf der Gräben; die Erlen bilden durchsichtige und kränkliche Gewebe. Ganz anders die Kiefern, die rasch, mit kräftigen Stammen vom Erdboden aufstreben und fächerförmig und schwarz gegen den Himmel stehen. Die Birken jedoch, die Akazien und das Weidengesträuch sind die ängstlichen Kinder der Ebene, dünn und verletzbar.

B., 18. IV. 75. /... / Im Laden angefangen, die *Gefesselten* zu hauen. Der kleine Raum voll von Sandsteinstaub! So arbeiten zu müssen ist langsamer Selbstmord. Aber was soll Bedenklichkeit, man arbeitet, um zu vergessen, daß es so ist, um weiterleben zu können. Ich kann schließlich nicht auf bessere Zeiten und Bedingungen warten und meine Arbeit in eine ungewisse Zukunft verschieben.

B., 25. IV. 75. /... / Schlafe im Laden. Weiter an den *Gefesselten* gearbeitet. Ein Problem ist die Oberfläche des Steins, die ja Ausdruck des Inhalts sein müßte. Wie »bearbeitet« den Stein die Natur, die Zeit? Seine »Feinde« sind seine Bildner und wahrscheinlich unsere Meister. »Die Steine und Stoffe sind das Höchste: der Mensch ist das eigentliche Chaos« (Novalis).

B., 2. VI. 75. /... / Und dann am Stein, Immer unter der Staubmaske. Atemnot, triefnaß.
/... / Ich lerne die »schlüssigen« Formen auch im großen Format zu handhaben ... Die Ernüchterung kann nur später im Freien kommen. Aber wer will schon so etwas Unerfreuliches wie die *Gefesselten* sehen und aufstellen. Arbeite dennoch weiter, man hat keine Wahl. Ist auch ganz gleichgültig, ich habe gemacht, was mich bewegt. Nachts in Lawrence Durrells Korfu-Buch gelesen: die Flucht in lichte Bezirke.

B., 5. X. 75. Arbeite am Blatt der *Galerien*, jenen Höhlen hoch oben, dem Himmel näher als der Erde. Und so seltsam das klingen mag, es ist, als baute ich an einem Haus der Hoffnung, den letzten und den ersten Wohnungen. –

Labyrinth: das sind die verschlungenen Wege allen Handelns, die zu irgendeiner Mitte hinführen, auf halbem Wege aber – wie zum Trost – Rastplätze anbieten. Ich weiß, daß es schwer sein wird, aus diesem Irrgarten herauszufinden, es kann nicht geschehen, bevor der Mensch unausweichlich vor seiner Vernichtung steht. Nicht etwa, daß uns auf diesen labyrinthischen Wegen, auf der Suche nach dem Ausgang /Ausweg jegliches Glück versagt bliebe, denn wir können vergessen. Das Leben läuft weiter, getrieben von unseren Ansprüchen auf Liebe, Freude, Arbeit, Entdeckungen, Genuß, und das Leben bietet bewohnbare Plätze, Gärten sogar, in denen wir uns ausruhen können; gäbe es sie nicht, niemand würde mehr weitergehen. Es gibt sogar Räume – für den, der sich hinaufwagt bis in die obersten Galerien –, in denen wir unseren ureigensten Trieben nachgehen können. Unsere Gäste würden – heute noch, morgen nicht mehr – die Tauben sein – später die Geier.

Ich muß ja nicht weit weg, um mir Anregungen für meinen Zyklus zu holen, es genügt, nachts durch die Hinterhöfe meines Viertels zu gehen, um mitten im Labyrinth zu sein: Durchfahrten, Höfe, Keller, Nischen, Balkone, Mauern und Wände, hinter denen, glaube ich meinen Eindrücken, nur List, Zank und Bosheit gedeihen können. Wer hier wohnt, wird das Gegenteil bezeugen. Was die Leute vertreibt, ist der Verfall: undichte Dächer, verstopfte Rohre, kaputte Öfen, oft auch die Enge, selten das Gefühl der Verlassenheit.

Was sich höhlt, birgt.

Ganz anders die eiskalten Kachelflächen und die Betonwände der Neubauten, an denen nicht einmal die Augen Halt finden, so wenig wie die Schwalben und Tauben – nirgends ein Vorsprung oder Unterzug. Hier findet fast eine Umkehrung statt. Von außen: unbewohnbar. Reduktion auf komfortable Bunkerfunktion. Der Alltag ist für die Bewohner gewiß leichter, Innentoilette und Bad, Fernheizung, Warmwasser, Müllschlucker, Lift. Und trotzdem geht das Komfort-Plus, ist gleich Wohlbefinden, Nähe, Geborgenheit, nicht auf. Es ist die totale Herrschaft der *Geraden* (wie die der Fläche), die jedes Gefühl abtötet, denn die Gerade ist das Synonym für Kälte, Starre, Fremdheit, alles, was lebt und wächst, ist *bewegt*, schwingt, weicht voneinander ab, trifft, überschneidet sich. Das gleiche gilt, übertragen, für die Fläche, den Raster. Der Mensch in seiner geometrischen Zelle muß ständig Gedankenarbeit leisten, um sich Wohlbefinden – aus Vernunftsgründen – zu suggerieren. Weshalb bauen sich denn Kinder Zelte, Schneehöhlen, sitzen gern unter Tischen, unter Sträuchern, ziehen sich Kissen und Decken über den Kopf, weshalb denn verbindet sich dem Erwachsenen die Geborgenheit seiner Kindheit mit irgendeinem geheimen, verborgenen Schlupfwinkel, in den er seine Schätze trug, las, rauchte, träumte, sich *ver-bergen* konnte? Und was geschieht – seelisch – mit den Kindern, für die es diese Orte einfach nicht mehr gibt? Kurz: Man sollte ein Kind, das sich in einem Neubaugebiet verlaufen hat, beschreiben lassen, *wo* es wohnt. Die Unfähigkeit der Beschreibung seines Hauses, seiner Fenster etc., würde sicher Beleg meiner Zweifel sein. Das ist natürlich kein DDR-Phänomen, nur wünschte ich, wir hätten es besser gemacht.

Gedankenspiel: Ich tausche zwei Substantive aus (Brecht):
Vertrieben   *Dach* aus Stroh
Vertrieben   Betonplatte
Dach = noch geborgen, bewohnbar, etc.
Betonplatte = untergestellt, unbewohnbar.
Das bloße Gefühl, die Assoziationskette von Bildern, die zwei Substantive bilden, ist Aussage genug.

B.,?. X. 75. *Labyrinth-Zyklus*, Gleichnis vom Leben? – seine Wege und Aufenthalte? Bei mir zunehmend Zukunftsvision der unbewohnbar gemachten Erde. Die Bausteine: Wände, Brücken, Wege, Schluchten, Pforten, Gipfel, Abgründe, Galerien, Höhlen, Massive, Gänge. Die Tiefe, die Höhe. Metaphern für Existentielles. Viele winzige Skizzen – Blattentwürfe.

Die Erinnerung an den entsetzlichen Angsttraum der Kindheit – Sturzbäche aus Steinen und Geröll, die über mich hinwegmahlten und mich begruben – bestimmt zunehmend die Gestalt der Blätter und ist Teil jener Gefühlsfolie, ohne die ich nicht arbeiten kann. Bloßes Denken und Wollen versetzt mich – vergleichsweise – in den Zustand eines Bauern, der zwar Saatgut, aber keinen Acker besitzt.

Freud: Traum? – die individuelle Lebensgeschichte und die Kindheit der Menschheit?

Habe die Sächsische Schweiz fast 30 Jahre lang gemieden, um mir meine Kindheitserinnerungen nicht zu zerstören. Das Gegenteil ist eingetreten!

Das Elbsandstein*gebirge* steigt nicht, wie man es bei Gebirgen gewohnt ist, auf aus langem Anlauf, der sich zum Gipfel, zur Kette aufwirft, wie die großen Geschiebe der Erdschollen. (Alpen?) Man läuft es nicht von weither an, sondern steht, fast unvorbereitet, vor seinen Kleinmassiven und Schluchten. Dieses Gebirge ist eher ein Tal, eine *ausgewaschene Hügellandschaft*, ein Naturschauspiel, eine unerwartete Kuriosität inmitten einer Wald-, Acker- und Wiesenlandschaft, es ist ein Nationalpark für bizarre Sandsteinskulpturen! (Man denkt zuweilen an Gaudí!)

Der unzerstörte Fels: Wände und Blöcke von unterschiedlicher Härte und Farbe. Im Verfall von wunderbarem Formenreichtum: Nester, Risse, Ohren, Stege, Höhlungen, Spalten, Gänge – die häufigsten Bildungen: Schädel, Gebeine, Zyklopenmauern, Sarkophage, Krypten, Röhren, Grotten, Grüfte, Kavernen, Gelasse, Apsiden, Becken, Baldachine, Brücken, Terrassen, Pagoden, Epitaphien, Wehrtürme, Wasserspeier, Kronen, Katakomben, Pfeiler, Pilaster, Schädelstätten, Kalvarienberge, Öfen, Schornsteine – Fratzen, Schimären, Dämonen, Plinthen, Throne, Laternen, Opfersteine, Altäre, florale Fialen, Krabben, Sporen, Beckenschaufeln, Knöchel, Wirbelgebeine – und alles im Wechsel von Glätte, kieseliger Rauhigkeit und porigem Verfall; der Stein ist verschliffen, gerundet, wattig, kantig, spongiös, sandig, bröckelig, mürbe, schrundig, schwammig: als Ganzes dämonisch, eine bedrohliche, grandiose Realität, die auf Grund ihres unfaßlichen Reichtums an Formen ins Mythische umschlägt.

Der Stein ist weich, anfällig und wird ständig verformt – so wie er sich vom Bildhauer leicht formen läßt – vom Regen, vom Wind, von der Sonne, aber vor allem von seinem chemischen Haushalt; die Wurzel der Birke oder Kiefer kann ihn sprengen, seine Lebensdauer ist berechenbar wie die des Menschen; es ist ein vergänglicher Stein in den Farben Gelb, Rost und Grau, er ist überzogen von Moosen und Flechten, von Alaun- und Gipsausblühungen, er ist Ablagerung von Sand, von Kiesel oder Lehm gebunden, er ist ein kränklicher Bastard unter den Steinen, auf den sich kein dauerhaftes Geschlecht gründen läßt. Er ist reich an Fossilien, Muscheln, Farnen, die Flora und Fauna des Meeres ist als sandiger Ausguß in seinem Inneren bewahrt. Im Quartär schon, mit der Ausräumung der Taler, beginnt seine Verwitterung. Es entstehen kleinmorphologische Formen und Zonen zwischen kieselsäurefreien und schwach verkieselten Sandsteinpartien. Seine »montane« Vegetation – merken wir uns nur die landschaftsbestimmende – ist die Fichte, Lärche, Birke, Buche und Eiche; sie sind nicht weniger gefährdet als der Stein.

Der Name »Labyrinth« für das Felsblockgefüge bei L. stammt aus der Zeit der Romantik. Die Sächsische Schweiz wurde vom Maler Adrian Zingg »entdeckt« – einem gebürtigen Schweizer. Eintritt der Sächsischen Schweiz in die Kunst durch C. M. v. Weber (Wolfsschlucht), die Maler: Zingg, Altmann, Friedrich, Richter, Blechen. Danach, meines Wissens, nichts mehr von Belang. Nur Heimatkunst, verklärtes Erschauern in Aquarell und Öl.

Im Fernsehen einen Film über den Vesuv gesehen: dieser Kessel! – einmal dort gewesen zu sein hätte eine enorme Bedeutung für meine Arbeit. Habe wenigstens eine Bildschirmskizze versucht.
Nachts lesend Durrells Korfu bewohnt.

B., 11. XI. 75. Die letzte Eintragung liegt Wochen zurück. Bin damals nach konzentriertester Arbeit am *Labyrinth*-Blatt *Galerien, die letzten Wohnungen* gescheitert, obwohl es mir überdeutlich vor Augen stand. Ich saß in jeder Höhle, hatte ihre Höhen erklommen – und konnte sie doch nicht aufs Papier bringen, nicht nach meiner Vorstellung und dem ihr zustehenden Rang. Ich arbeitete bis zur Besessenheit. Das innere Bild war so stark, die Gewißheit seiner Existenz so groß, daß keine Darstellung sie erreichen konnte. Heute kann ich diese Niederlage gelassen aufschreiben, weil ich in der Zwischenzeit zwei kleine Blätter, *Wand I* und *Felsnadeln I*, sowie das große Blatt der Treppen mit schwarzer Sonne fertiggebracht habe. Das Zwanghafte ist geblieben. Diese Arbeiten werden mir immer unausweichlicher zum Gleichnis vom Untergang unserer Zivilisationswelt. Wo die Hoffnung auf den Sieg der Vernunft hernehmen?

Das Zeichnen mit der Kohle ist zugleich schwierig und abenteuerlich. Sie verleitet zum flotten, illustrativen Strich, zu malerischen Effekten. So wurde sie auch meistens verwendet, was mein bisheriges Desinteresse erklärt. Ich baue mir eine andere Beziehung zu ihren Eigenschaften auf. Man wird sehen, inwieweit sie zur »Materie« werden kann, durchlichtete Fläche, Kontur und Samt der Dunkelheit. Leider verliert sie durch das Fixieren ihre Schönheit: die Blätter werden ihrer Nuancen beraubt, die Partikelchen, in denen sich das Licht bricht, werden verklebt, glanzlos und stumpf, es ist, als bliese man den Blütenstaub von den Stempeln einer Blume.

B., 13. XI. 75. Wollte heute eine Seite nur über Wände schreiben und gab es auf: ich bräuchte eine Woche, weil die geringste Ungenauigkeit keinen Schritt über die Zeichnungen hinausträgt. Die Emotionen geben zwar den Stoff her, aber eben nur den Stoff, kontrolliere ich aber die Worte, das, was hinter ihnen alles stehen muß, dann steigen Zweifel auf: Was ist überhaupt eine Wand, eine Mauer, das Äußere eines Blocks, eines Baukörpers? Ist sie immer das Ende eines Weges, was liegt hinter ihr, wie kann ich sie überwinden? Aus welchem Material ist sie errichtet? Fragen, die ins Endlose treiben.

Die Bedeutung und Beschaffenheit der Labyrinth-Wände ist so vielschichtig, daß die Empfindungen, die sie auslösen, wohl kaum in Sprache zu übersetzen sind, denn das sind nicht die Wände, die uns vor Wind, Regen, Kälte schützen. *Diese* Wände sind unüberwindbar, zuweilen verlocken sie uns, in sie einzudringen, durch einen Spalt, der in undurchdringliches Dunkel, ins Ungewisse führt; in Tiefen, in denen der Salpeter wie Blumen der Finsternisse blüht, in Schattenreiche, oder sie entlassen uns durch Tore und Scharten, wecken trügerische Hoffnung auf weite Ebenen, an deren Enden aber neue Wände stehen, andere, aber genauso undurchdringliche wie die vorangegangenen. Und so fliehe ich denn, Nacht für Nacht, nach Korfu, in Durrells Griechenland, in das ich eintrete »wie in einen dunklen Kristall«, dorthin, wo »die silberne Strömung den langen Strand durchkämmt« und mir den Schlaf über die Lider streift.

B., 19. XI. 75./... / Aber ich zeichne etwas. Ein großes *Labyrinth*-Blatt und ein kleines, halber Bogen, eine »Wand«. Es geht langsam, auf Umwegen, im Gegensatz zu den Ideenskizzen, in denen für mich eigentlich alles enthalten ist. Von ihnen gibt es genug: aber den Impuls halten! Habe mir Dürer-Zeichnungen angesehen; welche Reinheit der Mittel und was für eine Wärme! (*Bergwand mit Schlucht*, *Frau mit Gewand* [Halbakt].) Wie sollte es darüber hinaus Fortschritte geben? *Ich* jedenfalls möchte – im Gegensatz zum Berlin-Meister M. – diese Zeichnungen gemacht haben – hier, heute.

Im Rundfunk Haydns *Schöpfung* – zum wievielten Male? – gehört. Groß und einfach: » – es waren nur Himmel und Erde – «.

Himmel und Erde war das Thema der Rügenzeit. Im Rückblick »lichte Tage«. – Sicher verklärt. Aber damals empfand ich sie als Einheit, war Teil dieses großen Ganzen. Der Himmel war meine Landschaft, sein Anblick ergriff mich derart, daß ich fast die Erde vergaß. Wie viele Wunder breitete er vor meinen Augen aus, nichts schien mir reicher an Formation, Bewegung, Zaubergestalten; ich war vernarrt, verliebt, hingerissen, glaubte mein ganzes Leben drangeben zu müssen, um ihn zu zeichnen – und jetzt? Der Himmel ist mir bedeutungslos geworden, ich nehme ihn kaum noch wahr, er ist zum »Wetter« heruntergekommen und hat alle metaphorische Kraft verloren: mein Augensinn für ihn ist erloschen. – Allerdings, im *Transport* steht das Bild: »Wolken wie Steine«, die Brücke zum Fels war bereits geschlagen. Alles in die Ferne gerückt. Ich sehe ihn nicht mehr, genausowenig wie die Bäume, als Motive, über die ich arbeiten *muß*, alles ist Stein geworden. Jetzt begreife ich, daß man nichts sieht, wenn man sinnlich nicht erregt wird. (Sehen heißt hier nicht wahrnehmen, sondern mit dem Auge begreifen, was immer den Zwang zum Gestalten nach sich zieht. Es ist ein Bann. – Es läßt sich nicht aufschreiben, »... der innere Mensch hat keine Zunge«, so Jean Paul ...)

Die große Kohlezeichnung kommt langsam. Titel? 8 bis 10 Vormittage zu je 1 bis 2 Stunden an einem Blatt. – Die Kürze des

Lebens steht im unüberbrückbaren Gegensatz zur Fülle der Pläne.

Dafür beschäftigten sich die »Intelligenzen« um so mehr mit dem Labyrinth-Mythos, Joyce wahrscheinlich am intensivsten: Schon im *Porträt* »... kam eine Muhkuh die Straße herunter ...« – der *erotische* Aspekt des Labyrinths! Für viele ist mit ihm nur Schrecken und Ausweglosigkeit verbunden, dabei ist es ursprünglich gar nicht so tragisch und hoffnungslos: die Reparatur eines Sündenfalls.

B., 10. XII. 75. Übermäßige Selbstkritik, die – passe ich nicht auf – zum Schweigen führt.

W.-dorf, 11. XII. 75. Wieder in ländlicher »Idylle«. Zuviel ferngesehen. Die Welt kommt per Knopfdruck ins Haus. Erster Film: die US-Navy. Fast nur Technik. Träger, Raketen, Atom-U-Boote. Interviews über Zerstörungskraft. Prognosen über das Vernichtungspotential im Jahre 1980. Eine Weltkarte: Von 3 Abschußpunkten, in 3 Fächer geteilt, kann ein Kontinent total verwüstet, alles Leben ausgelöscht werden – *alles*, was die Menschen in Jahrtausenden aufbauten. 3 Zirkelschläge auf einer Karte – und Ende. Zweiter Film: *Al Capone*. Großgangster. Mord, Betrug, Terror. Szenen, in denen aus zwei Maschinenpistolen zwanzig Mann niedergemäht, noch die Leichen beschossen wurden etc. etc. *Al Capone* war geradezu ein Lustspiel. Streiche von übermütigen Narren. Das große Grauen erzeugte der erste Film; Schaltpulte, Meßgeräte, Computer etc., ordentlich, sauber, keimfrei, bedient von netten Navy-Jungen, die wahrscheinlich viel lieber an ihren Cars basteln würden. Sie sind, und das ist das Erschreckende, von der möglichen Notwendigkeit der Auslösung ihres Weltengerichts überzeugt: »Wenn der Befehl eintrifft, dann ...« – Unter diesem »Schirm« leben wir, pflanzen Bäume, bauen Häuser und Autos, schreiben Gedichte, verbinden uns mit dem anderen Geschlecht – wir leben in Hoffnung. Wieso aber können wir glauben, abgesehen vom Potential, das ja auch eine inhärente Macht durch Wachstum hat, daß niemals ein Hitler (Synonym) in die Nähe des entscheidenden Hebels kommt, ach, nicht einmal ein Verbrecher, nur ein »Sendungsbewußter«! (Kann eine ständig wachsende Quantität vor qualitativem Umschlag mit Bestimmtheit unterbunden werden?)

Guten Morgen, Menschheit, heute scheint noch die Sonne! Nützen wir den Tag!

Etwas geschrieben. Sätze – Notizen zum *Labyrinth*. Die beste Form scheint das Vermeiden der Form zu sein. Knappe Aussagen finden.

W.-dorf, 15. XII. 75. Am Haus, am Auto gewerkelt. – Habe die Verkrampfung um den *Labyrinth-Zyklus* überwunden.

B., 31. XII. 75. Eine kleine Zeichnung abgeschlossen (*Treppen*). Das große Blatt, der riesige Fels auf den dünnen Stützen (*Lastender Fels, oben*), weitergetrieben, es ist aber noch nicht wirklich genug.

Ein Stück der *Neunten* gehört – die Ode von Menschlichkeit, Brüderlichkeit, Liebe –, vor wieviel Jahren ist sie in die Welt gekommen, als Wunsch und Bitte: »Seid umschlungen Millionen«, und wie viele haben sich von diesem Ruf abhalten lassen, andere *tödlich* zu umschlingen. Im Parkett, am Radio sitzen die Opfer, die Täter, die Mitschuldigen, sind gerührt und klatschen Beifall. Daß Kunst so wenig ausrichten kann.

B., 3. I. 76. Heute – endlich – den *Kessel mit erkaltetem Gestirn* fixiert. Es war eine Spur mehr »Wildheit« in der Anlage, aber besser geht's halt im Augenblick nicht. Hat dennoch eine gewisse Dimension. Unterdrücke den »zeichnerischen« Strich zugunsten des Inhalts, der Details – es muß ja jene vorgestellte, so nicht bekannte Welt dargestellt werden und nicht eine zeichnerische Metapher für etwas *Bekanntes*. Schwierig, seinen Standort zu bestimmen: Leonardo, Raffael, Michelangelo versuchten (mit zeichnerischen Mitteln) den Menschen, die Landschaft, den Raum zu erfassen, glaubwürdig – was nicht unkünstlerisch heißt! – darzustellen, die Teile zu ordnen (Komposition), nach inhaltlichen und Schönheitskriterien (ästhetischer Standpunkt). Diese Sicht auf die Welt wird dann nach Zeitgefühl, Temperament, dem Nerv des Künstlers variiert. Rembrandt verfügt über die Figur, die Gruppe, die Natur so souverän, daß er sie beliebig einsetzen und agieren lassen kann, die Illusion kommt hinzu, Licht, Atmosphäre, Stofflichkeit, und diese Linie ist trächtig bis heute, wenn auch nicht ansteigend! Herkules Seeghers indes beginnt mit der *Interpretation* des Motivs, er gibt ihm eine andere Konsistenz, auch Bresdin. Je näher die Zeichner dem 20. Jahrhundert, um so mehr präparieren sie *eine* Richtung, Abbild oder Interpretation, für sich heraus – und vermischen sie natürlich (Friedrich: Abbild + religiöse Interpretation [Collage *Vision der hl. Kirche*]). Diese beiden Stränge bleiben wirksam, spleißen sich jedoch in unzählige Fäden und Fasern auf, so viele Künstler es gibt. Ein kräftiger Zweig endet bei Matisse und ließe sich als die zeichnerische *Metapher* für alltägliche Dinge benennen: es sind Zeichen *für* Frau, Mann, Blume, Blatt, Baum. Picasso schließlich hält alle Fasern und Fäden in der Hand. An der Exklusivität der »Metapher für« wird heut in hohem Maße die Zeichenkunst gemessen – ich vereinfache die ganze Zeit in unzulässiger Weise –, wohingegen es die am Gegenstand haftende, *interpretierende*, gewiß mehr inhaltlich-geistige Deutung schwerer hat: sie ist unauffälliger, scheint »bekannt« zu sein und ist wohl auch schwerer zu bewerten, sie verlangt höchste Sensibilität vom Betrachter, weil die Veränderungen gegenüber dem Naturvorbild unspektakulärer sind, es geht mehr um Gramm als um Pfunde – in welcher Richtung also bewege ich mich? Mit Kenntnis und Liebe zu Matisse doch mehr in Richtung Segers, der Interpretation (Weltsicht) des Vorhandenen, wobei die anderen Sichten und Möglichkeiten, vor allem im Detail, aufgehoben sind.

    Großes Blatt angefangen: *Brücken*, die alle ins Nichts führen. Es drängt mich, in fernste Räume vorzudringen, was wohl scheitern wird.

    Der Rügenzyklus erscheint mir jetzt ganz innig, romantisch, liebevoll.

B., 9. I. 76. Morgens weiter am Blatt, *Labyrinth, oben, Brücken*, gearbeitet, es bleibt schon seit Tagen im Schwebezustand, auch fehlt mir, erstmals, der Antrieb.

B., 14. II. 76. Es sind – im Januar – vier *Labyrinth*-Zeichnungen entstanden.

Las im *Atterborn* und fand Hinweise auf die frühe Geschichte der Sächsischen Schweiz. Seltsam, Bücher und Nachrichten finden mich, wenn ich sie brauche.

Nun forsche ich ein wenig nach der »menschlichen Tragödie« in diesem Gebiet (z. B. der Vernichtung der Wenden). Es war, so ist zu lesen, immer Grenzland zwischen den Nord- und Ostvölkern, eine riesige natürliche Bastion. Um 1000 u. Z. verlief die Südgrenze des deutschen Kaiserreichs dicht an seinen Flanken, es reichte, regiert von Meißen, bis Dohna und Pirna; die alten Salzstraßen von Halle nach Böhmen führten durch das Gebirge und mußten beschützt werden. Und so entstanden Schutz- und Raubburgen. Das ganze Gebirge ist ja in seiner natürlichen Bildung Burg, Festung, Fluchthöhle, leicht zu verteidigen, schwierig für Verfolger und dazu »reich an Fischen (Bäche), Bienen, Vögeln«. Man konnte also hausen und leben, hat gelebt in »meinen letzten Wohnungen«. Vor allem die Slawen sollen seinen Reichtum genutzt haben (11.–13. Jh.). Anderswo las ich, daß früh keine Slawen, sondern illyrische Völker (südeuropäische, aus Albanien) hier gesiedelt haben. Sicher ist, daß in der mittleren Bronzezeit (1400–1200 v.u. Z.) die »wasserreichen Kuppen« (Stolpen), der Pfaffenstein, bewohnt waren; man fand Gefäße und Herdstellen. In Andeutungen wird von »menschlichen Dramen« unter den Slawen, zwischen Wenden und Langobarden (Völkerwanderung) gesprochen, vom Eindringen der Tschechen unter böhmischen Königen, vom Toben des Hussitenkrieges, der Flucht der Bevölkerung in die Felswelt während des Schwedenkrieges; letzterer lebt in unserem Bewußtsein, weil er Namen hinterließ: »Schwedenlöcher«, »Kuhstall« – eine riesige Höhle, in die man das Vieh trieb. Woher allerdings die vielen »christlichen« Namen stammen, wie »Pfaffenstein«, »Mönch« etc., ist ungewiß. – Nun, es genügt zu wissen, daß *dort* gelebt und gestorben wurde, daß diese Höhlen den Menschen Wohnungen waren.

B., 1. IV. 76. Seit gestern heftige Schwindelanfälle, müde, verzagt. Zwei Zeichnungen in Arbeit, eine mit Gestirn über amphitheatralischem Raum und Katakombengängen. Muß lernen, weniges in langen Zeiträumen zu machen.

W.-dorf, 17. IV. 76. Ostern. Im vergangenen Jahr saß ich im Tal hinter Sandanski, unten am Bach, bei den Platanen, auf einst griechischem Boden, im thessalisch-mazedonisch-thrakischen Grenzland. Die Sonne schien wie heute, und auch der Wind ist der gleiche. In der Erinnerung verklärt sich die Landschaft, die Weite des Tals /…/. Ich lag auf den großen glatten Granitblöcken (die Hünengräbern gleichen), über die die fetten Wurzeln der Platanen krochen. Hirten trieben ihre Schafherden vorüber, Blöken und Läuten der Leithammelglocken. Ich war in Arkadien.

Der Reigen der verstümmelten Platanenstämme /…/. Daphnis und Chloe konnten hier in ihr Liebesspiel versunken gewesen sein; näher lag die Vorstellung, den enthäuteten Marsyas an den Aststümpfen hängen zu sehen. /…/

Gestern auf dem *Kleist*-Stein Umrisse angelegt; ein Wagnis, ihn frei zu hauen.

Zeichnerisches Intermezzo: zwei große *Balkanlandschaften* (Bleistift). Mit Himmel und Sonne! Das Gebirge ganz landschaftlich: die Lehmstempel, -pilze, -sättel, skurrile Versatzstücke, sehr romantisch.

W.-dorf, 21. V. 76. In Berlin den Bestand an *Labyrinth*-Zeichnungen festgestellt. 17 Blätter. In über zwei Jahren! Gemessen an der Intensität ein erbärmliches Resultat. Man müßte sich »Tabak in die Augen reiben«. (Ein Cowboymittel, um sich durch Schmerz wach zu halten.)

B., 24. XI. 76. Vergangene Woche kurz in der Sächsischen Schweiz. Flucht vor dem Alltag. Vor den auseinandergebrochenen Felswänden gesessen, erdrückt und fasziniert von dieser »archaischen« Architektur, den Tempeln eines untergegangenen Gigantengeschlechts. Daneben Geschöpfe des Diluviums und des Traums, ein Bestiarium, für das die Sprache keine Namen bereithält.

Den Fall B. im Rundfunk verfolgt. Wieder in Berlin irritierende Nachrichten. Verfahren und Reaktion scheinen gleichermaßen unbedacht und folgenschwer Entwürfe.

B., 1. I. 77. 12.30 Uhr. Atelier, morgens eine Stunde gezeichnet (*Labyrinth*). Es kostete mich alle Kraftreserven, meine aus Mißtrauen gewachsene Schwäche zu überwinden. Der Neuanfang ist geschafft! Wenn es kein Gespräch mehr gibt, dann heißt es herunter von der Bühne.

W.-dorf, 14. III. 77. Am *Kleist*-Stein gearbeitet. Täglich. Morgens + 2 bis + 3 °. Wärme die Eisen unter der Achsel an, damit ich sie überhaupt halten kann. Sturm fegt eisig über die Ebene, dringt durch Pelz und Wattehosen, er dörrt mich aus wie sengende Hitze. Stündlich ein heißes Fußbad. Dann weiter, sechs, acht Stunden. Regen peitscht, verpacke den Kopf mit Plastetüten, um weiterarbeiten zu können. Der Schäfer schaut zu, fragt, wie lange ich an der Figur arbeiten muß. Ich: »Zwei Jahre.« Schäfer: »Total verrückt, verdiene mein Geld leichter.«

Möchte so gern den »natürlichen« Wuchs des Steins erhalten. – Immer wieder die Frage: Wie verfährt die Natur mit dem Stein? Ich weiß es noch immer nicht. Wodurch erhält er seinen stärksten Ausdruck?

Wiederholt nachts, weil ich vor Ungewißheit nicht schlafen kann, mit der Taschenlampe zum *Kleist* gegangen, um Fehler zu finden, zu sehen, ob noch genug Stein da ist, Veränderungen möglich zu machen. Der angewinkelte Arm!, die Maße der Hand. Zweifel, Zweifel.

W.-dorf, 16. III. 77. Den *Kleist*-Stein schon ziemlich weit getrieben, entweder letzte glückliche Hand anlegen oder – zerstören. Grenzsituation.

Fahre abends oft an den Havelkanal, der sich bei L. zu einem See weitet. Gehe die Uferwege entlang zwischen Erlen und Kiefern, hinter deren Stämmen der Wasserspiegel glänzt und der Wald des gegenüberliegenden Ufers schwarz und undurchdringlich gegen den Abendhimmel steht. An manchen Abenden erwartet mich Kleist. Er geht einen halben Schritt hinter mir, aber ich bin nicht einen Augenblick in der Versuchung, mich nach ihm umzusehen, denn ich weiß ja, so brüderlich nahe ist er mir, wie er aussieht und in die Dunkelheit starrt. Wir gehen ein Stück in Richtung Wannsee. An einer Wegbiegung verläßt er mich, und ich bin nicht einmal traurig, so selbstverständlich ist mir seine Begleitung. Es beunruhigt mich auch nicht, daß er ohne Gruß geht, denn morgen oder übermorgen wird er wieder da sein.

W.-dorf, 21. III. 77. /... / Habe das Gefühl, am *Kleist* völlig versagt zu haben. Entschluß: ihn noch einmal scharf anzugehen, ohne Schonung des Vorhandenen.

Von 20 bis 21.30 Uhr am großen überhängenden Fels über schmalem Streifen Erde auf Preßholzgrund mit Kreide gezeichnet und laviert. Neue winzige Entwürfe, ganz Impuls, der im Blatt dann kaum zu halten ist; auch »analytische« Versuche, um die Höhlen und Blockbildungen durch Einzeichnen von Schnitten zu begreifen.

Neulich erinnerte ich mich, wie ich als Lehrling die Technik des Kamin-Kletterns erlernte: auf dem Klo der Werkstatt, zwischen die engstehenden Wände geklemmt – H., mein Schraubstocknachbar, war Bergsteiger und lehrte mich die Technik. Als ich sie begriffen hatte, nahm er mich zur Besteigung des »Talwächters« mit: Fährmannsweg, Stufe II, glaube ich, bei dem ein Stück Kamin zu durchsteigen war.

B., 6. IV. 77. Heute früh ein *Labyrinth*-Blatt beendet, das ich im März! begann. –

Drei Zeichnungen: *Die Folterer waren da*. Die Knechte kamen mit unkenntlich gemachten Gesichtern, schleppten die friedfertigen Männer auf den Hausboden und folterten sie. Nun hängen sie – es ist ungewiß, ob es im Haus irgend jemand bemerkt hat –, stranguliert, in Schlingen, die langsam töten, am Gebälk.

B., 16. IV. 77. Vormittags gearbeitet, 2 Zeichnungen, eine, *Die letzten Wohnungen*, nach einem (?) Jahr beendet. Den Rohaufbau des großen *Trauernden Mannes* begonnen: wird ein Trauerstein.

B., ?. V. 77. Selbstbildnis mit Kleist gezeichnet. Ganz leicht und selbstverständlich.

B., 28. VII. 77. War 8 Tage in der Sächsischen Schweiz. Den Block für den *Trauernden Mann* bestellt. Die Felswände studiert.

Suchte wiederum keine der markanten Felsbildungen auf, sondern betrachtete kleine Blöcke, Flächen, in Quadratmetern. Die Vielfalt ist überwältigend. Ich möchte hinter das Wesen des Verfalls kommen, die Brechungen, Verläufe, Risse, Schwingungen begreifen. Alles andere wäre nur ein Abzeichnen der Natursensation. Schlechtes Wetter, aber nicht zu kalt.

28. IX. 77. Brief vom Physiker N. erhalten. Legt Ablichtung eines wissenschaftlichen Artikels über die *Geometrie der Schwarzen Löcher* bei.

Im Brief: »Außerdem handelt der Text von unseren *Schwarzen Löchern*« (bezieht sich auf ein Gespräch über den *Labyrinth-Zyklus*). Er schreibt weiter: »So scheinen die Gegenstände von Kunst und Wissenschaft heute oft nur sehr *abstrakt* faßbar zu sein (bei durchaus realem Gegenstand). Der Preis ist wachsende Entfernung von täglicher Erfahrung ... Wie wirkt sich das in der Kunst aus und woher diese Analogie zwischen Kunst und Wissenschaft? Darüber müßte man mal sprechen.« Und später: »Dies Neue ist manchmal ein ganz unerhört Neues. Es kann völlig neue Erfahrungsbereiche erschließen, so Elementarteilchen oder Kosmos. Oder dem gesunden Menschenverstand widersprechen, wie die Vertauschung von Vergangenheit und Zukunft im (beiliegenden) Artikel ... Ich würde mich freuen, wenn Sie der Text auch etwas Staunen gemacht hat, wie der menschliche Geist mit Papier und Bleistift ganze Kosmen erfassen kann.« Ja, das ist nun eigentlich die ureigenste Aufgabe und Sache der Kunst, und sie wird dementsprechend gelobt oder verdammt.

W.-dorf, 20. XI. 77. Der *Kleist* ist aufgestellt. Man verweigerte ihm seinen zugedachten Standort. So teilt er das Schicksal manch anderer Figur von mir; er ist abgestellt.

Begann heute die Weiterarbeit – jetzt im Freien – am Stein der *Gefesselten*. Hoffe, daß ich heuer mehr weiß über die Möglichkeiten des Steins. Angefangen, Liebespaare zu zeichnen – sie sind das Gegengewicht zum *Labyrinth*. Glück, das Ende der Einsamkeit. Die Leiber untrennbar, von der Dauer der Felsen, mehr noch:

Aufrecht wie ein Kirschbaum ohne Rinde, ohne Blüte,
außergewöhnlich, entflammt, mit Adern und Speichel
und Finger und Hoden,
blicke ich auf ein Mädchen aus Papier und Mond,
flach hingestreckt, zitternd und atmend und weiß,
und auf die Spitzen der Brüste wie zwei voneinander
  getrennte Ziffern
und die rosenfarbene Vereinigung ihrer Schenkel, wo
ihre Scham mit nächtlichen Wimpern schlägt.
»Hochzeitliche Materie«, Nerudas Gesang –

Am *Transport* geschrieben, *Hexe* begonnen. Der *Dr. Krull* im Druck (*Sinn und Form*).

W.-dorf, 25. XI. 77. Stein der *Brüste mit der Männerhand* (Einblick V). Kommt schon langsam in die Nähe des Absichtslosen, eines Fundstückes – aus alter Zeit. Das Erlebnis Labyrinth, seine Dauerhaftigkeit und Anfälligkeit – es sind Begriffe, die verflochten sind – beginnen in meine figürliche Plastik einzuziehen. Der Kreis müßte sich einst schließen: Werden, Sein und Vergehen. Am Menschenleben gemessen, heißt das Überleben, täglicher Kampf gegen den Tod.

Spielerisch arbeiten, dem inneren, nicht selbstgewählten Zwang folgen. Das gelingt mir in den Entwürfen, den Ideenskizzen am ehesten, da bin ich nichts als Puls, Neugier, Erwartung, die großen Arbeiten erfordern noch andere Eigenschaften.

W.-dorf, 2. XII. 77. Etwa 20 Seiten *Hexe* (*Die versiegelte Tür*), 7 Seiten *Transport*.

B., 31. XII. 77. Es wäre an der Zeit, das verschwitzte Hemd auszuziehen, zurückzuschauen, auszuruhen, zu prüfen, und es wäre an der Zeit, Durrells Korfu-Buch – jene Enklaven der Sehnsüchte – beiseite zu legen und endlich in den Süden zu reisen, nach Italien, auf die Ägäischen Inseln, für Zeit ein Haus zu bewohnen, an dessen Grundmauern die Wellen schlagen. Höchste Zeit, endlich aufzubrechen in meine mittelmeerische Heimat, des Lichtes teilhaftig zu werden, statt länger in unwirtlichen

Schluchten herumzukriechen und in immer tieferer Dunkelheit zu versinken; Zeit, an südlichen Stränden zu sitzen, Trauben zu essen, auf das herbe Fleisch der Olive zu beißen und seinen strengen Geschmack mit den Aromen roten Weins zu vermischen. Endlich meine durch nichts zu ersetzende Sehnsucht nach Schönheit und Harmonie zu befriedigen, es ist schon spät, aber vielleicht nicht zu spät, um noch zu genesen, Ruhe und Gelassenheit zu finden im Schatten der Ölbäume, der Zypressen, im Schnarren der Zikaden – wunschlos auf den Treppen des Palazzo von S. Litera zu sitzen, auf den hohen Balkonen, die den Hafen von Bogliasco umschließen, das Auge in den Frühnebel gerichtet, in Erwartung der Fischerboote – den Blick auf die bizarren Windungen der Straßen gesenkt, auf denen, auch hier ändern sich die Zeiten, Autos parken, wo früher die Boote, vor der Brandung geschützt, auf dem Kiel lagen. Orvieto, Amalfi, Taormina, Nicefa wären meine italienischen Plätze, die Täler der Abruzzen, das Cap Misenum, Neapel, Palermo, Venedig – Venedig, das ein Kapitel meines Lebens hätte werden können; ach, es ist töricht, Städte und Plätze namhaft zu machen, es gibt deren zu viele, und das Wissen besteht, daß sie mich vielleicht enttäuscht hätten. Der Ort, den ich suche, ist mir unbekannt und wäre sicher ohne Bedeutung für jeden anderen, es könnte ein aufgegebener Stall sein, ein verwahrloster Feigengarten so gut wie eine Grabhöhle, eine Zisterne, vielleicht eine karstige Bucht. Von Kunstwerken spreche ich nicht – für Initialerlebnisse, die die eigne Arbeit hätten mitbestimmen können, ist es zu spät; jetzt noch die Marmorbrüche von Carrara oder Naxos – möglich, daß dieser Lichtstein noch Wirkung auf mich haben könnte. Möglich auch, daß mich der Zufall ins minoische Labyrinth und zu anderen Einsichten, zu mehr Hoffnung geführt hätte. Es gibt nun einmal Lichtorte, nach denen man sich sehnt.

B., 21. I. 78. Versuche, weiter am *Labyrinth* zu arbeiten.

B., 2. II. 78. Etwas gezeichnet (*Labyrinth*).

B., 23. II. 78. Soll invalidisiert werden, lehne ab, bis die neuen Steine Form angenommen haben. Denn solange ich lebe, werde ich arbeiten, gleich, ob krank oder gesund. Vor fünfundzwanzig Jahren, als ich anfing, Bildhauerei zu studieren, wußte ich ja, daß ich einen schweren Weg zu gehen hatte. Meine brennendste Sorge war immer die Zeit. Damals fand ich in einer Zeitung Hölderlin-Verse. Ich schnitt sie aus und trug sie mindestens ein Jahrzehnt, bis das Papier zerfiel, bei mir, wie andere ein Amulett:

Nur einen Sommer gönnt, ihr Gewaltigen!
Und einen Herbst zu reifem Gesange mir,
Daß williger mein Herz, vom süßen
Spiele gesättiget, dann mir sterbe.

Verschiebe weitere Untersuchungen (Lunge, Herz etc.). Leider Fieber, Bronchitis usf.

W.-dorf, 7. IV. 78. 13 Uhr. In 4 Stunden *Das Haar* geschrieben. Der Schlußsatz: »Aber wer war sie?« – Ist es die Frage: Wer bin ich? Was sind und wie sind wir? Wozu wir als Gattung fähig sind, braucht nicht mehr gefragt zu werden. Als ich das letzte Blatt aus der Maschine zog, kam unerwartet K. zu Besuch. – Hinterher sehr besorgt.

W.-dorf, 25. IV. 78. »Western« im TV, sehr erholsam. Das übliche Klischee, aber dann folgende Szene: Ein unglücklich verliebter Sheriff geht in den leeren Saloon des Kaffs. Hinter dem Tresen der alte Wirt. Der Sheriff voll Schwermut: »Joe, waren Sie mal verliebt?« Joe: »Ich war immer Gastwirt ...«

16. V. 78. Mittags nach Dresden. Muttel war nicht auf ihrem Altenheimzimmer. Dann kam sie, allein, in sich gekehrt und sehr klein und zerbrechlich, mühsam den Berg hoch. Den Kopf gesenkt, zupfte sie von den Hecken hier und da ein Blatt, wie ein Kind auf dem Heimweg von der Schule. Es war unerträgliche Einsamkeit um sie.

14.00 Uhr weiter in die Sächsische Schweiz. An den kleinen Felswänden entlanggegangen. Eine Stunde Selbstvergessenheit, gefangen von den Formen und Strukturen: Erlebe *Das Wunder des Verfalls* (Analogien zu organischen Verfallsprozessen, Zellenzerfall, Wucherungen, Krebs etc.). Skizze.

W.-dorf, 27. VI. 78. Besuch. Gezieltes Gespräch. Frage nach der Möglichkeit eines Krieges. Man hält ihn für wahrscheinlich, so gesagt, wie wenn man von einem möglichen Unwetter spricht. Für mich das Unausdenkbare. Entsetzen.

26. VII. 78. Sächsische Schweiz. Sonne und Wind, heißer Tag. Kurzer Gang am Wald entlang, die Bronchien freigehustet, noch arg. Gestern in der Früh in Berlin losgefahren. Im Auto +45 °, geschwitzt wie ein Bäcker. In Pillnitz dann Kollaps. In der Laube angekommen, sofort hingelegt. Das Fenster durchsonnt, Apfelbaumzweige.

27. VII. 78. Noch Sächsische Schweiz. Drückende Hitze, diesig. Gestern abend kleiner Spaziergang, geringer Anstieg in Richtung Felswand, nach wenigen Metern durchgeschwitzt, trotzdem weiter, aber die Eiseskälte auf der Haut war so unerträglich, daß ich umkehrte. Mit Kampfer abgerieben.

28. VII. 78. Noch Sächsische Schweiz. Es bleibt heißer großer Sommer. Wind. Verlasse die Laube kaum, um keinen Rückfall zu bekommen. Jetzt einfach dahinvegetieren. –

30. VII. 78. Noch Sächsische Schweiz. +30° im Schatten, Atemnot. Wind.

1. VIII. 78. Gestern endlich zu den Felsen. Das Erlebnis war schwächer, die Phantasie hat die Realität teilweise überholt, wenigstens eine ebenbürtige Kunstwirklichkeit geschaffen. Der Ausdruck der Felsen ist sehr lichtabhängig. Unfähig zu zeichnen. Man müßte sich einem Quadratmeter *tagelang* widmen.
   Ich frage mich oft, woher die Romantiker die Kraft nahmen, so viele und genaue Studien vor der Natur zu machen. Sie sind stundenlang zu Fuß gegangen (C. D. Friedrich auf Rügen, Blechen in Italien) und müssen erschöpft gewesen sein, dennoch hatten sie genug Reserven – und die innere Ruhe!, um sich

einem Motiv hinzugeben. Meist in kalter oder heißer Jahreszeit. Himmel, sie müssen doch gefroren, geschwitzt haben. Verfügten sie über ein so gesichertes Handwerk, daß sie sich beim Zeichnen erholten? Besaßen sie mehr Hingabe? Hatten sie weniger Zweifel? Mit Sicherheit war ihr Zeitbegriff ein ganz anderer als der unsere. Am Willen, mich einem Motiv »hinzugeben«, fehlt es mir gewiß nicht, aber ich zeichne immer auf Messers Schneide: Gelingen – Versagen. Wie es auch sein mag, ich bewundere sie. Vielleicht, daß wir unser Gedächtnis mehr trainiert haben? Die meisten von uns messen, z. B. beim Porträtieren, ihre Modelle – wie es Rodin stundenlang tat – nicht mehr aus: wir vertrauen allein dem Auge und haben nie das Gefühl, unser Handwerk zu vernachlässigen.

B., 4. VIII. 78. Eine Zeichnung (*Großes Liebespaar*) fertig. *Die Liebe als Ariadnefaden.* –

W.-dorf, 12. X. 78. Am Stein der *Gefesselten*. Man ist doch sehr einsam vor dem Stein, eine Unsicherheit genügt, um Jahre zu vernichten. Schwimmen, schwimmen – und keine Insel in Sicht. Das verlassene Land entschwindet der Erinnerung. Brahms, sinngemäß: »Eine Sinfonie schreiben ist eine Sache auf Leben und Tod.« –

B., 13. X. 78. Wieder Berlin. Atelier. Das *Liebespaar* (Plastik), das so schön »felsig« angelegt war, entglitt meiner Hand. Geändert bis zur Zerstörung, der Rest nun ist wieder Hoffnung.

B., 18. X. 78. Jean Améry hat sich das Leben genommen. Lese immer wieder einmal ein paar Seiten in Goethes *Italienischer Reise.* –

Landschaft mit Zeugungsmerkmalen (*Labyrinth*) beendet. In ihr nun ganz deutlich, daß im ganzen Zyklus auch eine erotische Seite mitschwingt. Im Leben besteht doch wohl ein wesentlicher Teil der Erotik aus der Sehnsucht, das *Unbekannte* zu enthüllen. Neu-Gier, Gier auf Neues. Deshalb sind auch die »unerotischen« Motive für den Künstler tief erotisch; sonst keine Kunst.

B., 17. XI. 78. *Großes Martyrium*, 2,20 m, angefangen, an dieser Größe lebe ich auf.

Vormittags Zeichnungen sortiert; *Labyrinth*: in drei Jahren vielleicht 10 gute Blätter. Habe Zyklusplan aufgestellt, damit die verschiedenen Zonen »unter der Erde«, »die Erde« und »oben« klarer hervortreten, zugleich Abrundung geplant – es fehlen mindestens noch 8, 9 Zeichnungen. Kein Ende abzusehen. Die *Liebespaare*, es sind 10 oder 12, bilden keinen Zyklus, sie sind eine Folge ohne Ende und vielleicht wichtiger als das *Labyrinth* für mich. Das Wesen eines Zyklus ist, daß er sich schließt wie ein Kreis. Er ist nicht unendlich, während die »lineare« Folge unendlich sein kann.

B., 31. XII. 78. Der *Labyrinth-Zyklus* stockt, komme nicht voran trotz anregender Ideenskizzen. Das große Format und die freiwillig auferlegte Askese bei der Wahl des Zeichenmaterials, der Kohle, ziehen Schwierigkeiten bei der »Instrumentierung« des kompositionellen Gerüstes nach sich; talentiert zeichnen genügt nicht, es muß eine nahezu stoffliche, wenigstens stoffliche Assoziation möglich machende »Materialität« geschaffen werden. Der Inhalt erfordert Durchführung, und das ist Arbeit über den bloßen Impuls hinaus.

Als Richard Strauss hörte, daß Pfitzner so »schwer« arbeite, fragte er: »Warum macht er es dann?« Vielleicht hat er recht, aber es gibt eben auch Gegenbeispiele. Und außerdem wählt man sich diese Arbeit nicht, irgendwann *wird* man gewählt. Es ist eine Passion. – »Es bleibt wohl dabei, meine Lieben, daß ich ein Mensch bin, der von der Mühe lebt« (Goethe, 12. Sept. 1787, Rom). Tröstlich.

B., 9. I. 79. Klo und Wasserstränge im Haus, wie in allen Jahren zuvor, eingefroren. Man verrichtet seine Notdurft über einer Zeitung, in Hockstellung, verpackt Exkremente und trägt sie in den Müll, seit über 8 Tagen. Die Reparaturfirma: »Fragen Sie in 14 Tagen.«

Radierung *Einblick in stehendes Paar*. Sie ist gut: der Mann und die Frau eine nicht aufspaltbare Wand. Dauer. Überleben.

B., 2. VI. 79. Zwei Stunden an drei verschiedenen Liebespaaren gezeichnet.

Notiz gefunden: Heiner Müller im Fernsehen (Ilja Ehrenburg?): »Wenn einmal alle gesellschaftlichen Probleme gelöst wären, dann beginnt erst die große Auseinandersetzung und die Bewältigung mit und um den Menschen« (Leben und Tod etc.).

22. VI. 79. Sächsische Schweiz. 10.00 Uhr. Habe mir den Liegestuhl in die Sonne gerückt und versuche, die verletzenden Begebenheiten und beunruhigenden Gedanken der letzten Tage zu vergessen: sie kreisen im Gehirn, sind zersetzende Gifte. Finde schwer aus diesem Kreislauf heraus und trabe, einem abgestumpften, blöden Zirkusgaul gleich, tagelang, Runde um Runde.

12.00 Uhr. »Beunruhigende Gedanken«, »Verletzungen«, »Depressionen«, »Trauer« – das sind Eintragungen, die wehleidig klingen, weil die Anlässe fast nie aufgeschrieben wurden, einfach deshalb, weil es mich zuviel Zeit gekostet hätte: die Anlässe ließen sich leicht rekonstruieren. Ich ging lieber, nachdem mit einem Satz das Überdruckventil geöffnet wurde, zur Arbeit über. Wahrscheinlich muß ich diese »Chiffren« streichen, obwohl sie den Wert einer Fieberkurve haben, die zwar nicht immer die Ursachen des Fiebers erklären, aber dessen Vorhandensein anzeigen. Tagebücher als Psychogramme, Befindlichkeitsmeldungen.

Die Nachtfeuchtigkeit ist verdampft. Es ist um mich sehr grün, die Obstbäume, die Wiesen, der Hügelwald, unter dessen Dach meine Felsenenzyklopädie verborgen liegt; die kleinen Wände, die ich oft studiert habe, und wenn ich es nicht erfahren hätte, könnte ich nicht glauben, daß der Weg bis zu ihrer mäßigen Höhe meine Kräfte erschöpft.

Ich werde meinen Gedanken jetzt einen Gipsverband anlegen.

?. VI. 79. Sächsische Schweiz. Meide die Felsen und genieße den Anblick der Landschaft, die zarten Tonwerte der Hügel. Sobald ich mich den Felsen nähere, bekomme ich Herzschmerzen vor Aufregung, sie zu zeichnen ist eine unlösbare Aufgabe. »Die Vollendung«, sagt der Alleswisser Goethe, »liegt nur zu weit, wenn man weit sieht« oder einem Bilde nachstrebt, das man einfach nicht erreicht. Man fühlt größer, als man es jemals ausdrücken kann. Wohl zu Recht sagt die Bibel: »Selig sind, die da geistlich arm sind ...«

29. VI. 79. Sächsische Schweiz. Es regnet, es regnet seit Tagen, ohne das geringste Anzeichen, daß es jemals wieder aufhören würde. Alles trieft. Wie wäre das eigentlich, wenn die Erde so ganz langsam, ohne alle Dramatik, durch diesen sanften, dauernden Regen ertrinken würde?

Einige Kollegen meiner Generation reisen jetzt, wie ich höre, nach Italien und Griechenland. Für ihr Werk wird das zu spät sein. Den Ursprung unserer Kultur hätte man am *Anfang* seines Schaffens erleben müssen wie die meisten unserer Lehrer (oder, wie Goethe, so um die Mitte, am Ende der frühen Geniephase, jedenfalls bevor man ausgehärtet ist). Die letzten 400 Jahre europäischer Kunst unterschlage ich einfach. Obwohl: Was hätten mich die Archaik, die Etrusker, Ghiberti, Donatello, Michelangelo, allein die Sixtina!, was hätte mich Giotto! lehren können. – Meines Wissens hat kein Kunsthistoriker diese Ausnahmesituation und ihre Auswirkung auf unsere Entwicklung je ins Kalkül gezogen. –

B., 23. VII. 79. /.../ wenn ich doch ein paar Tage verreisen könnte! – einmal ausscheren, vergessen. Es wird eine gefährliche Zeit mit unvorstellbaren, langfristigen, irreparablen Folgen kommen, und ein Ausweg ist nur noch global möglich. Die Menschheit kann nur durch Vernunft gerettet werden, woran ich schwer glauben kann. Die Welt ist für den Krieg präpariert und wird erst am äußersten Abgrund haltmachen. Der Ausweg würde Verzicht auf allen Ebenen und Schauplätzen bedeuten, und den wird niemand – als Anzahlung auf die Zukunft – ohne dringendste Not leisten wollen. Die Furcht ist unerträglich, aber vielleicht das vitale Zeugnis, daß ich wirklich intensiv lebe und einen Rest Hoffnung bewahre. »Das Glück, wie sollte ich es abstreiten, ist gut für den Körper, Leid und Unglück allein fördern den Geist.« – Mein lieber kluger Proust!

B., 14. VIII. 79. War selten so verzweifelt an der Zukunft wie in den letzten Monaten. Durchlebe sich ankündigendes Grauen. Werden nicht eines Tages die großen, ganz anderen Kriege kommen? – Atomparität, das ist jetzt schon Spiel vor geschlossenem Vorhang, aber auch das kann ausarten. Hinter dem Vorhang werden wahrscheinlich schlimmere Akte vorbereitet, die der Gifte und Gase, der Strahlung, der Biochemie, der Genmanipulation – open end.

22. VIII. 79. Sächsische Schweiz. Regen, kühl, aber Ruhe und Alleinsein. Am Nachmittag lange auf einer hochliegenden Wiese gesessen. Unwissenschaftliches Erlebnis des Raumes: der Himmel als »Schale« über mir, die Sonne stand – wahrgenommen als Scheibe – parallel zu meiner Gesichtsfläche. Wenn möglich, später diese Raumerfahrung in die Landschaftszeichnung einbringen.

W.-dorf, 2. IX. 79. TV. Karl Böhm dirigiert. Anschließend Interview. Na ja, immer das gleiche. B.: »... ohne Form keine Kunst.« Nicht neu, jedoch wohltuend, es immer wieder bestätigt zu hören.
Hero und Leander, *Mann und Frau*, *Landschaftliches Paar* im Guß. Kleinplastiken, die *verhinderte* Großplastiken sind.

8. VIII. 80. Sächsische Schweiz. Vor einer Woche hier angekommen. Krank. Regen, Wind, kurze Aufhellungen, kleine Spaziergänge.

B., 11. VIII. 80. Berlin. Beunruhigende Befunde der Klinik. Lunge. Ca? Denke immer ans Rauchen. Der Entzug ist qualvoll.

B., 12. IX. 80. *Die versiegelte Tür* überarbeitet. Berührungsängste und Trauer. *Purrmann*-Stele begonnen, erschöpft; immerhin ein Anfang nach der Mutlosigkeit. Polen? K. sagt: »Ist in einer Woche erledigt.« Scheint mir zu optimistisch. Am »Berliner Treffen« der Schriftsteller teilgenommen.

B., 3. XI. 80. Die poetische Landschaft ist nicht eben glänzend.

Durch die Ost-West-Schaukel oft nur ein politisches Geschäft. So werden geringe Literaturleistungen zu großen aufgebauscht. Ein unguter Zustand.

Optimismus, Pessimismus in der Kunst? Kunst ist Ordnung und Form, Überwindung des Chaos und somit Trost. Ihr Inhalt mag grauenhaft sein – Dornenkrönung (Tizian), Kreuzigung (Grünewald) –, zum Bilde sagen wir großartig, wunderbar.

Der Künstler *wählt* seine Stoffe, Themen, Motive viel weniger, als man gemeinhin glaubt, er sitzt nicht faustisch geplagt in der Ecke seines Studios und zermartert sich das Hirn mit der Frage, was er an Schockierendem, Bösem erfinden und der Welt anlasten könne, sondern er *wird* gewählt (von Marktbedienern sehe ich ab), von den *Verhältnissen seiner Zeit*, seinen Erlebnissen, seiner Biographie und der Beschaffenheit seiner unmittelbaren Umwelt (alles andere ist idealistisches Gerede); aus welcher Zone seine Werke auch wachsen, sie werden immer das Produkt einer hochgradigen, bis zur Anomalität reichenden Sensibilität sein, eines für ihn selbst oft schmerzlichen Daseins; er wird nicht selten Opfer seiner seelischen, gedanklichen, visuellen Reizbarkeit, seiner traumähnlichen Assoziationsfähigkeit, die ihn immer wieder in existentielle Randzonen, auch die der Euphorie, treibt. – (In diesem Sinne sind sie weder »normal« noch völlig »sozial«, wahrscheinlich sind sie aber beides in höherem als durchschnittlichem Maß.) Das Terrain ist viel weniger gefährlich, als man glaubt, aber sehr vielschichtig, denn es gibt keine eindeutige *Typologie* des Künstlers, die ein für allemal festlegt, wie er ist und zu sein hat. Nur soviel ist sicher, gleich, ob sein Werk aus dem bloßen Spieltrieb, einer Verletzung oder aus traditioneller Berufung entsteht, er wird immer ergriffen, berauscht, gepackt, geschoben, ge- und bedrängt sein und keine Möglichkeit haben, seinen Bezirk zu verlassen – und der wiederum ist abgesteckt durch Geburt, Herkunft, Erfahrung, Tradition, alles, was seinen Charakter ausmacht, sein Heranwachsen begleitete. Er kann hochmütig, demütig, mitleidend oder kriminell sein – und das alles in untrennbarer Vermischung, was ihn auszeichnet, ist die Kraft, durch ununterbrochene Arbeit eine zweite, unverwechselbare »Natur« herzustellen.

B., 10. XII. 80. *Ecce homo* (Erschießung) in Gips gegossen.

B., 20. XII. 80. So ist das Ende '80 vielleicht das schwierigste nach 1945. (Polen.)

B., 13. I. 81. Ganz nebenbei, ziemlich leicht, den Schluß von *Albrecht* (*Albrecht, oder der Vorsatz der Freude*) geschrieben. – »Da capo, da capo Al – brecht.« Das ist pervers und doch ganz realistisch.

W.-dorf, 6. III. 81. Einziger Luxus: zwei Abendspaziergänge an der Havel – die schwarzen Fächer der Kiefern gegen den Sternenhimmel!

W.-dorf, 30. III. 81. 23 Uhr, »Tagesschau«. Reagan geht lachend und winkend zum »Panzerwagen« – sprich Staatslimousine –, und plötzlich bellen Schüsse. Verwirrung unter den Sicherheitsleuten, Maschinenpistolen im Anschlag, zwei Verletzte auf dem Gehsteig. Signale, Sirenen, Krankenwagen und Polizeiautos. Als Krimiszene nicht besser zu machen. Anderer Kanal: Kopf eines Intellektuellen mit sehr hübschem Kind auf dem Arm. Es ist der jetzt in Südamerika (?) gefaßte Postzugräuber Ronald Briggs. Jedenfalls sympathischeres Gesicht, als es gemeinhin Präsidenten haben. Sehe abends zuviel fern.

W.-dorf, 31. III. 81. TV. Dokumentaraufnahmen von der Besetzung des Madrider Parlaments durch eine Militärclique, Revolverschüsse und MP-Salven. Die Parlamentarier kriechen unter die Bänke, zwei bleiben stehen, sind Kugelfang; der KP-Chef und der Sozialistenführer. – Nobel, ungeheuer ehrenhaft, so etwas läßt hoffen.
  Noch TV. Dora Koster, Schweizer Prostituierte, im Gespräch, nach ihrem ersten Buch befragt: »Meinen Körper sollen sie haben, die Bürger, Heuchler und Schweine – meine Gedanken aber nicht. Ich werde die Arbeit auf der Straße weitermachen, damit ich schreiben kann, meine Gedanken aber laß ich nicht prostituieren.«

W.-dorf, 25. VI. 81. Muß unbedingt die *großen* Landschaftsplastiken machen, auch wenn es technisch unmöglich ist: keinen Arbeitsraum, keine Helfer, keine Aussicht, so große Arbeiten in Bronze gießen zu lassen. So verfüge ich nur über den Willen. Im entscheidenden Augenblick stehe ich vor dem Nichts. (Hrdlicka u. a. haben viele Ateliers, alle technischen Möglichkeiten, Steine, Hölzer, können gießen, wo und soviel sie wollen.) Derart gefesselt zu sein. – Weder die Gegenwart noch die Geschichte fragt, warum etwas *nicht* entstanden ist. Sie hält sich in ihrem Urteil ans Vorhandene. Wenn ich ohne Hilfe bleibe, ist mein Dasein zwangsläufig beendet und alles Vorangegangene Konvention.

W.-dorf, 8. VII. 81. /…/ Immerhin, die ersten »vor der Natur Landschaften« liegen vor, wie auch immer, der Anfang ist gemacht. Ganz von vorn beginnen. Vor allem vor der Natur arbeiten. Endlich auch wieder Porträts. Ich weiß, daß ich heute die Erfahrung und Kraft hätte, in meiner Generation mit das Beste im Bildnis zu leisten, wenn ich diejenigen Menschen porträtieren könnte, die in meinem Leben Bedeutung hatten, Böll zum Beispiel. Zu ihm gibt es diese lange ungebrochene Zuneigung, die sich auf frühes humanes Vertrauen gründet. Sein *Gesicht* ist mit seinem Werk identisch, gezeichnet durch Hingabe, selbstauferlegte und durchgestandene Verantwortung, nicht ängstlich geschont und kosmetisch gereinigt, ein Gesicht, das *mir* weiterhelfen könnte, eine höhere Stufe zu erklimmen. Das gelingt selten mit Ebenbürtigen, weil der Spannungsbogen fehlt: das, was die Bewunderng zu Felsenstein, zu Kodály, zu meiner gelähmten Nachbarin leistete, als ich Anfänger war. Die Menschen müssen mich berührt haben, in welcher Form auch immer, sie müssen eine Rolle in mir gespielt haben, wenn ich Vorzügliches erreichen will, mehr als nur Handwerk. Der alte Minetti wäre so ein Mann, der mich »zöge«, denn er hat ein Geheimnis. Ohne Geheimnis, das sich in der Arbeit erst langsam enthüllt, keine Kunst.

So habe ich Pfingsten vor dem Fernseher gesessen und rasche Studien – Autorengespräch – von Böll gemacht. – Muß das wirklich so sein? In 50 Jahren, wenn der alte Planet noch heil ist, wird *niemand* begreifen, weshalb es zu diesen Porträts nicht kam. Hat denn niemand bemerkt, daß es immer weniger wirkliche *Gesichter* gibt, gezeichnet von der Zeit, durchpflügt, Gesichter mit der Unverwechselbarkeit von Landschaften. Wahrscheinlich sind sie alle von Diätvorschriften, anbefohlener Lebensrücknahme, Kuren, einer kompakten Präventivmedizin so glatt gebügelt. –

6. VIII. 81. Sächsische Schweiz. Hütte, wie alle Jahre zuvor. Froh, angekommen zu sein. Die Sonne macht alles freundlich. Jeder unterliegt *seinem* Charakter, *seiner* Biographie, da läßt sich nichts gesundbeten. Es gehört zu den größten Dummheiten, zu erwarten, daß sich die Menschen längere Zeit in *einer* gewünschten Gefühlslage halten ließen.

Die Kammlinie des gegenüberliegenden Hanges hat sich gelichtet – stirbt auch hier schon der Nadelwald?

9. VIII. 81. Sächsische Schweiz. Erste Felsen-Zeichnungen vor der Natur! Wieder einmal in Millers *Koloß von Maroussi* gelesen. Erfrischend dieser Wechsel von Präzision und haltloser Ausschweifung. Schreibt: »Eine Linie ziehen erheischt die Totalität des Seins, des Willens und der Einbildungskraft. Die Kenntnis der Beschaffenheit einer Linie ist eine metaphysische Übung, die man bis in alle Ewigkeit anstellen könnte. Doch selbst ein Idiot vermag eine Linie zu ziehen, und wenn er es tut, steht er auf gleicher Stufe mit dem Professor, dem die Natur der Linie ein unfaßbares Geheimnis ist.«

12. VIII. 81. Sächsische Schweiz. Weiter Felsen gezeichnet.

13. VIII. 81. Sächsische Schweiz. Weiter Felsen.

14. VIII. 81. Sächsische Schweiz. Nach Mittagsschlaf gezeichnet, aufgeregt. Das Motiv eines Felsüberhangs war nicht zu erfassen, ich würde 10 Stunden brauchen.

17. VIII. 81. Noch immer Sächsische Schweiz. Kühl. Wind. Jedoch kein Regen. Zeichnungen durchgesehen, noch unbefriedigend. Bleibe hinter der Natur zurück, nicht nur hinter dem Reichtum, sondern auch dem Geheimnis ihrer Bildungen.

18. VIII. 81. Sächsische Schweiz. Im Labyrinth ein gutes Blatt! Hell und licht, ganz rasch; es begann zu regnen.

W.-dorf, 31. VIII. 81. Aus »Spaß« eine Collage versucht; es entstehen Blätter über Berlin, den Prenzlauer Berg. So nicht denkbar ohne das Felsenerlebnis.
Nachts. Ingeborg Bachmann, *Undine*: Ihr zuckendes Herz, Verletzung als Poesie (keine Recherchen-Literatur, die mich zunehmend langweilt). Sie steht nackt vor uns und gewinnt gerade durch ihre Ungeschütztheit Größe, ein königliches Gewand.

30. XI. 81. 15.00 Uhr. Wieder in Berlin. Häuserzeichnungen beendet. Lösen sie das *Labyrinth* ab? Oder ist es eine Form ihrer »Humanisierung« – Rückführung auf Gegenwart.

4. (?) III. 82. Zwei bis drei Sedativa täglich, um das Leben auszuhalten. Seit vorgestern liegt Konrad Wolf in der Agonie. Er stirbt an Krebs. Unfaßbar – vorher seine dringenden Anrufe!, und ich war krank auf dem Lande.
Zum Labyrinth: »... würde dir da nicht die lebenspendende Sonne zu einem verhaßten, mit Blindheit geschlagenen Gestirn, zum schwärzesten aller Gestirne in der Welt« (Aitmatow, *Der Tag zieht den Jahrhundertweg*).

W.-dorf, 12. V. 82. Nebenbei Notizen für *Labyrinth*-Text. Labyrinth: Tanzmuster, Kerker, Lustgarten – wenn das Suchen und Finden Lust ist! Das Labyrinthische in uns, das Labyrinthische außen.
Während in Genf und anderswo verhandelt/nicht verhandelt wird, werden an unzugänglichen Orten neue Sonden gestartet, Laserwaffen erprobt, genverändernde Substanzen erforscht, es wird gezüchtet, probiert, gesucht, erfunden, die phänomenalen Gehirne von Spezialisten schlagen Brücken in Zonen, die nur noch den äußersten Schrecken für die Menschheit bereithalten. Mit der Vernichtung der A-Waffen wäre der Frieden noch nicht gesichert.

27. VII. 82. Sächsische Schweiz. Werde heute nicht zeichnen, ich müßte noch einmal ganz von vorn beginnen.

Wenn die Erde einmal zerstört sein sollte, ist jede Schuldzuweisung irrelevant.

W.-dorf, 9. V. 84. Ich habe den Himmel wieder!

Versuch über Chartres, 1987, Bleistift

Die Phantasie ist die Wirklichkeit

Paristagebuch

Paris, Rue Grégoire-de-Tours, Hôtel de l'Universe,
22. 4. 85, 19 Uhr 30

Also Paris. Ich habe es mir nicht mehr gewünscht, und nun bin ich hineingelaufen in diese Stadt, die vielen die Welt ist, das ferne, unerreichbare Ziel, der Ort, das Leben par excellence, die Kunst, die Liebe, das Herz Europas. Angekommen, nachdem ich auf das Fließband Technik gesetzt wurde; alles vorbedacht, geordnet, unausweichlich, eine Maschinerie, die scheinbar niemand zu bedienen braucht: man hat die Stechkarten in der Hand, und alles geht nach Plan. Das Auto ein Viertel vor sieben vor der Tür, eine dreiviertel Stunde später der Flughafen: das Tor in die Weite und in die Hölle der Einsamkeiten; ich streifte Menschen von anderen Kontinenten, Ländern, anderen Kulturen und Glaubenssystemen, und nebenan sitzt ein Mann aus der Stadt, in der man geboren wurde. Von dorther war mir der Flug in die Welt nicht angelegt.

Die Maschine steigt, ein Blick auf die glänzenden märkischen Seen, bald Wolken, das Fenster halb im Nacken, und dann kurz noch die Küste, der Rügendamm, dieses Band zwischen zwei Küsten, befahren, erobert. Ein Stück Insel, der Rest verschwindet unter der Wolkendecke, und alles ist Erinnerung, 1970, 1971, 1972: die Kate und die Spaziergänge im Wind, die Träume, erfüllte Sehnsüchte auch, das erste Buch und begonnen das nächste: Tunesien, dann Rügen, das Fest und die sanfte Hingabe.

Also: da war der Himmel, der Flug über weißer Wolkendecke, ein Stück Erde, Rotterdam, ganz technische Struktur, dann Brüssel, der Flughafen, eine Transportfabrik, ein Verschiebebahnhof, Fluchten von Schaltern, Schächten und Gängen, und schließlich werden wir in den Rümpfen von Flugzeugen verschwinden. Schalter 10, Airline Sabena, dreiviertel Stunde bis Paris, die Ankunft in einem riesigen Werk, irgendwie Schlachthöfen ähnlich. Aus einem Schacht steigen die Koffer auf. Draußen wartete das Auto, und Punkt 13 Uhr 30 im Centre culturel: St.-Germain-des-Prés. Disziplin: ein Essen im kühlen, kleinen Lokal, von dem Backfische und unfertige Künstler träumen. Paris, vorerst kein Fest, aber doch nicht unangenehm, nur kalt – und das Steak verbrannt. Danach die Koffer ins Zimmer gebracht.

Schwindel im Kopf und rasendes Herz: die Schwadronen, die tödlichen Schwadronen redender Menschen, und das Herz schlägt schneller und schneller. Tabletten sollen den aus der Ordnung gekommenen Lauf stoppen, aber sie bewirken nichts. Keine heilende Einsamkeit.

Vor einer Stunde sah ich die Früchte, Plastiken, die Zeichnungen, im Keller, in der Ausstellung, im Herzen von Paris. Das Matmataland der Berber, schon Afrika, die Weiden mit Netzen, der Regenbogen über der Insel; es sind Kreise, die sich zu Rügen hin schließen. Und nichts war erwartet noch gewünscht von alledem. Das Leben kein Traum, sondern ein Spiel: ich bin Akteur, ohne meine Rolle gelernt zu haben. Das Leben läuft und bekommt, wonach es nicht strebt. Meinen Augen und Sinnen verfallen, sollte alles immer nur Festhalten sein. Leben in Bildern erhalten, in egozentrischer Blindheit, und plötzlich wird aus dem Geheimen Öffentlichkeit. Hände greifen danach; es sind viele, es wird gerahmt, was Zwiegespräch und Testament eines Tages, eines Blickes war, es wird aufgesockelt, beleuchtet, in vielen Städten gezeigt: ich ließ meine Träume und meine Wirklichkeiten auf dem Papier, anderes in Bronze gießen, fast immer allein in der Welt – und heut nun, aufs Fließband gesetzt, bin ich hier in Paris. Was das heißt? Erfüllung? Nein, keine Erfüllung. Ein – vielleicht – falscher Schritt, erschüttert im Herzen, krank an der Welt und uneins mit ihr, und eigentlich nur glücklich, wenn das unberührte Papier vor den Augen glänzt, der ungeformte Ton oder Stein mich erwarten.

Ich wäre gern daheim.

Paris, nun, ich will es nicht mehr oft nennen, denn es ist ein Kinoname für mich, es ist mein Paris, in das ich jetzt gehe wie in einen Film. Der Eintritt ist bezahlt, ich darf mir einen Platz suchen: es wird kaum Überraschungen geben, vieles tausendmal durchlaufen im Geist, durchlebt in Büchern, Bildern, Dokumentationen.

Alles Utrillo: die schönen schmalen Fenster mit ihren gußeisernen Läden, die ausgebauten Mansarden, in denen man früher unbedingt hätte leben wollen. Alles geronnene Bilder: die Kamine mit ihren rötlichen Röhrenaufsätzen, jeder kennt sie, die Phantasie war nicht kärglich, und die Wirklichkeit bestätigt, sie verhält sich bis jetzt – ich will mich nicht hinreißen lassen – wie das nackte Modell zur Statue. Und was ist nun wirklicher, realer für den Geist?

Der Arc de Triomphe ist kälter, aber doch nicht größer als gedacht, die Champs Elysées gerade so wie erwartet, und die Häuser entsprechen dem gedachten Maß: ich habe hinter ihren Fenstern gesessen, im Rücken den qualmenden Ofen, ja, ich habe all diese Zimmer und Atelierräume, die schmalen Balkone bewohnt.

Das Leben hier scheint üppiger als daheim, bunter, farbiger, auch schöner dem Auge: mehr Grazie, mehr Krätze, mehr wehende Seide und zerschlissene Wolle, die Wangen der Menschen brauner oder grauer. Keine so großen Einebnungen. Es muß ein guter Ort sein für den, der Leben will, dem es nicht vergällt wurde von unfrei machenden, unbarmherzigen Mächten. Lust! Lust am Essen, Trinken, in den Tag leben, Reden über das Neue, Unbekannte, Andere. Aber was soll das demjenigen, der leidenschaftlich in den Falten seines zerschnittenen Herzens kramt, dem nur noch – die letzte Waffe! – die Helligkeiten seines Gehirns Diktat sind.

Ausstellung in Paris. Und kein Stolz? Kein Stolz. – Einiges ist befriedigend, was da steht und hängt, anderes weniger. Ich bin – und sage das ohne Gekränktsein – ein eher zufälliger Gast hier, ein Vogel, der wahrscheinlich unbeachtet durchzieht, dessen Rufe erst wieder echt klingen werden, wenn er in seinem Gefängnis-Atelier sitzt. Das Hotelzimmer ist klein, aber freundlich: Kühlschrank und TV, Bad und Bidet, die Bettdecke elfenbeinfarbene Seide, und fast bin ich glücklich, hier zu sitzen, zurückgezogen von der Welt, das Kissen im Rücken, zwei Fenster im

Blick, ein flaches Dach in der Höhe der ersten Sprosse, vier Meter weiter eine weiß getünchte Brandmauer, eingelassene Steigeisen und dicke Rohre in Krümmungen aufsteigend, Entlüftungen ebenerdiger Küchen, vereinzelte Fensterdurchbrüche, vergitterte Zellenfenster in Gefängnissen. Auch dort Ruhe inmitten der Stadt. Das Zimmer ist mein Eigentum für Tage, Nächte. Der Schlüssel steckt innen. – Ich kann hierbleiben und Paris allein lassen mit sich.
(20 Uhr 30).

21 Uhr 15, Hotelhalle

Breites Fenster zur Straße – Rue Grégoire-de-Tours, noch vor kurzem eine Bordellgasse, mit dem Namen eines Heiligen! Weiche Fauteuils, Kübelpalmen, Spotlichtstrahlen von der Balkendecke.

Stil: altrustikal mit einem Touch Moderne. Pärchen flanieren, ich sitze wie im Gewächshaus.

Flair: Buñuel. Die Rue: fünf Meter breit, Bistro an Bistro, eine Wäscherei für Dessous, Hotels. Direkt gegenüber: Studio 3, ein Speiserestaurant. Junge Männer, algerische Bräune und schwarze Locken. Vielleicht ging irgendwann Camus hier vorbei, vielleicht Verlaine, vielleicht Baudelaire; das Coupole ist nicht weit. Der Putz ist brüchig, verlebte Epidermis. Das Foyer ein Aquarium, und ich bin der lauernde Fisch zwischen braunen Sesselsteinen, den Wedeln der Schlingpflanzen, im farbigen Neonlicht; was am Fenster vorbeischwimmt, sind schillernde, fremde Fische aus fernen Gewässern: Es ist die Zeit der Mischungen.

Die Pariser Franzosen werden wohl vorm TV sitzen, es läuft ein Film über berühmte Bouillabaisse-Küchen. Hinter dem Rezeptionstresen sitzt ein soldatischer Franzose, der in verquältem Englisch telefoniert, Bestellungen entgegennimmt: »... for friday o.k., tonight o.k., please o.k. o.k.«

C. wollte vorbeikommen. Er arbeitet wahrscheinlich noch an meiner Exposition: was sich im Exponieren alles hochspielen läßt.

Irgendwo im Süden Frankreichs sind Christa und Gerhard Wolf unterwegs. Ich höre, sie wollen zu meiner Lesung hier sein.

Kein ermutigender Gedanke für einen Dilettanten. Und Eliasberg? Meinem Freund war Paris, das er liebte, nicht Heimat geworden. Wie sollte ich nicht an ihn denken? Er hoffte, mich einmal als Gast hierzuhaben. Und nun liegt er auf dem Père-Lachaise. Ich werde ihm eine Blume aufs Grab legen; ich werde wenig sehen und genießen können; ich werde mit meinen alten Träumen abreisen.

Ein Häftling im Freigang.

Hotelhalle, 23. 4. 85, 20 Uhr 30

Es ist keine Genugtuung, Recht zu behalten: Paris ist nicht meine Stadt. Es ist hinreißend, lebendig, ein Organismus, stark wie der eines Ochsen: er kann alles fressen, alles ertragen, jede Schändung, und bleibt doch Sieger, weil er letztlich alles verdaut, was er frißt. Menschen aller Rassen und Herkunft, Elend und Schmutz können der Stadt nichts anhaben, sie kann an einigen Stellen brüchig werden, aber sie wird nicht unterliegen. Glanz kann sie nicht blenden noch blindmachen, und der Schatten wird niemals Finsternis: Paris ist ein trainierter Körper mit hungrigem Magen, der gut mit den fettesten Speisen fertig wird, und vielleicht ist das der Grund seiner Anziehungskraft, in irgendeinem Winkel wohnt immer die Hoffnung, ja, vielleicht ist es wirklich das unverwüstliche Herz von Europa, in dem so viel Vergangenheit und große, selbstbewußte Herkunft lebt, daß es nicht sterben kann. Das Alte nimmt das Neue an seine Seite, in seine Mitte sogar, und ist davon nicht mehr gezeichnet als ein verschmutztes Gesicht, das der Regen reinwaschen wird. Diese Stadt ist ein Gefüge aus regelmäßigen Teilen und Formen, vom Goldenen Schnitt bestimmt, die Häuser und Plätze, Türen, Fenster und die Dächer gehorchen alle dem Gesetz, das Paris heißt und ein strenger Baumeister ist. Und ich bin ein Produkt dieses lateinischen Teils französischer Kultur, der Geschichte von Heinrich IV. bis Mitterrand, von Racine und Voltaire bis Proust, Sartre, Genet, Camus, von Rameau bis Boulez, von Corot bis Dubuffet, ich habe von ihren Architekturen, Stücken, Erzählungen, Konzerten, ja, den Speisefolgen gelebt und gelernt – und natürlich immer wieder von Bildern. Utrillo ist mir der Porträtist von Paris, Vlaminck ihr Illustrator: die grünen Tupfen auf dunklem Stamm, Frühlingsgrün in gläserner Luft. Ich hab alles gesehen in schlimmen Jahren, in Jahrzehnten, und es war in allem mehr Wirklichkeit als ich jetzt sehe und fühle.

Schrecklich die Metro, überhitzt, unangenehm, die Menschennähe, der Handschweiß an den Haltegriffen. Da unten, auf den laufenden Bändern, den Rollwegen, in den langen Schächten und Röhren (wie beschwerlich, die richtige Kreuzung zu wählen), kommt mir nie das Bedürfnis, mich zurechtfinden zu wollen.

Ich ließ mich treiben, mitnehmen, und landete schließlich, schweißgebadet, auf der Station Gambetta, zweihundert Meter vor dem Eingang zum Père-Lachaise: Blumengeschäfte, ein Rondell; ich kaufte für E., die späte Liebe Eliasbergs, eine Rose von der Farbe getrockneten Blutes, und ich wählte für ihn – warum? – eine Feuerlilie.

Der bekannteste Friedhof Europas? Der Prager Judenfriedhof ist schöner, menschlicher; die Toten liegen dort dicht beieinander, er hat mehr »Erde«, trotz der Enge, der übereinandergetürmten Steine; in Berlin ist der Jüdische Friedhof ein weitläufiger Park. Der Eingang des Père-Lachaise ist von dürftiger Großartigkeit (man kann mit dem Wagen einfahren), die Architektur der Urnenhäuser ist kalt und bunt, die quadratischen Platten sind mit Blumenvasen versehen, viel Rot und Gelb, Tausende und Abertausende Platten unter dem Schutz eines schweren Daches: eine Kamerafahrt wert, ein Stück Buñuel, naiv, aber in der Fülle makaber. – Immerhin ein Bild, ein Antlitz. Die Stadt und ihre Gräber. 47 Hektar Friedhof, 97 Felder mit, vielleicht, je 200 Gräbern. Frisch angelegt, von Straßen durchschnitten, dazwischen Grabhäuser, meist granitene Bauten, in den Maßen aufgerichteter Särge, mit spitzem Giebel, viele mit Türen, hinter denen sich aber nicht die Gefilde der Seligen noch der Hades auftun. Nichts als Leere. Die Grabhäuser gleichen eher Umkleidekabinen, Nobelpissoirs. Es gibt auch Eigenwilligkeiten, Säule, Skulptur, ein Bildnis. Am Fuße des großen Grabhügels, auf dem die Piaf liegt, entlang einer »Staatsstraße«, schreckliche Plastiken, zum Gedenken an Auschwitz und Oranienburg/ Sachsenhausen, über die ich besser schweige. Gebot der Achtung. Direkt unter einer mittelmeerischen Konifere Eliasbergs Grab. Jetzt noch eine Betonplatte, vollgestellt mit häßlichen Töpfen und Plastikflaschen, in denen Blumen dahinwelken. Ein weißes Schild trägt seinen Namen, provisorisch, der Tod aber ist endgültig. Die Rose und die Lilie stehen zusammen, ein sehr schönes Liebespaar.

Nach Judenbrauch legte ich einen Stein auf den Grabrand: ich bin dagewesen. Zu spät, die Zeit, aber die Zeit. Trauer. Der Tod kommt immer zu früh. –

Ein Stück den Hang hinunter Balzacs Grab. Weichlicher Marmorschaft, darauf sein Porträt. Bedeutungslos, bankiershaft. An der Basis Frau Hanskas Name. Was für eine Geschichte! Und kein Riesengott, kein Genius um Balzacs Haupt – und war doch zu erwarten. Im Blickfeld Delacroix' Empiregruft, Napoleonverschnitt, trotzdem würdiger.

Und weiter, mit Hilfe einer Gräberfeldkarte Dichter gesucht. Die große Lehne, den baumlosen Steinhang entdeckt. Ja, da liegt die Piaf, irgendwo die Duncan, aber auch da nicht, wie vermutet, der Geist Europas.

Das Faszinierendste am Père-Lachaise ist die rührende Anhäufung von Kitsch. Er ist zu jung, um den mildernden Bonus fernen Alters genießen zu können. Nirgends streift mich das Gefühl der Größe. Größe lebt in den Werken, nicht über Gräbern. Der Tod hat kein Geheimnis, weil er keine Rückkehr kennt.

Endlich der Familie Proust Grab gefunden, eine Platte aus schwarzschwedischem Granit, eine Seltenheit an Strenge, scharfkantig-präzis geschliffen. Die Namen, auch der Familie, zu Füßen und an den Seiten. Separat, kleine, mit Gold ausgelegte Antiqua: Marcel Proust.

Ein Hauch Ehrfurcht, unantastbare Würde: das Grab als herrschaftlicher und herrischer Schluß eines hohen Menschen, gewaltig im Leid, gewaltig in der Verfeinerung und Zartheit. Es ist das schönste, glaubwürdigste, eines, das Weite und Tiefe seines Werkes deckt.

Abscheu vor der Metro. Mit dem Bus zurück in die Stadt. Fahrt durch mehrere Bezirke. Auffällig das Gleichmaß der Häuser, die pariserische Typik der Fenster, Läden, der Dächer und

Kamine, alles in feinen Variationen. An gewissen Stellen drängt sich mir der Vergleich zu Prag auf, nur daß Prag mehr Kontrast, mehr Gesicht hat. Ich wußte auch das, Prag hat, auch um dieser Ähnlichkeit willen, einen festen Platz in meinem Herzen.

Später zur Place de la Bastille gelaufen. Pont de Sully, der unerwartet lichte Anblick von Chor und Streben der Notre-Dame. Unten die schmale, raschfließende Seine. Weißliches Gelbgrün. Ein Vollplastschiff jagt, von starken Motoren getrieben, unter das Brückenjoch.

Sturm heute. Der Himmel verhangen. Die Steine der Île de la Cité hell, geschuppt, fast farblos. Die Bauten ohne erkennbare Größe. Weiter, durch die sich alle gleichenden Straßen, bis zum Hotel. Schweißgebadet.

Dann noch einmal die Ausstellung. Merkwürdig innenseitig diese Arbeiten, vielleicht ist das Beste, was man hoffen kann: Insel sein.

Im Zimmer auf dem Bett im Schneidersitz gesessen und gegessen: Brot und Käse, Mineralwasser. TV in Color: Quiz mit französischen Schauspielern. In jeder Sendung der Antenne 2 die Girardot, verwildert, ungekämmt, eine erschöpfte Hausfrau.

Zimmer, 24. 4. 85, 13 Uhr 30

Relativ gut und lange geschlafen. Heut morgen die Entdeckung gemacht, daß die Franzosen eine Tugend besitzen: sie achten den Schlaf ihrer Gäste. Unter der Übergardine ist ein Wachstuchvorhang, der selbst bei Sonnenschein für Dunkelheit sorgt. Nirgends, auf keiner meiner – allerdings wenigen – Reisen fand ich derartige Rücksicht. Ja, sie zählt mitunter mehr als ein gotisches Kirchenfenster.

Frühstück. Dann Centre culturel, die Ausstellung. Dort der obligate Kaffeetisch, mit viel Klatsch. Schlimm, welch krumme Wege nach Paris führen: mir ist, als reisten diese Leute mit Koffern voller nasser Wäsche.

Ärgere mich, weil ich hier, der Junge aus der Vorstadt, wie Jeanne d'Arc ins Feld ziehe. Niemand aufklären, nichts korrigieren, nur nichts erläutern. Schweigen lernen!

Allein essen gegangen. Herzschmerz und müd. Etwas gelegen, die Putzfrauen sind am Werk. Kein Mittagsschlaf. 14 Uhr 15 soll's in die Galerie Claude Bernard gehen. Giacometti-Zeichnungen! Zittere vor Erwartung. Wind, Sonne und kühl. Werde ein Taxi nehmen, der Fuß schmerzt zum Erbarmen. Die kommenden Tage erfüllen mich mit Furcht. Besuche. Abends dann die Ausstellungseröffnung. Meine Stärke ist, nichts zu erwarten. Wie gut, daß mir das zugewachsen ist.

Gestern noch Anrufe aus Berlin. Frankfurt/Main »ringt mit sich«, es will das »Große Martyrium« aufstellen. Es ist nicht ohne Genehmigung (Unikatsrechte) zu gießen. Aber die Tatsache, im Erwägungsraum Moore, Hrdlicka und Ipoustéguy zu stehen, ist erfreulich.

Hotel, 25. 4. 85, 9 Uhr 30

Erinnern. Der gestrige Tag war voller Pflichten, nicht anders als zu Haus, die Stundenradmühle mußte getreten werden bis in die Nacht, und das ist gewiß kein »Pariser Leben«. Die Anstrengung, meine Müdigkeit zu überspielen, das Desinteresse an der Welt nicht sichtbar werden zu lassen, die Organe in »gesunder Funktion« zu halten. Das ist oberstes Gebot: halbwegs normal zu überstehen. Ich werde keine pikanten Pariser Märchen zu erzählen haben. Die Augen der Landsleute daheim dürften sich betrübt verschleiern bei so wenig Sensation.

Was mag es bloß sein, daß mir Prag hier so nah ist? Ist es, weil Prag die erste Station der Emigranten war, bevor sie in dieser satten Pariser Selbstherrlichkeit ankamen? Und darbten. Vertraute Fremdheit.

Der gestrige Vormittag war der Feinabstimmung der Ausstellung gewidmet. Sie sah, den Möglichkeiten entsprechend, recht passabel aus.

Nachmittags Giacometti-Zeichnungen: es hingen 40 bis 50, darunter erstrangige Exemplare, zu beklagen auffällige Lücken, motivisch und die Bildnisse betreffend (Diego, Annette, Genet etc.), auch la Stampa und die Akte. Dennoch, es gab Blätter im Glanz der Schöpfung, einmalige, nicht trotz, sondern wegen ihrer Kunstvorsatzlosigkeit: Blumen, Bäume, ein Schemel im Atelier – eine Kunst, hinter der die bangsten Existenzfragen, zugleich eine Weisheit der Mittel, stecken. Die großen Errungenschaften Cézannes. Das Überwältigende und Neue in den Giacometti-Zeichnungen ist, daß es für ihn nichts gibt, was als Motiv unwürdig ist: jedes Ding trägt den Adel seiner einmaligen Existenz. Prädestination des Dings, der Landschaft, des Gesichts gibt es nicht, alles ist gleich – würdig, der Mühe wert und dem Auge Anlaß. Das ist der Kern: die von fast allen Künstlern geübte Selektion der Umwelt auf ihre Motivträchtigkeit hin, die Suche nach der Vorgestalt des Gegenstandes, ist ihm fremd. Licht, innere Geometrie, tänzerisch aufbrechender Rhythmus, Beschreibung und Einkreisung immanenter Bezüge, das sind Elemente seiner Kunst. Ins Mythische versenkte Sinnsuche.

Danach getröstet durch die farbigen Gassen zurück ins Hotel. Herz. Umgezogen, ins Centre gegangen, ein kurzes ADN-Interview gegeben und dann die Ausstellungs-Eröffnung. An die 30 Besucher, fürwahr keine Lawine, aber doch Interessierte, der eine oder andere von Rang. Ein Herr Fink- oder Fischmann, ein Architekturprofessor, ein paar Professoren aus der École des Beaux-Arts, Freunde. C. leistete eine glänzende Führung, ich meine danksagende Ergänzung.

20 Uhr mit den Damen Thérèse und Henriette, Deutschprofessorinnen aus Arras, ins traditionslastige Café Procope, »Le Rendez-Vous des Arts et des Lettres«. 1686 gegründet, bevorzugt von Voltaire, La Fontaine, den Enzyklopädisten bis zu Verlaine! Ein heiliger Ort: Rot und Gold in der Ausstattung, die Räume hallenhaft, soldatisch möbliert, Parallelität bankartiger Tische. War das der Geschmack der Rationalisten? Kein Wagnis bei der Wahl des Menüs: Spaghetti Bolognaise, etwas Frikassee (das nicht gut war), eine Schokoladenschaumcrème (pfundweise), die ich fast unberührt abtragen ließ. Es wurde Mitternacht.

Konnte lange nicht einschlafen. Las Canetti – Kafka-Felice, alles bekannt, und bin doch immer wieder gefangen. Die Wohltat vertrauter Lektüre auf Reisen. 3 Tabletten.

8 Uhr erwacht. Frühstück, und jetzt Tagebuch; die Sätze gegen das Vergessen gesetzt. Erwarte Dr. S., den Sammlerfreund aus Genf.

Abends offizielles Essen. Merde. Gleich 24 Uhr. Hotelzimmer. Komme von Nobelessen mit netten Franzosen, Maler Fischmann, Architekt Raiß (?), eine Germanistenfamilie, C. und Dr. S. dazugeladen und die Leitung vom Centre culturel.

Dr. S. kam pünktlich 11 Uhr aus Genf. Vorher ein wenig gebummelt, beiläufig nach petits souvenirs geschaut. Waren, S. und ich, im Procope essen und sind anschließend ziellos durch's Quartier St. Germain geirrt. Wohnung von Delacroix und sein unaufwendiges Atelier besucht. Habe lange auf einem Stuhl am Fenster gesessen und versank langsam in Vergangenheit. Beruhigend der Blick in den kleinen Garten. Der große Baum. Federzeichnungen an den Wänden, impulsgeladene Malstudien.

Weiter durch die Gassen, die alle an der Seine enden. Wohnhäuser in wenigen Grundmustern, dazwischen Denkmäler, Kirchen, angenehm, aber nicht beeindruckend, weiter, bis zu einem heckenumstandenen Plätzchen mit Bänken ringsum, auf dem das Denkmal für Apollinaire, der Dora-Maar-Kopf von Picasso, steht. Gegenüber das Café Deux Magots (Place St. Germain des Prés). Hemingway schrieb dort, Sartre, auch die Seghers; ein nüchterner, fast quadratischer Raum im Bahngaststättenstil der dreißiger Jahre und Zweiertische an den Fenstern. Seinen Namen verdankt es zwei pseudochinesischen Plastiken, die das mittlere Drittel eines Pfeilers markieren. Außen Markisen, die winzigen Tische von Touristen besetzt. Die Sonne schien, der Wind blies.

Eine Straße weiter das Café de Flore, Nachfolger des Magot in der Literatengunst. Die wechselnden Horste der schreibenden Zugvögel.

In einer Buchhandlung, mit vor Erregung zitternden Händen, ein deutliches Foto von Flaubert gekauft, dazu den Balzac von Nadar! Balzac mit der wie in Blut getauchten Hand vor der Brust.

Weiter, von den Autos an die Häuserwände gedrückt, zum Ufer der Seine. Die Bouquinisten: auch sie geradezu peinliches Postkartenidyll, ein unfrisches Bild. Über die Brücke geschlendert und auf der Île de la Cité bis Notre-Dame. Im Kirchendunkel. Zu geblendet vom Draußen, um den Glasfenstern gerecht zu werden. Keine Regung in mir, warum keine Bewunderung? Liegt es an mir? An den gründlich studierten Kunstgeschichten, den Urlaubsgrüßen, cartes postales Hochglanz, kalkuliert, gezinkt.

Widerlich durchschwitzt. Weiter, mit dem Taxi, zur Place de la Bastille. Treffen mit einer Unbekannten, Katastrophe: pädagogische Mitteilsamkeit, Belehrung in strenger Rede und aktiv praktizierter Geiz.

Aber der Place des Vosges! Wie ich ihn bewundere, Raum, Maß, Klima, Stein, Ziegel, der Park. Kultur, meßbar wie die Temperatur eines Treibhauses. Henri Quatres Zeit, sinnlich, eigen. Stolz. Vertraut, nahe dem Herzen alles. Erschöpft.

Rasch noch in die Wohnung von Victor Hugo. Exotische Repräsentation. Hugos romantische Rhein-Zeichnungen, effektvoll, professionell. Die Geschichte seiner schönen Hure gehört, die »ihm ganz treu war, in der er nicht nur Weib und Geliebte besaß, sondern sich weiter der Dirnen der Gasse bedienen durfte, wie große Männer eben sind«. Sein kleines, aber prächtiges Schlafzimmer, Naturholz und dunkelroter Damast.

Ja, und dann noch das Quartier Marais gestreift. Königschloßreste, Hôtel Sully.

Ausgepumpt ins Hotel. Reißender Hunger. Eine halbe Stunde gelegen, dann ins Centre und schließlich das viel zu späte Essen. Mitternacht. Unruhig. Schlaf? Canetti – Kafka zur Hand. Morgen Rodin.

Hotel, 26. 4. 85, 22 Uhr 15

Die Nacht war ruhig. Halb 9 Uhr, trödelnd, in Erwartung eines unruhigen Tages, gefrühstückt. Die Sonne schien über der Stadt, das Bleigrau der Dächer. Durch die Gassen peitschte eisiger Wind.

Auf dem Weg zum Musée Rodin. Das Wundersame, hier zu sein, das Bittere, nicht laufen zu können vor Schmerz. Mein Freund: Es ist ja nicht weit. Es ist aber, antworte ich, zornig vor Schmerz, jeder weitere Schritt zu weit. Wie sehr trifft die Arroganz der Gesunden. Nichts, so scheint mir in diesem Augenblick, ist tiefer als die Kluft zwischen Gesunden und Kranken, die Bittsteller zu jeder Stunde sind (siehe Schillers Brief an Goethe vom 7. September 1794). Gedemütigte. Der Gesunde weiß nicht einmal, daß er sie haßt, und kein Psychologe hat das jemals erfaßt. Flaubert: »Der gesunde Mensch ist eine Zumutung.« Zwischen den Rassen baut die Neugier Brücken: der Weiße, der Farbige ist der Andere, der Unbekannte. Aber der Kranke ist die eigne Entartung. Vorsicht. Die Versehrtheit, der Tod ist nicht weit!

Also nachgegeben und hinein in den heißen, zugigen Orkus der Metro – und dann: verfahren! Lange an einer Seine-Brücke auf den Bus gewartet. Der Fluß gelblichundweißgrün, Schuppenglanz, die Brücken heller, eierschalenfarbig.

Großzügig wird die Stadt durch den Wechsel von Boulevards, Avenuen, von Gassen und Gäßchen. Das Gesetz der Steigerung wirkt. Repräsentation und Intimität: die Häuser bleiben sich auch jetzt, nachdem ich größere Kreise gezogen habe, innerhalb der Bezirke ähnlich. Die Straßen münden in kleinen Plätzen. Unverwechselbar die Typik der Stirn-Fronten, die sternenförmigen Häusertortenscheiben. Verheißungsvoll immer die oberen Etagen: hinter Giebeln versteckte Studios; das Heer der Kamine; die Efeuwände inmitten der Stadt; die vielen Balkone voller Grünpflanzen; wie in südlichen Regionen. Überhaupt drängt sich da manches Bild der alten k.u.k.-Städte vor, und immer wieder Prag.

Paris mischt fürs Auge ganz wunderbar die Rassen, hier, in der Metropole. In den ländlichen Bezirken herrscht gewiß der national-konservative Geist von Pensionären.

Wie viele Franzosen begegnen mir, wie viele Asylanten, wie viele Touristen?

Das Musée Rodin ist ein stolzes Palais mit streng gegliederter Fassade. Im ersten Jahrzehnt unseres Jahrhunderts ein vermietetes Haus: Hôtel Biron. Rodin arbeitete hier, Rainer Maria Rilke in »so heimgesuchter Verfassung«: es war die Zeit der »Aufzeichnungen des Malte Laurids Brigge«. Unvergeßliches Zeugnis der Verlorenheit das Foto: hoher, kirchenhaft kahler Raum – in der Mitte Tisch und Stuhl –, aus dem sich Rilke beugt.

Der Park groß. Die »Bürger von Calais« im Freien: viel besser als vermutet, wenn man das theatralische Pathos der Hände und Köpfe nicht allzu ernst nimmt. Diese Gruppe ist, aus der Nähe betrachtet, erstaunlich »landschaftlich«, felsig, gehöhlt, ein Gebirg mit winzigen Löchern und Schächten, naturhaft und von daher schon beeindruckend. Die »Höllenpforte« indessen gleicht einem Entwurf von Tiepolo. Sehr malerisch. Die Vorstöße in den Raum sind gewagt, es droht der Verlust an Bindung zum plastischen Grund. Erstaunlich die Unbekümmertheit in den großen Figuren: hier herrscht Freiheit, Willkür und wilde Steigerung. Das ließ sich den Abbildungen nicht ablesen. Im Haus dann alles ziemlich ernüchternd: die vielen Marmore sind langweilig, ohne Impuls; einige kleine Arbeiten haben die Verve, den Stempel seines Könnens. »Genie« will mir nicht in die Feder, es herrscht wohl irgendwo im Untergrund, aber es ist versandet, zugedeckt von Tang und Schlick. Der industrielle Blickwinkel erklärt die Schwächen: Rodin arbeitete vor, im kleinen Format und Ton, andere schlugen den Stein, vergrößerten. Allein die letzte Hand hat erstaunliche Kraft, von ihm gelenkt und in seiner Verantwortung: Rodin als Meister der Bildhauer-Industrie. Sein Durchbruch ins Autonome ist die Assemblage.

Ziemlich verdrossen durchs Haus gegangen.

Zu Fuß zum Dôme des Invalides. Erschrocken vor der Kälte, der nur technischen Perfektion. Architektur. Steine ohne Epidermis. Kein Atmen, kein Vibrieren des Lichts. Der Dôme steht im Handwerk dem Berliner Dom nahe. Und das ist der einzig zulässige Vergleich. Leichenstarre des Steins. Ich weiß, der Vergleich taugt nicht, aber ich bin geschult an den Handschriften böhmischer Steinmetze, an Quedlinburg, Meißen, Naumburg, dem Berliner Zeughaus, und da steht Bamberg schon hintan.

Mit dem Bus zum Hotel. »Zazie« schwärmt für die Metro und wird sie nie betreten, weiß Gott, Paris würde ohne sie in Wundstarrkrampf fallen. Aber warum lobt niemand das fürstliche Vergnügen, sich im Bus, hinten und oben, durch Paris chauffieren zu lassen? Die Ein- und Ausblicke sind nicht zu beschreiben!

Mittagessen nebenan. Alle Tische sind parallel zur Straße gestellt, kein Gast blickt in den Raum, man sitzt nebeneinander, in Schulordnung vorm Kino Straße. So bin ich weniger allein.

Etwas fürs Kind gekauft und kurzentschlossen den Pfad des Tourismus betreten: Sacré-Cœur, einzigartig plaziert die weiß prangende Geburtstagstorte. Sie blendet das Auge ganz unschuldig und schmerzlos und will nicht ernster genommen werden, als sie ist: keine Äbtissin, eher eine Moulin-Rouge-Tänzerin, ein architektonisches Bonmot. Der Blick ging, bei unverdeckter Sonne, weit über die Stadt. Ihre Mitte ist gesprenkelt. Wenige markante Punkte: die Glucke Notre-Dame, der Louvre, das Centre Pompidou. Die Skyline an den Stadträndern ganz unparisisch, aber erträglicher als anderswo: Paris, das alles verdaut.

Durch die Gäßchen um die Place du Tertre gegangen. Hier, und am Fuße des Berges, entstand die Kunst, die ich liebe. Apollinaire, vor allem aber die Maler. Der Kubismus wurde hier geboren, die einzig mögliche Form der Revolution, die ich kenne, weil sie im Umsturz sofort ihre Ästhetik fand: kein Blut, sondern Blumen. Die »Demoiselles d'Avignon«, die reifen koloristischen Bilder Picassos in Prag. Was für eine Malerei! Das ist lateinische Kultur. Im Gasthausgarten auf dem Platz ein Mineralwasser bestellt. Touristennepp. Die umstehenden Häuschen abgegriffen bis auf wenige alte Reste: das Maison Cathérine, Chez Eugène und Au Cadette Gascogne. Im Gassenspalt der kerzenweiße Turm und ein Stück Kuppel von Sacré-Cœur, täglich Geburtstag. Mit einem Car hinunter zur Place Pigalle: Miller Henrys Wildererergebiet, und nicht nur seins, wieviel große Namen da wohl zusammenzurechnen wären? Ihr Leben hier ist kaum noch vorstellbar. Miller? Wo sollte sein Bett stehen, wo ein trockener Platz für seine Remington zu finden sein? Er war, er konnte der letzte Bohemien von Rang sein. Zeiten und Charaktere wiederholen sich nicht.

Der florale Eingang Métropolitain. Historie und Stadtführer. Das teure und nicht teure Pornogewerbe, die Nutten und Nudisten haben hier ihre alten festen Häuser: das Pigalle (in der Werbung: »intimsex«), das Cabaret Tabaris, das Narcisse. Die »Abendschau« ist meine Sache nicht. Wie elend muß der Kopf sein, um sich diese Träume zu kaufen? Der Tag ist nüchtern, das Herz schmerzt, und die Gedanken streifen den Himmel in Richtung märkische Ebene.

Eine Stunde im Busstau. Fahrt durch den Louvre. Der Gedanke, da hinein zu müssen, entsetzt mich. Seit dreißig Jahren sehne ich mich danach, und jetzt ist es zu spät. Die lange Staatshaft. Ich nehme mir die Freiheit, nicht mehr zu wollen. Vielleicht einen Blick auf die beiden Michelangelos, die »Mona Lisa«. Ich will wissen, ob sie wirklich gut ist oder auch nur eine Atelierübung wie der »Mann mit dem Goldhelm«. Ich werde alles andere am Wege liegenlassen.

In einem Restaurant, schmal wie ein Gang, Spaghetti gegessen, allein.

Hotel, 27. 4. 85, 18 Uhr

Die Nacht traumlos geschlafen. Ohne Gefühl, wie ein Stein. Vergessen die Angst vor dem Morgenlicht. Der Hauslärm hält sich in Grenzen, die Wachspfropfen in den Ohren schlucken die kurzen Attacken. Überhaupt, es ist leiser in den Häusern, auch in den Lokalen, als erwartet. Beträchtlich ist der Autolärm, das sinnlose Hupen, aber schließlich verschmilzt alles zu einer weichen Klangfolie: täuschend ähnlich der Meeresbrandung.

Beim Frühstück grundlos unruhig. Tranquilizer und Herzmedikamente. Später Postkarten geschrieben und, als Dr. S. kam, noch ein paar Widmungen. Dann den vorsatzlosen, d. h. nicht hastig absolvierten Bummel zum Kauf eines Anzugs begonnen. Nach einigen noblen Häusern, die nur Modisches, allzu Farbiges führten oder das, was ich schon trage, bei einem Schneider, Monsieur Gil, hängengeblieben. Er bot für einen Spottpreis ein graues Fischgrat-Jackett. Als ich gehen wollte, weil mir der Sinn, wer weiß, warum, nach einem Anzug stand, erklärte er sich bereit, mir eine Hose dazu zu arbeiten: in zwei Tagen! Monsieur Gil ist eine Balzac-Type, barsch und unterwürfig in einem, zäh und sachkundig, schrecklich geizig, was seine Ausgaben betrifft. Sein Laden und die Kleidung, die er trägt, sind vom billigsten. Dabei ist er bestimmt ein Mann mit fetten Renten. Monsieur wird sein Geschäft verkaufen und aufs Land ziehen, um zu angeln. Jackett und Hose wären deshalb so gut wie geschenkt. Die Hose gab ich in Auftrag und hoffe, daß ich ihm nicht auf eine Leimrute gekrochen bin. Der Anzug wäre »ganz englisch«, so Monsieur Gil. Der Preis sei »nicht immer ein Zeichen der Qualität«. Selbst wenn der Kauf ein Reinfall wird, ist er schon wegen seines literarischen Klimas leicht zu verschmerzen.

Dieses Quartier St.-Germain-des-Prés ist eine kräftig pumpende Kammer des Pariser Herzens, der üppige Markt gleich hinter dem Hotel, Kaskaden von Blumen, wunderbar frisch und leuchtend, Obst und Gemüse zum Staunen in einer mir ganz und gar unbekannten Vielfalt. Und die Fischstände! Meterlange Thunfische, deren Leibquerschnitt pures, dunkelrotes Muskelfleisch ist. Tintenfische (die mich ekeln) mit Saugnäpfen, Warzen und in ihren schlierigen Farben – rosa, violett – geronnener Schleim; das Gewabbel geöffneter Muscheln, nicht so die roten, fingergroßen Crevetten! Ich hätte neugieriger sein müssen, wenigstens Austern probieren!

Leute jeden Alters und sozialen Ranges kämpfen sich durch die träge Masse, um rasch zwei, drei handtellergroße Muscheln zu schlürfen. Die Muschelschlürfer sind die Ungeduldigsten im Gedränge. Es herrscht eine Kauflust, in der kaum einer unwillig oder gehetzt ist. Ich schwimme auf einer Woge kulinarischer Erregung.

Wenigstens dieser Bezirk, vielleicht sogar die halbe Stadt, ist eine endlose Meile von Bistros, Brasserien, Bars, von Geschäften aller nur denkbaren Güter. Verkauft wird Luxus, Genuß, Kultur, Lust in Farbe und Spiel, ein Entzücken für Augen und Sinne. Hier ist Paris lebendig und schön. Ein »Leben wie Gott in Frankreich« denkbar. Die Menschen flanieren, sind animiert, gesellig, neugierig, temperamentvoll, versonnen, selten mißmutig. Das bettelnde Elend meidet diese Straßen. Ein Fest? Wer Geld hat, der kann sich ein Fest machen.

Mittags in der berühmten Brasserie Lipp gesessen. Die Freundin von Dr. S. kam hinzu, schmal, fröstelnd, rasch in der Rede, rauchte gierig selbstgedrehte Zigaretten.

Eingekeilt zwischen austernschlürfenden Gourmets, aß ich elsässisch, Choucroute garnie, und trank mich weiter durch die Mineralwasser Europas. Kein Wein wegen der Medikamente. Auch der aufreizend gut riechende Espresso geht mir aufs Herz. Ohne Opfer geht es nicht.

Gegen 13 Uhr mit dem Taxi in Richtung Louvre. Der Verkehr kriecht wie ein Lavastrom. Die Autos fahren so dicht auf- und nebeneinander, daß es ohne das Risiko, anzustreifen, angefahren zu werden, nicht vom Fleck ginge. Teure, elegante Wagen haben Beulen und Schrammen: sie sind der Tribut für die geringste Bewegung. Reparaturen lohnen nicht, der nächste Tag schlägt neue Blessuren.

Place de la Concorde. An den Orangerien – zwischen den Pendants beginnen die merkwürdig kahlen Tuilerien – den Wagen von Doktor S. abgestellt und auf eine mindestens einhundert Meter lange Schlange vor den »Impressionisten« gestoßen. Es war zu stürmisch, zu kalt, um anzustehen, und so blieb uns nichts anderes, als in die Sonderausstellung vom Musée de l'Orangerie zu gehen; die »Sammlungen Walter und Guillaume«. 144 Gemälde sehr unterschiedlichen Ranges. Vorzügliche Soutines. Sisleys, mit kreisendem Pinsel gemalt, eine Fraktur, die ich auch beim frühen Cézanne und anderen französischen Meistern fand. Das wirkt nicht nur als Bestätigung, sondern wie eine frische Entdeckung. Cézanne ist fast immer erhaben, klassisch, großartig oder nur einfach jenseits von Geschmack. Wirklich Bild, ein ganz individuelles Schöpfungsdasein, trotz (zuweilen) sanfter Betulichkeit und verklärter, domestizierter Sinnlichkeit. Ja, Cézanne kann recht biedermeierlich sein, hier sieht man sogar Vertrotteltes. Es gibt viel, viel Besseres von seiner Hand. Aber um all dies lebt er!

Picasso bleibt immer das herausragende Genie. Selbst im Frühwerk. Das stehende Liebespaar in der Umarmung. Die schwangere Frau. Es liegt ein schmerzlicher Zug über dem Bild. Laurencin vergißt man am besten oder weist ihr einen Platz im Modehaus zu. Keiner ist unausgeglichener als Derain, überschätzt. Er hatte die eine oder andere glückliche Stunde, was dazwischen ist, die Kollektion, ist eine Wolke aus Federn von einem vom Schrot getroffenen »Italiener«, rebhuhnfarbig.

Zu den Göttern sind Matisse und Modigliani zu zählen. Matisse besitzt die Reinheit alter Kulturen, Modigliani aber das Gesetz, Geometrie und manchmal eine schicksalshafte, leuchtende Dunkelheit. Nach zweieinhalb Jahrzehnten dem von billigen Reproduktionen bekannten, melancholisch an den Tisch gelehnten Jungen endlich im Original gegenübergestanden! Und mit Staunen in die winzigen, mandelförmigen blauen Augenseen gesehen: Geheimnis der Einfachheit, der Metapher. (Von was für Barbaren werde ich regiert!) Neun Utrillos! An ihm hängt mein Herz: Bildsubstanz, Farbmaterie, Gefühl für die Stofflichkeit von Paris, der Kathedralen. Die hiesigen Bilder sind unterschiedlich im Rang. Aber sein WEISS! Es ist das griffige Weiß dieser Stadt. Erst heute fiel mir auf, daß es kaum farbige Häuser gibt. Paris ist weiß, weiß-grau, weiß-blau, ocker, alles was Stein und Putz ist, ist weiß, und Utrillo bettete es in Farbe, sogar in dunkle. Das Weiß jedoch und das Licht siegen: schüchtern im »Maison Berlioz«, triumphal in »La rue du Mont Cenis«.

Danach noch ins Mausoleum der Seerosen getaucht: es hat zwei Räume, besser Becken, und ich wurde unversehens zum Fisch, der an den Wänden seines Bassins entlangschwimmt. Hier werden Gebete erwartet, aber ich will Gott nicht anlügen, und so werden meine Sätze profan sein: das Ganze ist zu groß, zu gewollt, es ist nicht geworden. Monet hat zuviel an Nachruhm und Stimmung gedacht. Die Farbe bleibt vom Malgrunde getrennt, keine Ehe zwischen beiden, die Impression verlöscht, sie ist nicht impressionistisch genug, sondern launisch, quengelig. Es fällt auf, daß viele Bildteile nur des Durchhaltens, der Komplettierung des Panoramas wegen gemalt wurden. Ich schreibe das nicht gern, ich liebe die Bewunderung. Kleiner wäre es überzeugender geraten. Aber wir alle nehmen zu Zeiten den Mund viel zu voll. Enttäuschung also, Enttäuschung, denn Monet ist ein wirklich großartiger Maler. Auch ein Mausoleum kann den unabwendbaren Tod nicht hintergehen. Der Wille hat das Auge besiegt.

Zum Centre Pompidou. Bei längerem Hinsehen enttarnt es sich als die geistige Fortsetzung des Eiffelturms: die rationale Lösung eines Zwecks. Gut vielleicht, nicht schön. Betreten habe ich es nicht, die Menschenmassen ersticken mich. Soviel Fremdheit und soviele Schicksale, berühren kann ich sie nicht.

In das Wasserbeckenspiel von Tinguely und Niki de Saint Phalle mit steigender Freude versunken. Ich wurde zum Kind, das, neugierig, heiter, die wechselnden Takte verfolgt, ängstlich besorgt, daß eine Maschine, ein Wasserspiel versagen könnte, und glücklich, wenn alles seinen Fortgang nimmt. Das war Balsam für mein trauriges Herz. Wir flüchteten vor plötzlich aus strahlendem Himmel stürzendem Regen in ein Bistro. Ganz dicht am Beckenrand.

Sehr erschöpft, verkühlt, auch ausgebrannt. Nach der Stille meines Zimmers gesehnt. Dennoch mit Dr. S. beim Italiener gegessen und zuviel geredet.

Hotel, 28.4. 85, 18 Uhr

Sonniger, kalter Tag. Der Wind fegte eisig durch die Straßen. Die Stühle vor den Bistros unbesetzt. Es heizt hier niemand. Im Hotelzimmer ist es gerade noch erträglich.

Vor dem Centre culturel steht ein großer Aufsteller mit meinem Plakat. Passanten bleiben stehen. Ein seltsames Gefühl. Ich lese meinen Namen, darunter »sculptures, dessins, eaux-fortes«, und verstehe nicht, daß ich es bin, der sich den Leuten in den Weg stellt. Ganz anders geht es mir mit dem »Mittleren Paar« – der liegenden Frau, deren Schlaf von dem wachenden Mann beschützt wird –, das im marmornen Eingangsrund steht. Der Mann blickt nicht über das von mir vorgestellte Meer, sondern auf den Strom der Fußgänger und Autos.

Bis gegen 8 Uhr, mit Leseunterbrechungen, geschlafen. Dennoch müde. C. gehetzt und unpünktlich wie eh und je, gibt die Befehle: 9 Uhr 15 »Abmarsch« zum Louvre. Ich nahm mir ein Taxi (der hinkende Unfall-Fuß!).

Im Louvre mich in Erwartung eines Wunders den beiden »Sklaven« von Michelangelo genähert. Umkreiste sie lange und fand das Werk eines Menschen. Schönheit und Harmonie auf den ersten Blick, aber dann auch stellenweises Versagen: ich meine das ganz handwerklich. Die Konzeption ist durchgehalten, die Schwächen aber mindern ihre Größe. Bei anderen steigern die Fehler. Es bleibt halt die Frage, ob er seine Figuren in sich trug oder sie nur konzipierte. Verließ er sich allzusehr auf sein Geschick?

Die Sklaven versinken in weichen Fladen, statt Halt auf dem Stein zu finden. Es fehlt ihnen an Masse. Michelangelo fraß sich in seine Blöcke, irgendwo in der Mitte, und da er sich an gewisse Proportionsschemata hielt, die aber nicht aufgingen, versank das Standbein jedesmal tief in der Plinthe. Bei dem »fertigeren« »Sklaven« mit der Binde über der Brust hat er kaum mehr als zwei Zentimeter Stein unter dem Fuß, er steht jetzt auf untergefüttertem Gips. Das Handwerk: grober Spitzhieb, feiner Spitzhieb, Zahneisen, die in Kammzügen laufen, die glatten Flächen sind geraspelt oder geschliffen.

C. bleibt schwierig. Beim Umschreiten der Maillol-Figur mache ich ihn auf den formalen Bruch von Leib und Gesichtsformen aufmerksam, die Köpfe sind kleinlich, zögerlich, klassizistisch. Mein Freund hört kaum zu, sondern findet alles »tugendhaft«: an toten Größen rüttelt man nicht. Das ist Unterwerfung. Ich liebe. Schwächen mindern doch nicht.

Fast gekränkt berichtet er mir, daß in drei Tagen nur einhundertfünfzig Besucher in meiner Ausstellung waren. Es melden sich Käufer von Zeichnungen. Die ausgewählten Blätter der »Einblicke«, auch die von »Rügen«, stehen nicht zur Disposition. Hat er denn gedacht, daß Paris der Begeisterung verfällt, nur weil ich nun endlich hier bin mit meiner Arbeit: ein deutscher Künstler! Ohne die geringste Hilfe der Medien? Es genügt, fünf Freunde zu gewinnen. Woher also dieser Groll? Liegt der ihm vielleicht selbst nicht bewußte Grund in der Enttäuschung über meine Gelassenheit, daß ich nicht schwebe, euphorisch durch Paris ziehe? Mein Paris ist in Jahrzehnten in Träumen entstanden, daß ich hier bin, ist ein Lapsus des Systems, für mich, in der genehmigten Ausnahme, sogar eine Demütigung. Paris hat eine so lange, so reiche, so intensive Vorstellungsgeschichte in mir, daß mein Hiersein nicht mehr als ein Wiedererkennen ist. Fünfunddreißig Jahre Phantasiearbeit sind ein Fels, der zwar porös ist, aber nicht rasch abgetragen werden kann. Es ist zu spät, viel zu spät. Ich kann den alten Träumen nicht das Etikett ICHBINHIERGEWESEN aufkleben. Es muß mir eine unerwartete Liebe begegnen.

Im Louvre wimmelt es wie im Gum, wenn es Strumpfhosen gibt. Die Fluchten scheinen endlos, vollgestopft mit fotografierenden Touristen, die müde und gelangweilt dahintreiben. Mein Schritt muß sich anpassen, quälend.

Schöne Goyas, zwei Velasquez', David, Ingres, riesige Courbets, Poussins in Massen. – Bei ihm fällt es mir noch immer schwer, zu begreifen, warum Cézanne ihn so sehr liebte. Ich verstehe es nicht. Ist es die Ruhe des Flüchtigen, der Aufbau von Parallelen, sein gesteigertes Kolorit? Vor der »Mona Lisa« brodelt ein Pulk von zweihundert Menschen. Mit sanfter Gewalt kämpfe ich mich nach vorn ans Geländer vor dem Glaskasten und sehe sie mir ohne Erbarmen und ohne jeden Bonus, mit klinischer Kälte an: aber dieses Bild hält stand, es ist Schöpfung, hat Welt, ist makellos, ohne perfekt zu sein.

Ja, und dann brach der Rhythmus meines Herzens zusammen. Ich mußte mich vor der skandalösen, der schamlosen Anhäufung von Kunst durch die Flucht retten.

Zu Fuß über den Pont Neuf. Auf der Seine spiegelte das Himmelslicht. Das Silber der Luft flirrte über dem Zinn der Dächer, dem Grün der Kastanien, den grauen Kaimauern: Lichtspiele seltenster Art. In der Luft die Meeresfeuchte.

Mit Dr. S. weiter zur Place St. Michel. Dort gegessen. Der Platz ist pariserisch mit allem, was Ansichtskarten verheißen.

Immer, wenn ich den Boulevard St. Germain in Richtung der Kirche St. Germain des Prés, der ältesten von Paris, hinuntergehe und mich umsehe, lese ich auf dem weithin sichtbaren Spruchband am Hause der Ausstellung meinen Namen. Aber ich finde keinen Bezug zwischen mir und diesem Signal, es muß ein anderer, von mir ganz unabhängiger Mensch sein, der da seine Existenz herausschreit.

In Höhe des La Rhumière ist ein langer Baugraben aufgeworfen, auf dessen Sohle lackschwarz beschichtete, makellos glänzende Gasrohre verlegt werden. Kurze Stücke, durch weiße Plastikmuffen verbunden. In mir tauchte sofort das Bild einer unendlich langen Reihe von Särgen auf. Schleiflacksärge der Luxusklasse, in großer Anzahl, Begräbnis einer ausgelöschten Dynastie oder die hingerichtete Führung einer entmachteten Diktatur.

Im Hotel hingelegt und beinahe eingeschlafen. Staubsauger heulen auf mit der Lautstärke von Flugzeugturbinen. Im Erwachen unüberwindbare Fremdheit.

Madame Eliasberg rief mich in die Halle. Eine sympathische alte Dame. Etwas Zerstreut-Hoheitliches geht von ihr aus. Sie sprach sanft und verständig, verlangsamt von Tranquilizern. Zeichnen würde sie nun, nachdem Paul tot ist, nicht mehr, er war ihr Gewissen, ihr Lehrer. Und dabei sind ihre Federzeichnungen von ungewöhnlicher, existenzieller Bedrängnis, Häuserfluchten, aus denen Hände wachsen und Ähnliches. Ganz von fern an A. Paul Weber erinnernd. Aber bei ihr ist alles Alptraum und Wirklichkeit. Wir tranken Tee im ersten, niedrigen Stock eines Bistros, das, wie fast alle hier, sehr klein war, aber groß wirkte durch den Trick, die Wände mit Spiegeln zu verkleiden. Das ist nicht unangenehm: ich stehe im Laden eines Bäckers, der Gang nicht breiter als ein Meter und fünfzig, und der Laden weitet sich zu doppelter Größe. Ich fühle mich frei. Die Anwendung dieses Effekts ist auffällig, ich weiß nicht, ob er nur optisch Raum schaffen soll oder dem konspirativen Blickwechsel dient.

Spaziergang mit Madame E. bis zum Musée Cluny. Sie hoffte, mir das Museum zeigen zu können, vor allem die Teppichfolge der »Dame mit dem Einhorn«. Es war, zu meinem Glück, schon geschlossen. Mich quälte der Hunger, und der Wind hatte mir den Kopf ausgehöhlt, und da war ich froh, sie nach herzlichem Abschied in der Metro verschwinden zu sehen. Das klingt häßlich, aber Hunger bremst Liebenswürdigkeit.

Anruf von Eliasbergs Tochter Danielle, sie lädt mich zum Essen zu sich, aber ich schaffe das nicht. Sage einen Tee in Hotelnähe zu.

Dr. S. will mich 19 Uhr 15 abholen. Auch das ist zu spät, denn morgen geht's nach Etretat!

Hotelzimmer, 30. 4. 85, 15 Uhr

Gestern also mit C. und E.M. im Peugeot nach Etretat.

Abfahrt 8 Uhr 30, Paris. Die Autobahn nach Dieppe genommen. Wunschgemäß. Unweit Paris, gleich nach dem Weichbild der Stadt, passierten wir die Grenze zur Normandie. Flaches Land, die Häuser verstreut, kleine Gehöfte in engen, ringförmigen Baumgürteln. Kaum »Latifundien«. Nach dem Norden zu werden die Kuhherden immer kleiner, die Kühe sind schwarz gesprenkelt, dazwischen Albinos. Es ist schweigsames Land, über das vorsichtig der Frühling zieht. Die Wiesen schon saftig, die Obstbäume noch kahl, die anderen Gehölze schimmern in durchsichtigem Grün, auch in bräunlichen Tönen.

Die Häuser, meist Fachwerk, senkrecht gestellte Balken, oder im Wechsel von Kalk- und Backstein gemauert. Typisch die an den Längsseiten hochgezogenen Kamine. Sah ich sie bei Corot oder Daubigny?

In Rouen kurzer Aufenthalt: Rouen – die Geburtsstadt Flauberts! Ein Provinzstädtchen im Tal, das die Seine teilt. Zu beiden Seiten Kalkfelsen, von großen Grünflecken bedeckt. Die Kathedrale besichtigt. Außen ein unerträgliches Bild der Zerstörung. Die Fassade blind von Ruß, eine Haut aus Teer. Das reiche, von vielen Figürchen und Szenen (Rodin!) belebte Portal zerkrümelt unter der Hand. Diese zu Recht gerühmte Fassade ist vernichtet. Entsetzen. Hoffnungslosigkeit. Erst von der Rückseite her wird die Kathedrale zu einem mächtigen Berg in verwirrender Gliederung. (Skizze.)

Der Himmel lichtete sich. (Bis Rouen war es trüb.) Noch immer drohte Regen. Vorboten trieben uns in eine andere Kathedrale, St. Maclou, die zierlich und versponnen wie eine Spinne auf ihrem zu engen Platz sitzt: frühgotisch im Kern, darüber eine Glocke aus grazilen Streben, eigenartig, esoterisch. Ein Gefühl des Aufsteigens übertrug sich auf mich: die Leichtigkeit des Steins.

Eine Dritte am Wege, namenlos, nur groß und ohne besondere Merkmale. Dennoch: die Eindrücke zusammengenommen, verstehe ich jetzt Redon besser, auch Moreau. Es muß Stimmungen, Beleuchtungen geben, die einen mystischen Nebel über diese Kathedralen ziehen.

Bunt dagegen der Seine-Hafen: das Wasser ölig, voller schwimmendem Unrat, gedrungene Fischerboote in lauten Farben, Fisch- und Schlammgeruch. Unverzeihlich, daß ich Croisset, Flauberts Landhaus, vergaß. Wie die Bovary am Seine-Uferweg entlanggehen. »Flaubert, Flaubert, ich bin hier« über den Fluß brüllen. Croisset zu vergessen, unverzeihlich. Ich werde zurückkommen müssen.

Gegen 13 Uhr 30 in Dieppe. Von hoher Düne endlich auf den Ärmelkanal geblickt! Das erste Mal Atlantik (Skizze). Ostsee-Erinnerungen, nur blauer, sphärischer. Unzerstörbare Nazibunker besetzen noch immer die hervorgehobensten Stellen der Küste, einige sind großartige archaische Architekturen, andere ähneln Riesenschildkröten mit Schlitzaugen in phantastischen Schädeln, die jede nautische Bewegung überwachen.

Wir fuhren die Küstenstraße in Richtung Etretat, leider zu selten mit einem Blick auf den Kanal beschenkt. Gärten und Villen versperren den Blick, kein überschießender Pomp, eher wohlhabende Gelassenheit. Die Strecke Dieppe-Etretat weit unterschätzt, und so fraß sich der Hunger in unsere Gedärme. Fahren, fahren; die wenigen Gaststätten waren vom Winter her noch immer geschlossen. In einem normannischen Dorf im Gasthof gegessen: ein Stück Fleisch, Vittel, Tee. Die Tische waren alle unabgeräumt, getürmte Teller mit Speiseresten, schmuddlig, die Bestecke fettig, an meiner Gabel vertrockneter Spinat. Ekel. Aber der Hunger! Die Toilette im Seitengebäude, die Gänge und Käfterchen dahinter unglaublich verwahrlost, es war, als hätten die Bewohner jahrelang alles Überflüssige einfach fallengelassen.

17 Uhr endlich in Etretat.

Über der weit offenen Bucht geparkt. Der erste Eindruck ernüchternd. Bucht und das hohe Ufer schienen klein und gar nicht so aufregend wie auf den Bildern von Monet und Courbet. Die Landschaft eher arm an Reizen, bizarr vielleicht, aber Größe? Vorerst nichts zu spüren davon. Enttäuscht. (Skizzen.)

Das Licht wurde milchig. Die Schatten lösten sich auf. Die Steilküste verlor ihre plastische Kraft. Der Atlantik rollte heran, und das Wissen um die ozeanische Weite dieses Meeres erlöste mich von jeder Bindung. Ich schritt das Ufer entlang, von der Bucht aus nach Osten, angezogen vom Tor in der Felsenwand, das ins Jenseitsland führt.

Meerdurchfahrt, es könnten die Argonauten ankommen! (Beckmann-Tryptic); nach Westen, wo die tierschädeligen Felsenvorsprünge ins Meer tauchen, wo Frankreich seine durstigen Pferde an den Strand treibt.

Unter dem Fuß klirrte der Feuerstein. Das Wasser helle Jade. Die Luft erfüllt vom Rauschen der Brandung, in das sich ein Klingeln mischte, das splittrige, spitze Mahlen der von den Wellen fortgerissenen Kiesel: hochtönig; elementar wie Wasser, Feuer und Wind.

Die Zeit. Die Zeit?!

In zwei Stunden würde Nacht sein. Ich erklomm, unter Mißachtung meines wild schlagenden Herzens, den Wiesensattel, der zur höchsten Stelle des steilen Ufers führt, dorthin, wo »Monets Kegel und Strebe« im Meer ankern.

Oben gewann das Auge atlantische Ferne. Den Blick dann in die Tiefe gerichtet, die Grenzen: der Fels, den die Brandung seit undenkbaren Zeiten angreift, mühsam Kiesel und Stein aus dem weichen Mergel brechend. Stehen bleiben die härteren Bänke, weiß und schmal, horizontal geschichtet, verletzlich, porös, von harten Bodenflechten bewachsen, winzige Blumen in Grasnarben.

Viele Skizzen.

Die Steilküste von Etretat ist der Ort eines gewaltigen Kampfes. Das Wasser und die Winde besiegen den Stein. Was sich hier abspielt, wird mir zur körperlichen Erfahrung. Es ist ein Schauspiel der Vergänglichkeit, das in Sekundenphasen Wunder an Formen und Gestalten hervortreibt.

Die Gedanken setzten aus, sie verflogen vor der unsagbaren Schönheit, in der das kalkweiße Meer sich an den Felsen bricht und aufschäumt, in fließenden Mustern, Gischtstickereien, zurückflutet, geschlagen, in der Niederlage aber seine höchste Schönheit entfaltet: dieser Teppich aus Strudeln und Schaumspitzen!

Plötzlich wurde ich von einem rasenden Willen zu zeichnen erfaßt. Alles festhalten! Festlegen! Der Flüchtigkeit entreißen! Berauscht von dem Blick in die Tiefe, die Buchten, durch Felsen dem offenen Meere entzogen. Atmend im Steigen und Fallen ihrer Wasser.

Die Sehnsucht, sich hinabzustürzen. Glücklicher Tod.

Meer, Felsen, Höhlen, in denen die Welle spielt. Landeinwärts Hügelland; es ist, wie ich mir Irland vorstelle: hartes, filziges Gras, in dem entengroße Seemöwen nisten. Sie behaupten ihren Platz mit Schrei und Flügelschlag. Ihre Geschlechterfolge reicht weit in viele, viele Jahrtausende zurück, und ich vermute, daß sie das Meer noch nach Beute absuchen, wenn der Mensch kaum mehr als »Flugasche« ist (Arendt).

Vielleicht kann ich später über Etretat zeichnen.

22 Uhr wieder in Paris. Im Laternenlicht in der Rue Maindron vor Eliasbergs Haus gehalten, das mir in seiner Unentschiedenheit – Bürgerhaus um 1930 und Reformstilbewegung – eher

Beklemmung verursachte als Neugier. Ich weiß jetzt, wo er lebte, seine Briefe an mich schrieb. Zauber: an der nächsten Ecke das dürftige Haus Giacomettis. Wie nah mir dieses Zufällige, Provisorische ist. Wie groß sie auch sein mögen, der wirkliche Künstler weiß um sein Versagen, lebt täglich seinen Tod. Wozu sollte er sich dauerhaft einrichten? Er braucht immer nur ein Dach für den Tag, für den nächsten, übernächsten, den er mit der Hoffnung auf einen winzigen Sieg beginnt.

War ausgebrannt. Spät, gegen morgen erst eingeschlafen. Lese Kafka-Felice-Briefe – auch solch ein verzehrender Kampf.

Vormittags etwas eingekauft. Mit Danielle, sie ist Sinologin und lebt mit vielen Katzen, 16 Uhr Tee in Sartres »Café La Rhumière«. Er wohnte in angenehmer Gegend! Anschließend, mit dem deutlichen Gefühl, Eindringling zu sein, unter Chinesen chinesisch gegessen. Die ans Europäische unangepaßten Speisen! Lustlos probiert. Der Gaumen widerstrebt.

Schnell noch zum Centre gerannt und den Schluß von Konrad Wolfs »Solo Sunny« gesehen – nicht ohne Rührung. Sein unwürdiger Tod. Narbe.

Jetzt Zimmer. Anruf in Berlin. Keine Probleme.

Hotel, 1. 5. 85

Weit nach Mitternacht eingeschlafen. Zeitig wach. 9 Uhr Frühstück im Hause. Sitze immer in der Tiefe der Hotelhalle, mit dem Rücken zur Wand. Ich beobachte die Straße und die »Halle«, die Frauen an der Rezeption. Alle, ob jung oder alt, hübsch oder häßlich, sind anziehend durch provozierende Sauberkeit, in einer Hülle besten Parfüms. ATEMFRISCH. Kein Kleidungsstück, das schon einmal getragen. Die Blusen knitterfrei. Teure Seidenschals umschmeicheln ihre Hälse. Maniküre Hände, von vielen Ringen geschmückt, die Beine rasiert, die Haare in scheinbar zufällige, winddurchwehte Frisuren gebracht. Sie sind die totale TV-Frische, vor der der Gast sich schmuddelig fühlt. Einige sprechen etwas englisch. Die Rezeption versucht mit Nichtfranzosen sich zu verständigen, wie auf großen Flughäfen. Paare kommen die Treppe herunter, fast alle um die Dreißig, Fünfunddreißig. Nie junge. Die Luft ist staubtrocken. Wir alle gehen mit unsicheren Schritten, suchen Halt an Stuhllehnen, die Paare an den Händen des anderen; eine ermattete Zärtlichkeit. Durch die offene Eingangstür dringt kalte Luft in das Foyer und, wenn im Rinnstein das Wasser steht, der Geruch öffentlicher Toiletten.

Mein Frühstück ist dasselbe wie in Berlin: neutraler schwarzer Tee, Ceylon, verträglich. Die Dreieinhalb-Minuten-Eier sind oft zu weich, anderntags zu hart. Esse meistens Brot, weil die Croissants nach ranzigem Fett schmecken.

Dennoch ist es angenehm, geschützt zu sitzen und langsam in die Betriebsamkeit des Tages zu gleiten. Nichts ist quälender als morgendliche Hast, wenn der bleierne Schlaf noch die Glieder lähmt, der Kopf schwindelt, die Gedanken zwar scharf, aber nicht ausführbar sind.

Bis zur Kirche, den Grabhäusern von St. Séverin gelaufen. Sonne. Festtagsstille. Die dämonischen Wasserspeier gezeichnet. Rasch erschöpft. Die Straßen sind leer. Herausgeputzte Kinder verkaufen in Zellophan eingeschlagene Mai-Sträußchen: eine rote Rose in einem Bett von Maiglöckchen. Der »Kampftag« hat freundliche Züge.

Merken: in Reihen, auch winklig zueinander stehende Kamine. Aufgesetzte, blaßrote Rohre. Sie bilden verwirrende Räume und Kubenkonstellationen. Ich müßte Radierungen machen.

Die Mode: »glatt« für Herren, tiefblau und grau in Flanell, oder englisch, Burburry. Das Äußerste: Safari. Eleganz überwiegt. (Muster und Farben.) Für die Damen fast bunt. Knittrige Stoffe.

Die kleinen Plätze intim und in sich heiter, sie helfen, in Gelassenheit zu fallen. Farbige Markisen, streng geschnitten, meist Rot und Gold.

Klassische Schrifttypen.

Viele Platanen.

Überall Geschichte: alte Schulen, Museen, Ministerien, Kirchen.

Die Schnittgerinne werden geflutet, wenigstens zweimal am Tag, ein selbsttätiges Reinigungssystem.

In der Nähe von St. Denis (Eliasberg-Radierungen!) das Viertel der Griechen, Chinesen, der Maghrebiner ...

Ihre Gaststätten weniger streng, dafür laut. Ungezügelte Vitalität.

Demonstration der Gewerkschaft CGT. Von weither erschreckender Revolutionslärm, so daß ich Fluchtwege suche, und dann kommt spaziergängerisch ein Zug von zwei- bis dreihundert Menschen daher und zieht unbeachtet vorüber.

Rockerfest vorm Centre Pompidou.

Noch 1. Mai, vormittags. Kühler Wind. Die Sonne bricht durch die Wolken. Gegen 12 Uhr will uns der Centre-Chef nach Chartres fahren. Die Erschöpfung hält die Erwartung in Grenzen. Zunehmend besorgt, ob ich mit meinem müden Kopf öffentlich lesen kann. Morgen. Magenverstimmung? Oder ist es einfach Angst.

Vergangene Nacht wieder in den Briefen von Kafka an Felice gelesen; wie sehr ich ihn verstehe!

Hotel, 2. 5. 85, 21 Uhr 40

Es ist zuviel, es ist zuviel, was ich sehe, im Kopf zeichne ich doch alles auf! Es ist zuviel, was man mir rät, sehen zu müssen: Lebe schon hinter Glas. Die Zunge versagt das Sprechen, der Kopf versagt die Erinnerung.

Habe aus Bequemlichkeit gleich nebenan zu Mittag gegessen, allein, an einem der langen Tische, in der Kinositzordnung. Salat und Filet, Weißbrot, sogar, nach langer Pause, Kaffee. Müdigkeit.

Der Körper versagt offenbar seinen Dienst, weil er nicht, wie der sich mühsam tröstende Kopf, in der Lage ist, mein viel zu spätes Hiersein zu verarbeiten, diesen unerträglichen Gnadenakt des Staates, der meine Integrität zur Disposition stellt, indem er jeden anderen niederschießt, der die Landesgrenze zu überschreiten sucht. Dieser Leib ist moralischer als mein Hirn: er verweigert das Gnadenbrot. Es ist ihm unbekömmlich.

Habe ich nun meine in langen Jahren durchgehaltene Moral mit der Annahme der Ausstellung zunichte gemacht? Wieviel Berliner, Hallenser Künstler sehe ich hier, unbeschwert, im

Glauben auf ihr Recht zu reisen, nur weil sie hinter einer Kamera oder ähnlichem stehen.

14 Uhr Abfahrt nach Chartres.

Im Entweder-Oder gegen Versailles entschieden. Stechende Sonne. Im Auto unerträgliche Hitze. C. fährt mit. Habe um Schweigen gebeten: wir alle reden zu viel. Es wurde aber dann doch immer wieder gesprochen, was ein Griff nach meinem Herzen war. Meine Unfähigkeit, in zwanghaften Bezügen zu leben.

Ziemlich rasch in Chartres: ein hübsches Wohnstuben-Städtchen, das der Erwähnung nicht lohnte, hätten dort nicht die für mich wichtigsten Stunden in Frankreich begonnen.

Die Kathedrale liegt weißgrau in der Sonne. Sie baut sich vor mir auf in den gelungensten Maßen und strahlt jene handschriftlichen Schwingungen aus, die mich sofort berauschen.

Es wird zu aufwendig sein, sie zu beschreiben. Ihre Harmonie entsteht aus der Einheit und dem Kontrast der Teile: dem hohen Mittelschiff und Chor sowie den niedrigen Seitenschiffen mit Chorumgang. Die Kathedrale ist eigentlich groß, fast erhaben, aber den Baumeistern ist es gelungen, sie dem Maß des Menschen nicht zu entfremden.

Das Innere ist von Kunstlicht so spärlich erhellt, daß der Farbzauber der Fenster über das Auge in unsere Seelen dringt. Das entrückte Blau und Rot der Glasfenstergründe!, die Herrschaft der ordnenden Geometrie in den Rosetten: der blauen Rose occidentale, die Durchbruch, nicht Auflösung der Wand ist, streng, archaisch (13. Jahrhundert), der Süd-Rose, der entspanntesten Lösung, und der im Norden, violett-verspielt, im Aufbau ein Klee.

Groß, im geistigen Sinne, die Portalfiguren: archaisch-byzantinisch in Körperlichkeit und Dekor. (Henry Moore: Widerspruch Kopf-Leib.) Beim steil am linken Turm aufgerichteten Blick: wehrhaft in den Raum stoßende Wasserspeier, eine aggressive Dämonie von Fabelwesen, weit über den Zweck hinausgreifend. Die krasse Untersicht deckt Höhlenspalten auf, eine wilde, steinerne Vegetation, die von natürlichen Standorten aus verborgen bleibt.

Umschreitet man linksseitig den Bau, entfalten die gedrungenen Streben auf der ganzen Länge von Mittel- und Seitenschiff eine Terrassen-, eine Treppenlandschaft: mächtig wie ein Naturereignis. Die Kathedrale ist nicht einfach gebaut, sondern Metaphysik des Steins. Die Erinnerung an Etretat ist noch frisch und verbindet sich mir im Grundgefühl mit dem Menschenwerk. Es ist dessen Umkehrung: Chartres wurde von den Menschen herrschsüchtig in die Welt gesetzt, als Widerstand gegen gestaltlosen Geist, und entglitt der Enge ihres Ziels, hinüber ins Landschaftliche. Etretat aber ist Geist der Natur. Beide Erscheinungsformen widerstehen dem Nichts.

Meine Gäste in Chartres zu Kaffee und Kuchen geladen. C. glaubte ein Ortshinweisschild Illiers-Combray gesehen zu haben, Illiers, wo Proust die Sommerferien seiner Kindheit verbrachte. Bei Tante Léonie. Bis zu seinem vierzehnten Lebensjahr. »Combray«, wie Proust in der »Suche nach der verlorenen Zeit« Illiers fiktiv nennt, mußte dem Ortsnamen beigefügt worden sein. Eine verheißungsvolle Entdeckung.

Der Chef des Centre culturel, der uns chauffierte, erbot sich, uns hinzufahren.

Es ging nach Westen. Flaches Land. Nach 30 Kilometern schließlich Illiers. Es war, nicht zu vergessen, der späte Nachmittag des 1. Mai. Das Städtchen menschenleer, die Bewohner hatten sich, nach dem gemeinsam verbrachten Tage, in ihre Häuser begeben. Die Ankunft unserer Limousine auf dem Marktplatz hatte fast etwas Gespenstisches. Nichts regte sich. Der an sich leise laufende Motor brach plötzlich laut und rücksichtslos in die Stille eines Fleckens, der, wie bei einer feindlichen Besetzung, sich abwartend und atemlos duckte. Selbst unsicher, parkten wir schließlich vor einer Bäckerei. Als wir ausstiegen und die Wagentüren zuschlugen, bellte das Türenklappen über den Platz. Verlegen, mit dem deutlichen Gefühl, Besetzer des Marktes zu sein, standen wir unschlüssig herum. Erst als ich die mir von Fotos her bekannte Kirche von Illiers, ihr laternenhaftes Dachreitertürmchen entdeckte, an dem, wie zufällig, seitlich, die viel zu große Turmuhr sitzt, verließ mich alle Fremdheit und das Gefühl, ein Eindringling zu sein. Grelle Freude stieg in mir auf; ich war angekommen an einem Ort, der weit außerhalb meiner Wünsche lag. Terra incognita. Zum zweiten Male, nach Etretat, erwachte ich aus meiner Lethargie. Vor

Erwartung zitternd, suchte ich Tante Léonies Haus und fand es unweit vom Markt, am Ende der Gasse Rue Docteur Proust. Das Haus: Erdgeschoß, Tür, links und rechts zwei Fenster, darüber ein ausgebautes Stockwerk. Alles verschlossen, hinter Läden versteckt. Eine herrliche, schmerzliche Wirklichkeit, die mich zu Proust führte: der Urimpuls seiner Dichtung hatte Herkunft und ein steinernes Gesicht.

Vergeblich an der Eingangstür gerüttelt. Hilflos ausgesperrt. Bat C., der des Französischen voll mächtig ist, den Wächter zu suchen, der in der Nähe nicht zu finden war. Weder Hinweis noch Schild, auch keine Pfarrei, die wir bedenkenlos hätten aufsuchen könne. C. schwankte: »Man kann doch am Feiertag niemanden stören.« Und ich, ohnmächtig: »Ich werde mir diesen wunderbaren Zufall nicht entgleiten lassen, ich geh hier nicht weg«, und: »Es wäre eine Sünde, die ich mir niemals verzeihen würde.« Rannte dann in die linke, am Haus entlangführende Gasse, sprang das eiserne, bis zur Zweidrittelhöhe mit Blech beschlagene Gittertor an, zog mich hoch und sah einen Augenblick lang die Rückseite des Hauses, den kleinen Garten, die Remise. Aber genug war mir das nicht. Wie sollte ich ein zweites Mal hierherkommen?

Wir suchten einen Gasthof, auch er war – wie der Markt – von den Gästen verlassen. Vom jungen Gastwirtspaar kam zögernd – ob Proust der Proust sei – die Auskunft, daß auf der anderen Seite Pierre wohnt, der Bescheid wüßte. Wir klopften, und Pierre öffnete: ein Pensionär, klein, freundlich, ein Rentner in Strickweste und mit Pantoffeln aus dickem Filz an den Füßen. Er holte wortlos Mütze und Schlüssel, und schon standen wir in Tante Léonies Haus! Im Speisezimmer gewiß nicht unter einer halben Stunde: Monsieur Pierre erzählte alles, was er über die Prousts gelernt hatte, Bekanntes, Unbekanntes, Falsches. Der Raum war dunkel, getäfelt, Balkendecke, Kamin, ein »Alkoven« für grobes Porzellan; der Eßtisch groß und oval, die Stühle unbequem. Ein Deckenleuchter mit bunten Steingehängen. Bemühung um Stil: Empire, von armer Bürgerlichkeit. Gewiß ist, und das adelt den häßlichsten Gegenstand: an diesem Tisch hat der Junge, der Jüngling Proust während seiner Ferien gesessen. Dieses Haus, die Kirchen, Schlösser, die adeligen Familien dieser Landschaft, die Weißdornhecken, Flüßchen und Tante Léonies Madeleines sind die Auslöser seines Erinnerns. Assoziativ. Erinnern durch Sinnesreize, Gerüche und Geschmack, nicht so durch Handlungen.

Der Wächter hat die Stille zerredet.

Proust hätten die Madeleines gar nicht hier, bei Tante Léonie, sondern bei seiner Großmutter geschmeckt, was die Legende proletarisieren würde, da sie »unter dem Stande«, arm nämlich, und ein Stück weit entfernt, in schlechterer Gegend, gewohnt habe. So Pierre, der Wächter.

Die Phantasie ist die Wirklichkeit.

Mein vorgestelltes Paris ist Paris.

Wir haben die Küche gesehen, die rot gefliest und voll blinkenden Kupfergeschirrs ist, die Bibliothek. Ich stieg die schmale Treppe zum Dachgeschoß hinauf und stand für Minuten allein in Marcel Prousts Zimmer: der Kamin, der Spiegel und die Uhr unter dem Glassturz, sah die Laterna magica, von der er in »Swanns Welt« schreibt, daß sie, deren Dasein kühl unter meiner Berührung sich beweist, Bilder über Fenstervorhänge oder zur Zimmerdecke hinaufgleiten ließ: das Bild der Genoveva von Brabant, der Ahnfrau der Familie Guermantes, die Prousts jugendliche Vorstellungskraft entzündete. Ich trat vor das schmale Knabenbett mit keuschen weißen Vorhängen: zu Füßen eine Nomadenbrücke, der Nachttisch, Kerze und Buch, ein Plüschsessel, über dessen Kopfteil ein gehäkelter Schoner hing. Nichts ist reich, eher liebenswürdig in seiner Bescheidenheit. Ich begriff es nicht: Prousts Jugend wurde beweisbar und blieb doch staunenswert fern. Berührbar, aber nicht ganz wirklich.

Dann noch »Tantes« Zimmer. Kiefernbett und Tisch, auf dem eine weiße Kaffeekanne, eine weiße Kaffeetasse standen und auf dem Tellerchen – eine Madeleine. Muschel. Bei Proust: »Und dann mit einem Male war die Erinnerung da. Der Geschmack war der jener Madeleines, die mir am Sonntagmorgen in Combray meine Tante Léonie anbot –«, ja, so ungefähr, es gibt bessere Fassungen.

Monsieur Pierre führte uns noch in den kleinen Garten, Büsche, und in der Mitte ein hochwüchsiges Rosenrondell, von dem ich mir ein Blatt riß.

Es war schon 19 Uhr, als wir, obwohl Feiertag, beim Bäcker am Markt mehrere Beutel mit frischen Madeleines kauften und ich eine mit der Zunge gegen den Gaumen preßte, bis sie ihr Aroma preisgab. Traum und Welt. In Berlin werden wir sie unter Proustianern verteilen.

Rückfahrt: Herz, Arm. Überanstrengt. Daß wir uns nirgends aufhalten können. Tourismus ist gegen jeden Verstand.

Was für ein Tag! Unerwartet. Ja, so gefällt mir das Leben. Einfach da sein und warten. Wunder fassen – sie nicht herbeirufen.

Jetzt heißt es heimkehren oder: alles Zurückgelassene vergessen und neu anfangen.

Hotelzimmer, 3. 5. 85, 19.00 Uhr

Bin auf dem Bett sitzend eingeschlafen. Paris ist zu Ende.

Seit dem Mittag rächt sich das Herz. Schon 16 Uhr auf dem Zimmer. Koffer gepackt. Welch unverhältnismäßige Erschöpfung. Vorher noch auf einen Sprung ins Centre. Der »Besucherstrom« hält an, zuweilen Begeisterung (ein belgischer Künstler). Sie saßen, wie im Musée Rodin gesehen, auf dem Fußboden und suchten die Skulpturen aufs Papier zu bringen.

Nachtrag: Gestern vormittag ein Leinenblüschen, à la Courrèges, und eine billige Uhr (Place Danton) für Eva gekauft. Das Kind soll sich später meiner Liebe, Liebe? ja, Liebe, zu Frankreich erinnern. Denn es wird, fällt mir ein, nicht einmal ein Foto von mir in Paris geben. C. läuft zwar mit der Kamera umher, aber ... Selbst wenn meine Ausstellung eine Peinlichkeit wäre, ein Foto würde hier ein Dokument sein.

Allein Mittag gegessen. Nur Franzosen im Lokal. Sie essen reichlich und mit Behagen. Ich blieb bei Salat und Filet.

Dann nochmals Centre. Die Gestaltung des Raumes, der ein Kinosaal ist, für die Lesung abgesprochen. Entschloß mich, die Stühle im Halbrund zur Längsseite stellen zu lassen. Der Tisch mit der Stehlampe würde umfaßt, die Zuhörer wären mir näher, als wenn man sie, wie im Kino, aus dem Lichtkreis der Lampe entließe.

Wie ich den Nachmittag verbrachte? Ich habe es vergessen. Zum Teil wohl mit dem Ordnen des Manuskriptes und dem auf grauenhafte Weise mißlungenen Versuch, laut zu lesen. Die Sätze klangen erbärmlich. Die Zunge quoll mir im Mund, ich konnte nicht sprechen, röchelte unartikuliert und sah keinen Ausweg, als jemand anderen mit der Lesung zu betrauen. Opfer meiner Ängste. Fatalistisch hingelegt, geschlafen, geweckt vom Telefon: Kohlhaase kann, sagt er, wegen anderer Pflichten nicht kommen.

Danach, wie schon oft zuvor, auf dem Bett, im Schneidersitz sitzend, Abendbrot gegessen. Semmeln, Käse, Vittel. Um nicht allein zu sein, ferngesehen. Antenne 2. Annie Girardot beherrscht mit vielen »voilà« ein Streitgespräch, fährt sich durchs ungekämmte Haar, raucht, »voilà«, raucht, und ist sehr frech und selbstsicher.

Mit schmerzendem Herzen 19 Uhr 15 zum Centre.

Es kamen Leute, ich wurde in Gespräche verwickelt, denen ich mich fast unhöflich entzog. Der trockene Mund! Es kamen Christa und Gerhard Wolf aus Lyon, was mir mein Vorhaben nicht erleichterte.

Frau und Tochter Eliasberg belegten die mir am nächsten stehenden Stühle. Der Raum füllte sich, wenigstens dreißig, fünfunddreißig Leute. »Das ist viel«, sagte der Veranstalter. Sonst kämen zehn bis fünfzehn, bei Filmen um die zwanzig. Bei »Solo Sunny« waren es wirklich nicht mehr.

Daß ich mitten in Paris war und lesen sollte, wurde mir immer absurder. Ich las, ich las in dieser für DDR-Bürger unerreichbaren Stadt, aus der ich zwanzig Jahre lang Briefe eines Freundes erhielt, die meine einzige Verbindung zur Welt waren. Briefe voll Zutrauen und Wärme, von einem Künstler, der hier lebte, sich selbst fremd. Sohn russischer Juden. Vater Eliasberg brachte den Deutschen die Literatur seines Landes in vorbildlicher Übersetzung, war bekannt mit Thomas Mann und Klee und starb, 1926, am aus Liebe zu Deutschland gebrochenen Herzen.

Paul, der Sohn, der Künstler, nahm mich aus der Schuld. Schrieb: »Wie gern würde ich mit Ihnen durch Paris gehen, in der Bibliothèque Nationale Seghers ansehen und Bresdin ...« Kein Traum ließ das zu. Er wünschte sich einen gemeinsamen griechischen Inselsommer, unserer beider geistige Heimat.

Was war denn geschehen, daß ich jetzt hier saß und mich in die »Weltpremiere einer öffentlichen Lesung« stürzte? (Aus

Angst vor Versprechern habe ich immer nur auf Band gesprochen). Professoren der Sorbonne sollen dagesessen haben, Germanisten, Künstler. War meine stets nach meinem Inneren gerichtete Arbeit nach außen gekippt?

Ich begann mit kurzer Einführung in den Text von »Sieben Tage in Kuks«, sprach Gedenkworte für Paul Eliasberg und las als Huldigung die Geschichte von den Skizzenbüchern. Auf unerklärbare Weise von meinen Hemmungen befreit, floß die Lesung mühelos dahin. Kaum Versprecher: Kindheit an der Elbe, Matthias Braun und seine Skulpturen. Trotz der »flachen Materie« fielen die Worte in gespannte Stille. Niemand verließ den Raum, wie es vorausgesagt war.

Es ging mir gut in diesen fünfzig Minuten.

Unwiderrufliche Verabschiedung von allen Bekannten. Anschließend von Wolfs zum Nachtessen geladen. Stilreines Lokal der Jahrhundertwende. Eigne Nische. Ws. aßen Schnecken und allerlei Spezialitäten, die ich nicht kannte. Ich blieb beim, allerdings vorzüglichen, fetten Lachs, wacholdergeräuchert. Animiert unterhalten. Nicht über Text und Lesung.

Hotel, 4. 5. 85, 24 Uhr

Vergangene Nacht kaum Schlaf. 9 Uhr 30 Anruf. Wir gingen noch einmal in den Louvre. Sah ungerührt die »Marmortante« (Milo, Nachbildungskunst), die Nike von Samothrake jedoch mit Interesse: Ihre Kontur ist Flug, frei von hierarchischer Bindung. Sie steht zwischen den Stilen. Halbansicht: Parallelität von Bein und Gewandfalte, ein grandioser Fehler, der Zuneigung wachsen läßt. Erstaunen über den gewaltigen Granitsockel, das Steinschiff, das im ärgsten Kontrast zu ihrem Gewicht steht und niemals im Zusammenhang veröffentlicht wird. Nach meinem Wissen.

12 Uhr zum Diner mit Literatur-Professoren, Germanisten und Architekten geladen. Zu meiner Freude hatten die Leute meine Bücher, »Tunesien« – ach, diese kurzen, heftigen Träume, aus denen mein Leben besteht –, »Die versiegelte Tür«, gelesen. Es gab ernste Fragen, Versprechungen. (Spargel, Lachs, gekocht, Erdbeeren.)

Nochmals in die Ausstellung. Interview für Radio France.

Der Leiter fuhr mich auf meine Bitte zu Balzacs Haus: ebenerdig, mäßig große Zimmer mit Dokumentation. Im Arbeitszimmer eindringliche Nähe zu Balzac.

Daß mir ein Stuhl mehr bedeuten kann als ein Schloß. Der winzige, niedrige Schreibtisch! Sessel, Kamin. Fenstertüren öffnen sich zum kleinen Garten.

Atemlos: die kleinen Stuben der großen Gehirne.

Zurück zum Hotel. Die beschriebene Misere. Noch eine Nacht hier, morgen Berlin. Salut Paris!

Das Tunesientagebuch »Begegnungen« wurde erstmals 1974 veröffentlicht, desgleichen »Rügenlandschaft. Hommage à Caspar David Friedrich«. »Sieben Tage in Kuks« erschien 1985, »Labyrinth« im Jahr 1988. Alle Texte wurden für die Neuausgabe leicht überarbeitet.

Abbildung auf dem Umschlag: Kreidefelsen auf Rügen, 1971, Gouache

CIP-Einheitsaufnahme der Deutschen Bibliothek
Förster, Wieland:
Die Phantasie ist die Wirklichkeit : Reisetagebücher /
Wieland Förster. - 1. Aufl.. - Rostock : Hinstorff, 2000
ISBN 3-356-00864-1

© Hinstorff Verlag GmbH, Rostock 2000
1. Auflage 2000
Druck und Bindung: Wiener Verlag GmbH Nachf. KG
Printed in Austria
ISBN 3-356-00864-1